瞿章卓 著

翻盘

广东经济出版社
南方传媒 | 广东经济出版社
·广州·

图书在版编目（ＣＩＰ）数据

翻盘/瞿章卓著.-- 广州：广东经济出版社，2024.10.-- ISBN 978-7-5454-9313-9

I.F272.3

中国国家版本馆CIP数据核字第2024NP9118号

责任编辑：周伊凌　刘雨曦
责任校对：李玉娴
责任技编：陆俊帆
封面设计：朱晓艳
版式设计：友间文化

翻盘
FANPAN

出版发行：	广东经济出版社（广州市水荫路11号11～12楼）
印　　刷：	珠海市国彩印刷有限公司
	（珠海市金湾区红旗镇永安一路国彩工业园）

开　本：787mm×1092mm　1/16	印　张：23.75
版　次：2024年10月第1版	印　次：2024年10月第1次
书　号：ISBN 978-7-5454-9313-9	字　数：405千字
定　价：68.00元	

发行电话：（020）87393830　　　　　　　　法务电话：020-37603025
广东经济出版社常年法律顾问：胡志海律师
如发现印装质量问题，请与本社联系，本社负责调换。

版权所有·侵权必究

序 言
Preface

一个人走过的路，其他人路过就很难再见到整齐的花草。

一群人走过的路，你看到时这条路已经接近寸草不生。

而千军万马走过的路，天晴会尘土飞扬，下雨就会泥泞不堪。所以，不论天晴还是下雨，路就在脚下，唯有勇往直前！

存量时代，中小微企业如何活下来？下个赛道是机会还是长坂坡之战？

在如今竞争激烈的市场环境下，想要回答这些问题确实很难，但或许我们在解题的过程中就会发现解题的方程式，甚至还可能是多个方程式。对这一点，笔者深有感触。

三年前，笔者所在的行业和企业遭遇重创，于是笔者和团队开始尝试网络直播与短视频带货，短短几个月的时间，不仅销售有了起色，企业还获得了重生。但两年后，直播带货的退货率、品损、流量越来越难以掌控，我们团队又开始重塑线下销售渠道。

没有一条商业道路是可以永生的，要么自我重塑，要么成为下一代产品迭代或服务升级的垫脚石。在现阶段的商业大环境里，大大小小和形形色色的要素有很多，如新质生产力带来的新消费观，从投资发力折射出的经济向好的态势，等等。

可以预见的是，中小微企业翻盘的机会来了！

战略明确方向，思维决定能力，我们要坚定相信的力量。如我国上古时代神话传说中有关嫦娥奔月的故事，经过我们一代又一代人的传承，2003年10月15日我国首次用载人航天飞船——神舟五号将航天员杨利伟从酒泉卫星发射中心送入太空，终于实现了千年飞天梦。

如今，智慧机器人、ChatGPT、AI、私域大数据、深度社交媒体等技术早已融入并影响着社会的方方面面。那么，新的价值机会到底在哪里？

虽然可以投入的机会很多，但投入后如何让投入产出比最大化，这是企业经营时必须面对的商业考题。如何满足市场和客户的新需求？如何识别新的赛道？如何让企业经营过程更加有效？针对这些问题，企业家们应该思考对策并规划具体的行动方案。

这两年，无数国货品牌崛起，在流量的加持下迅速壮大，但也有一些品牌很快淹没在潮流中，正所谓"成也流量，败也流量"。因为流量充满了太多不确定性，流量来了，企业不一定接得住。

试问，要想在这个竞争激烈的市场中占据一席之地，不被淘汰和边缘化，我们能做的努力有哪些？比如深度探索新的商业模式；掌握新的技术；探索新的市场；挖掘新的客户……虽然每一次努力都存在着"或许可能"和"可能"，但这些努力都值得我们去尝试。

"或许可能"和"可能"之间也有重要的关联，那就是从量变到质变的过程。如果将更多的"或许可能"聚在一起，大概率会将这个"或许可能"变成"可能"甚至是"能"。商业的成功离不开生活，笔者先从身边的琐事说起。

某一个周日，笔者应邀与广东的一位朋友一起去爬山。在爬山的过程中，笔者同这位朋友分享了一个情景故事。

序 言 / 003

> 小陈是某家小型饭店的老板，一天，一位许久未见的朋友来小陈的饭店吃饭。
>
> 在接待客人的过程中，小陈认出了这位朋友，这位朋友也非常善于交谈。上菜的过程中，双方聊得蛮愉快。结账的时候，这位朋友说道："你家的饭菜有改善的空间呀！下次来吃，能优惠一些吗？"
>
> 假如你是饭店的老板小陈，你该如何接话？

"如何接话"就是一门商业技术课，因为每个市场主体面临的客户画像都不一样，千客千面，从来就没有"一招鲜，吃遍天"的招式，但有一个永恒的道理，那就是如果你这样说能让企业持续赢利，那么这就是"好话"！

分享完这个故事，我们就到了半山腰，正好停下来休息。在休息的过程中，这位朋友也分享了一个故事，就是他的"周日安排"。

> 他的周日安排看似简单，就三件事情：陪家人吃早餐、与朋友一起爬山以及和合作伙伴一起钓鱼，但细究下来他的安排其实很有意思。这位朋友常年在海外，难得抽出一个周日与家人、朋友一起在深圳团聚，所以他将这个周日的活动安排到了价值最大化。
>
> 在陪家人吃早餐的安排上，他选择了在家做一顿简单但温馨的早餐给全家人吃，而排除了外出吃早茶的备选方案。
>
> 在同笔者爬山的安排上，他选择了一座他打车能到且离他家最近的山。这也意味着可以省去路途中消耗的时间。
>
> 在钓鱼的安排上，他选择了陪同某位有丰富钓鱼经验的合作伙伴一起去，从而排除了自己盲选钓鱼场或去海钓的选项。

用最大的可能性去安排想做的事情，他用持续赢利的思维将三件事情串联在了一起：家庭和亲人、兴趣和朋友、事业与伙伴。那个周日他过得非常愉快。

那个周日安排的每一件事情也实现了利益最大化：如在一起吃早餐的时候，所有的家庭成员沟通了接下来的节日安排以及家庭聚会流程等；一起爬山的时候，我们规划了下次去爬衡山等安排；与伙伴钓鱼的时候，伙伴转介绍了一位海钓的"高手"与他认识，他们几人还商定了下次海钓的时间及筹备事项等，当然他与这位伙伴合作的项目也借助这次活动往前推进了一大步。

万事万物息息相关，个人生活如此，商业活动亦如此。用最大的可能性去实现商业价值最大化，这就是持续赢利的开始。

持续赢利不是保守而是坚守。唯有个人与组织不断地自我修复；唯有我们在经历了多次挫折后，仍坚守自己的信念；唯有我们在别无退路时，仍坚持不懈，勇往直前，我们才能走出困境，走向远方。

"沉舟侧畔千帆过，病树前头万木春。"商业向来如此，从未改变。

目录 CONTENTS

第 1 章　中小微企业持续赢利的源头

心安静，则神策生；虑深远，则计谋成　/ 003
中小微企业持续赢利始于投资输入　/ 007
中小微企业持续赢利变现于投资回报　/ 012
中小微企业持续赢利在于主体经营　/ 018
中小微企业持续赢利赢于全过程闭环管理　/ 022

第 2 章　中小微企业持续赢利的六大要素

数据画像：解决问题的关键路径　/ 031
目标设定：利润增长的发动机　/ 034
反馈机制：既要低头走路，也要抬头看天　/ 039
连接和协调：撬动团队智慧的钥匙　/ 043
社团式持续改进：提质增效的关键动作　/ 047
全员承诺：组织新形态（组织—故事—承诺—岗位责任）　/ 051

第 3 章 中小微企业持续赢利的底层逻辑

吸收错误背后的新势能开好局 / 055

一定要解决"为什么"的问题 / 060

10万元人民币社会下的经营趋势 / 065

杀伐果断才能让中小微企业持续赢利更有效 / 070

"君子不立于危墙之下" / 081

利润增长与激励分配的关系 / 086

第 4 章 中小微企业持续赢利的人才观

激烈竞争下,哪些"人才坑"要避免踩? / 093

构建自己的人才领先框架思维 / 097

如何完整定义人才智库 / 101

FFT的价值在哪里? / 104

实施案例:年度领秀计划 / 127

第 5 章　中小微企业持续赢利的组织发展路径

企业"长寿"的秘诀在哪里　/ 133
聚焦细分赛道永续经营　/ 136
打破个人对组织依赖的习惯　/ 141
让人效增长形成价值导向评价　/ 143
价值导向评价五张表的经营管理价值　/ 145

第 6 章　中小微企业持续赢利的实用法则

榴梿法则：向组织要人效　/ 169
抢滩地图：向市场要效益　/ 187

第 7 章　中小微企业持续赢利的六个黄金技巧

观察："CYGS思路"让问题有解　/ 209
记录："记录绩效法"规划未来的路　/ 218
反馈："正向反馈"让组织积极发展　/ 230
评价："五维评价"让全员目标正解　/ 245
对话："对话课堂"让谈话变得有益　/ 250
认可："荣耀地图"开启成就的征程　/ 259

第 8 章　中小微企业持续赢利的风险规避八步骤

格式化基础文件，遵守劳动法规没那么复杂　/ 275
模板化劳动合同，轻松做到合理合法用工　/ 283
审慎招聘，最低的风险规避成本　/ 290
培训和意识教育，用工风险规避基础版　/ 296
有温度的解雇程序，让用工风险归零　/ 304
财务稳健规划，经营的智慧　/ 308
风险保险，用工风险中必不可少的工具　/ 312
预防性法律咨询，提前建立用工风险"护城河"　/ 315

第 9 章　经营的尽头就是重生

商业的本质是什么　/ 321
坚持长期价值主义　/ 337
持续推进标准化　/ 347
一事一心，翻盘亦是开盘　/ 361

第 1 章

中小微企业持续赢利的源头

- 心安静,则神策生;虑深远,则计谋成
- 中小微企业持续赢利始于投资输入
- 中小微企业持续赢利变现于投资回报
- 中小微企业持续赢利在于主体经营
- 中小微企业持续赢利赢于全过程闭环管理

心安静，则神策生；虑深远，则计谋成

每一场危机的背后都是一个新时代的开启，"不要浪费一场危机。"温斯顿·丘吉尔曾说。

沃伦·巴菲特在总结投资成功因素时说："当众人恐惧的时候，你要勇敢；当众人勇敢的时候，你要恐惧。"

将危机视作机遇并深耕作业的代表人物，巴菲特应该算作其中非常卓越的一位。纵观巴菲特的商业史，你会发现他是一个极其冷静且具有远虑的投资人。巴菲特投资没有失败过吗？当然有，但他都能用雷霆手段处理，从长远看，这不正是他极具个人特色的长期投资规划理念吗？

2022年的"巴菲特慈善午餐"拍卖活动结束后，中标价格显示为1900.01万美元（折合人民币12762万元）。能将慈善午餐经营到这个程度，足以说明巴菲特商业领袖气质及魅力所在。

有分析者认为，巴菲特作为价值投资的旗手，其投资理念的核心是自由现金流，以及投资非科技股。事实上，这种分析是经不起推敲的。巴菲特投资苹果公司和比亚迪公司的事例就能很好地说明，自由现金流只是投资的其中一个渠道，而不是投资的全部。投资价值利益最大化是巴菲特核心投资理念之一，而不仅仅是自由现金流。让我们一起来看一个案例。

2023年5月8日，港交所披露文件显示，巴菲特旗下公司伯克希尔·哈撒韦，在2023年5月2日抛售了196.1万股比亚迪股票，平均每股价格为235.64港元，获得超4.62亿港元的现金。

自2022年8月巴菲特首次减持比亚迪股票，经过港交所第11次披露，旗下伯克

希尔·哈撒韦公司持股比例从20.04%降至9.87%，累计套现约300亿港元。

经过这轮减持后，巴菲特持有比亚迪的股份比例降至9.87%，正式跌破10%大关。套现约300亿港元并且仍持有9.87%的比亚迪股份，这就是投资价值利益最大化的具体案例体现。

据了解，2008年9月，伯克希尔·哈撒韦公司以每股8港元的价格，共买入比亚迪的股票2.25亿股，投资金额为18亿港元。以2023年6月的估值计算，该笔投资回报率逾30倍。

可以看到，巴菲特与比亚迪的掌舵人王传福都具有商业领袖的其中一种特质，那就是极度冷静且专注。他们对于自己认定的商业领域一直都有远景规划且从未放弃过，一位一直"炒股"，另一位一直"卖车"。

巴菲特投资比亚迪时，比亚迪在汽车行业并不是十分出彩的那一位，直到2021年比亚迪借助新能源汽车的大势"大卖"。

最近几年，新能源汽车破茧成蝶，一路长虹。"2022年，我国是全球第二大汽车出口国，2023年一季度已跃升至全球第一，其中新能源汽车出口增幅贡献很大，与太阳能、锂电池一起，成为外贸出口'新三样'。"王传福在2023年第五届长三角一体化发展高层论坛中介绍道。

美国投资家查理·芒格曾称王传福为"爱迪生和韦尔奇的混合体"，既可以像爱迪生那样解决技术问题，又可以像韦尔奇那样解决企业管理上的问题。

但深入挖掘比亚迪的成长史后，你会发现，对比科学家和企业家，或许王传福更像是一位卓越的人力资源管理专家。

比亚迪在创立之初，要钱没钱，要技术没技术，王传福当时用尽了各种能想到的办法。比如投资一条几千万元的电池生产线，王传福就把这条生产线分解成一个个可以由人工完成的工序。没有机械手？那就采用大量的人工，尽可能地辅以半自动化。

当欧美国家尽可能在各道工序上减少人工的时候，比亚迪却利用当时中国人口的红利，逐步走出了一条经过改造的特色工业制造之路。

到2023年，比亚迪工厂车间内到处都是机器人，而此时的中国也从人口红利时代逐步走入人才红利时代。王传福带领比亚迪始终跟随着大流大踏步往前走。

自1995年创办比亚迪公司以来，王传福带领团队不仅完成了多轮产品的升级迭代，也完成了多轮人才升级体系改造。但从比亚迪的发展史来看，不论王传福如何对企业进行创新或改革，他都始终围绕着企业能够长期持续赢利的目标而奋进。成功的企业，都是从弱到强、从小到大进行演变的。

从技术维度而言，比亚迪将可充电电池的优势技术应用到电力汽车行业，再将电力汽车优势产业反哺到可充电电池产业，两个产业环环相扣便形成了持续赢利模式。

结合大企业的发展经历，那什么是中小微企业持续赢利模式呢？

中小微企业持续赢利是中小微企业经营管理过程中的"反馈回路"。

经营中的"反馈回路"亦称"赢利环"。即经营中所有的活动都相生相克、互为因果，它们首尾相连形成管理"赢利环"。

企业经营活动中，所有的"赢利环"又构成了一种"赢利机制"。这种机制会影响经营活动中某一个环中的任意一个要素的行为，受环中所有其他要素的影响，会产生从内到外的加速度聚力。

中小微企业持续赢利模式由投资输入、主体经营和投资回报输出三个主要部分组成，简称"经营铁三角"（图1-1）。

投资输入
从目标设定及投资多样化开始，无论是对内还是对外，投资前先了解投资产品。

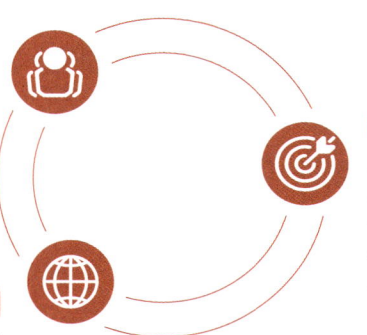

主体经营
主体经营是一个企业的核心业务活动，是主要产品或服务的生产、销售和交付过程，是企业收入和利润的主要来源。

投资回报输出
投资回报是指通过投资获得的利润或收益。投资回报的大小取决于多个因素，包括投资类型、市场表现、投资时间、风险承受能力和投资策略等。

图1-1 "经营铁三角"

"经营铁三角"理念中，无论是投资企业之外的主体，还是运营企业内部的项目，都要有投资思维。即不论企业内外，均要有一些基本的投资原则。

笔者对2022年印象非常深刻，当时很多行业都非常艰难，尤其是实体制造业，有些同行退出了，有些同行转行了。

江苏昆山有一家生产玩具的企业，已经连续亏损一年多。对于一家没有资本扶持的中小微企业而言，资金链的窘状不言而喻。

有人劝他们赶快止损，早些抽身！这家企业所有管理层的心情一度非常低落，某个夜晚笔者和他们聚在一起，并指导他们用"经营铁三角"思维来了一次复盘，他们想着复盘不成功，就回老家种田去了。

他们从"投资输入""主体经营""投资回报输出"三个维度进行了多轮讨论，直到第二天破晓。最终，他们的结论是以下三条：

实体经济是社会命脉，制造业不会倒下。

产品和团队只要能历经考验，质量和实力就会过硬。

只要管好成本、品质和交期，就可以全面冲击市场。

一年后，这家企业不仅没倒闭，利润反而逆势增长20%。正所谓：心安静，则神策生；虑深远，则计谋成。

中小微企业持续赢利始于投资输入

"投资输入的商业价值在哪里？"

一聊到投资，很多中小微企业主或职业经理人会认为这是大企业才干的事情，跟中小微企业没关系。其实这种想法有待商榷。

投资不能简单地理解为大项目投资，对内的经营管理也是一种投资。比如，企业的招聘活动、采购活动、研发新品等，这些不是都属于企业内部经营活动吗？不是都属于内部投资输入吗？

首先从企业招聘的角度看内部人才投资，如某家企业一个季度招了100人，假设这是一家仅仅拥有几十人的小微企业，那么当你听到这个数据后，你是不是觉得这家企业的内部投资活动相当活跃？你肯定不会怀疑这家小微企业是在进行大幅度的人才投资，因为这家企业的人力增幅短期就超过了100%。

反向思考一下，如果这是一家拥有一万多人的企业呢？一万多人的企业一个季度招了100人，从企业内部人才投资的角度看，这家企业在这个季度的人力增幅并不高，所以内部人才投资幅度不大。综上，事情都是相对的！

笔者想讲的是，不论是对企业内进行投资，还是对企业外进行投资，投资前都要明确投资的目标。这个投资是寻求短期利润还是长期增长？我们的风险承受能力如何？组织团队讨论这些目标，这些目标将有助于指导我们的投资决策。

分散投资是降低风险的重要策略。"不要把所有的鸡蛋放在同一个篮子里"，而是将你的资金分配到不同的投资品种和资产类别中。如果是对经营主体之外进行投资，投资品种主要是股票、债券、房地产、商品等；如果是企业内部投资，投资品种主要是研发项目或立项产品及服务等。内外部投资要区分开风险点，但共同点是一致的，即分散投资理念。

企业对内投资，要考虑投资项目与企业长期战略的匹配性。比如一个卖饮料的企业，如果拟长期投资去开饭店，这就要问问自己，这个到底是兴趣投资还是战略投资？投资的回报水平如何？能不能与企业核心产品或服务相辅相成？

中小微企业要想形成长期赢利的经营模式，就是一句话："钱要用在刀刃上！"所以不论采取什么投资决策，在投资之前，都需要了解自己感兴趣的投资产品或市场，研究相关的基本面和技术指标，并理解投资产品的风险和回报潜力。

中小微企业中，有一部分企业在追求"快钱"。但其实投资是一项长期的活动，市场会有波动和周期性。中小微企业主，更要避免盲目追求短期利润，而应采取长期投资策略，并相信从长期来看，市场通常能够提供较好的回报。

有些企业垮了，不是因为不够努力，而是过于勤奋地对非主营业务投入太多。如果你对投资领域不太熟悉或不确定如何开始，寻求专业建议是明智的选择。对内投资，建议多看看历史数据，并多和团队成员一起进行分析。

当然，不是说企业不进行内外投资就安全了。不进行投资，不进行新的增长点的探索，企业就很容易像"温水煮青蛙"那样慢慢被淘汰。建议中小微企业在进行投资之前，要评估自己的财务状况、风险承受能力和投资知识水平。不要投资超过你可以承受的风险的产品，要确保你有足够的应急储备金，并只投资你理解和愿意承担风险的产品。

投资后，定期审查和调整你的投资组合是至关重要的。监控投资的绩效和市场动态，随着时间的推移，你可能需要重新平衡你的投资以适应新的目标或市场变化。

无论如何，投资都存在风险，没有人可以确切预测市场走势。在进行任何投资之前，都要谨慎评估风险并决策。

无论在什么时代、什么环境中，投资都是一个复杂而多维的决策过程。对于投资者而言，如何选择一个具有潜力的投资项目，如何预测其未来的发展趋势，如何评估其风险与收益，都是必须深入研究的问题。笔者曾经拜访过多位投资界的精英，一半以上的投资精英都认为明确投资的环境和时机是至关重要的。在一个经济繁荣的时期，企业投资会更加活跃，因为资金相对宽裕，投资的机会也相对多样。反之，在经济低迷时期，投资则会受到很大的限制。但无论什么时期，良好的投资机会总是存在的，关键在于如何发现和把握这些机会。

或许大部分人不是专攻投资，但是对于企业管理而言，任何一个决策其实就相当于投资，在这个时候经营者就是投资者，我们要有这样的认知，才能将企业经营得更好。

我们不仅要有清晰的目标，还要有明确的策略。经营策略的选择取决于经营者或投资者自身的性格、风险承受能力、资金量等因素。例如，保守型的投资者可能会选择稳定、低风险的投资，而进取型的投资者则可能会选择高回报但风险较大的投资。

投资的时长也是一个关键因素。长期投资和短期投资的策略、风险和收益都有很大的不同。长期投资通常更加注重基本面的研究，而短期投资则更加依赖于技术分析和市场情绪。因此，投资者在选择投资时，必须明确自己的投资时长，并根据这一时长制定相应的策略。

数字化分析投资是我一直坚持的理念。而技术面和基本面分析就是数字化分析投资决策的重要手段。

技术面分析关注市场的价格和成交量变化，通过历史数据来预测未来的市场走势。而基本面分析则关注企业的财务状况、经营状况、行业趋势等，试图找出被市场低估或高估的股票。

还有一点，我们经过调查和研究，发现情感和心态在投资中也起着至关重要的作用。很多时候，市场的波动由投资者的集体情绪引起，这也就是所谓的"市场心理"。对于投资者来说，保持冷静、客观和理性是非常重要的。盲目地追涨杀跌，很可能会在市场的波动中损失大量资金。

总结一点，投资绝不是一门精确的科学。

尽管有了各种分析工具和理论，但市场仍然充满了不确定性。因此，对于投资者来说，永远不要把所有的希望都寄托在一个投资项目上，分散化投资、做好风险管理是企业内外投资走向成功的关键。而对于企业经营者来说，了解投资的基本概念才能在商业市场中成长。

表1-1 中小微企业持续赢利投资输入基础研判表

企业研判项目	研判项目主要特征和概况	经营策略	行动方案
投资的本质			
风险与收益			

（续表）

企业研判项目	研判项目主要特征和概况	经营策略	行动方案
长期视角			
多元化策略			
成长路径			
伦理和社会责任			

上面这份基础研判表（表1-1）就是想告诉我们，对于许多投资者和企业家来说，投资不仅是为了赢利，更是一种策略和态度。在商业世界中，无论是小型创业公司还是大型企业，对投资的理解和运用都至关重要。深入了解投资的基本概念和策略，不仅可以帮助企业家更好地管理资金，还可以为公司带来长期的稳定和成长。

● 投资的本质

投资不仅仅是买入和卖出，更多的是对未来的一种预期和承诺。真正的投资意味着为了长远的未来，愿意承担某种程度的风险以期获得更大的回报。

● 风险与收益

投资的一个核心概念是风险与收益的权衡。通常，高风险意味着高回报的潜力，而低风险则可能意味着较低的回报。中小微企业经营者需要根据自己的业务目标、承受能力和市场环境来决定投资策略。

● 长期视角

短期的市场波动不应影响长期的投资决策。中小微企业经营者应该注重长期的价值创造，而不是短期的利润最大化。

● 多元化策略

不把所有资金投入一个项目是智慧的选择。这可以降低潜在的风险，并为企业提供更多的机会。

- **成长路径**

    投资领域不断变化，新的机会和挑战层出不穷。中小微企业经营者应持续学习并持续研判，了解最新的市场趋势、技术和工具，从而为公司带来更多的机会和增长。

- **社会和伦理责任**

    投资不只是数字和策略。作为中小微企业经营者，要认识到投资也有社会和伦理上的责任。选择有道德和可持续性的投资方式，不仅可以帮助企业在公众眼中建立良好的形象，还可以为长期的成功奠定坚实的基础。

在中小微企业持续赢利经营模式中，了解并掌握企业对内对外投资的底层逻辑，对企业的成长至关重要。

无论是外部投资还是内部投资，企业家和管理者都需要有清晰的策略、前瞻性的思维和对市场的深入理解。当我们深入了解投资的基本概念并将其运用到实际业务中时，企业就有了在商业市场上成功和投资回报持续增长的基石。

中小微企业持续赢利变现于投资回报

"投资回报输出如何变现?"

投资回报是指通过投资获得的利润或收益。对外投资回报会直接和简单一些,主要是资产回报。

对外资本回报率(Return On Capital Investment,ROCI)是衡量企业对外投资回报的重要指标之一。它表示企业通过投资所获得的利润与投资金额之间的比率。较高的资本回报率意味着投资效果好,企业能够更有效地利用资本。

企业经营对内的投资回报,通常指的是企业在其内部进行的投资所获得的回报。这些投资可能涉及企业的基础设施、技术设备、员工培训、研发创新、市场推广等方面。

企业经营对内投资的回报常见变现方式,简称"ERTBA"。

"E"即Efficiency(效率),效率通常关注的是投入与产出的关系,或者说成本与收益的比率。这种比率的高低可以反映出生产或工作的经济效果。

在制造业中,效率可指单位时间内生产的产品数量或质量;在服务业中,效率可指提供服务的速度和质量。而我们要研究的,就是如何评估和改进生产或工作方式,从而提高生产力,降低成本,增加收益。

"R"即Research(研发),研发是一种创新活动,需要创造性的工作,企业研发是指产品、科技的研究和开发。

研发是技术创新的关键环节,我们要做的,就是通过研发推动技术进步,提高产品质量,降低生产成本,增强企业的竞争力。

"T"即Train(培训),企业培训要变得更直接一些,培训就是组织为了实现自身和工作人员个人的发展目标,有计划地对全体工作人员进行训练,使其提高与工作相关的知识、技能、能力以及态度等素质，以适应并胜任职位工作的过程。

我们研究在现代组织中培训的价值，就是思考通过培训如何帮助组织提高员工的整体素质和工作效率，如何增强组织的竞争力和创新能力，从而实现组织的长期发展目标。

"B"即Brand（品牌），品牌是一个复杂的符号，它包括产品名称、标识、符号、包装、设计、声誉、广告风格等方面，是消费者对产品及产品系列的认知程度。

在现代商业竞争中，我们要研究的，就是如何不断提升品牌的知名度和美誉度，从而赢得消费者的信任和支持。其实品牌的本质是品牌拥有者的产品、服务或其他优于竞争对手的优势能为目标受众带去同等或高于竞争对手的价值，其中价值包括功能性利益和情感性利益。

"A"即Assets（资产），简单来说，资产就是企业的资源，包括各种财产、债权和其他权利。资产按照流动性可以划分为流动资产、长期投资、固定资产、无形资产和其他资产。

我们要研究的，就是如何通过一系列的管理、经营和投资活动，使资产的总价值得到提升；如何通过合理的策略和有效的执行，实现资产的长期增值，为企业创造更大的价值。

"ERTBA"模型释义如图1-2所示。

E 提高生产效率
企业内部投资可以用于提高生产效率。例如，购买更先进的生产设备或实施自动化系统可以降低生产成本、提高生产能力和质量，从而提升企业的赢利能力。

R 技术研发
企业对研发和创新的投资可以带来新产品、新技术或改进现有产品。这些创新能够增强企业的市场竞争力，提高产品的附加值，进而增加销售和利润。

T 员工发展
企业对员工培训和发展的投资可以提高员工的专业技能、工作效率和满意度，有助于减少人力资源成本、降低员工流失率，并提高生产力和企业的整体绩效。

B 品牌建设
企业投资于市场推广和品牌建设可以提高品牌知名度、吸引更多的客户、获得更多的销售机会，带来更高的销售额和市场份额，从而提高企业的收入和利润。

A 资产增值
企业持有的资产如房地产、股权投资等，在市场上的价值可能随着时间的推移而增值。这些资产的增值将为企业带来潜在的回报。

图1-2 "ERTBA"模型释义

先谈谈对内投资的回报变现中有关生产效率的维度。提高生产效率是企业赢得市场竞争的基石。通过持续和战略性的内部投资，企业才能维持和提高生产效率。投资内部以提高生产效率，有很多投资策略可选。

购买先进的生产设备
现代化的设备通常能更快速、更精确地完成工作，且经常有更长的使用寿命和更低的故障率。

实施自动化系统
自动化可以减少人工误差，确保生产过程的连续性，并提高整体速度。自动化不仅应用于生产线，还包括仓储、物流和办公自动化。

培训员工
为员工提供定期培训可以确保他们熟悉并掌握最新技术。知识和技能的增长可以直接转化为生产力的提高。

引入精益生产和六西格玛技术
这些管理方法旨在减少浪费、提高生产质量并确保过程的持续改进。

采用数字化和物联网技术
例如，应用物联网设备可以实时监控生产线的性能，优化生产。

供应链管理
通过优化供应链，确保原材料的及时和高效供应，可以减少停机时间，并保证生产的连续性。

维护和预防性维护
定期维护设备可以避免机器突发故障，从而确保生产线的连续运行。

研究和开发
持续的研究和开发可以引入更先进的生产方法，从而提高效率。

环境因素
确保工作环境的舒适性也是关键。良好的工作环境可以提高员工的士气和效率。

以上是一些可供选择的对内投资策略，我们可以根据自己的实际情况和需求，制定策略和决策，以达到最优的生产效率。必须提醒一点，企业在追求生产效率的同时，也应确保产品的质量和员工的福利。这样，企业才能保持长期的成功和竞争力。

再从技术创新和研发的维度看，创新和研发在现代企业中扮演着至关重要的角色。无论是跨国公司还是初创企业，创新和研发都被视为企业长期成功的核心驱动力。

技术创新可以帮助企业开发新产品和服务，满足市场的新需求，从而打开新的收入渠道。而新技术或改进的生产方法可以提高生产速度、降低成本，并提高产品质量。

在如今高度竞争的市场环境中，持续的创新是保持领先地位、区分自己并吸引客户的关键。创新产品或服务可以吸引新客户，进一步扩大市场份额。随着技术和市场的不断发展，企业需要持续研发，以确保产品和服务保持市场竞争力。

重视技术创新和研发，预示着创新型企业通常在行业中会享有更高的品牌价值和声誉。而通过研发新品提供具有更高附加值的产品或服务，企业可以定价更高，从而增加利润。而且研发活动可能会产生新的专利、商标或版权，这些知识产权可以为企业提供有价值的资产和竞争壁垒。

当我们鼓励研究创新的企业文化时，企业对研发的投资就不仅仅是关于产品，它还可以鼓励企业内部的创新文化，激发员工的创意和激情。

<u>要实现上述益处，企业需要对研发进行战略性的投资，建立一个支持创新的结构和文化，并与合作伙伴、大学和研究机构建立紧密的合作关系。此外，评估和优化研发投资的回报也是成功创新的关键要素。</u>

众所周知，企业对员工培训和发展的投资可以提高员工的专业技能、工作效率和满意度。这将有助于减少人力资源成本、降低员工流失率，并提高生产力和企业的整体绩效。

再谈一谈投资变现中有关市场推广和品牌建设的模块。笔者相信，没有哪家企业会怀疑这方面的投入是否正确，而更多的是考虑投入产出比。因为市场推广和品牌建设是企业在市场中脱颖而出的关键。一个强大且受到认可的品牌不仅能够带来即时的商业回报，还能为企业带来长期的战略优势。

<u>另外，通过有效的市场推广，企业可以扩大其品牌影响力，在目标市场中更为显著，这对企业提升品牌认知度的重要作用显而易见。一个有价值的品牌可以</u>

促使客户反复购买，实现复购和口碑传播。

　　品牌不仅代表一家公司或其产品，它还可以代表一种生活方式、信仰或价值观。通过品牌建设，企业可以在消费者心中建立独特的价值定位。强大的品牌可以为产品或服务增加额外的Perceived Value（感知价值），使企业能够设定更高的价格。同样，已知和受到信任的品牌可能更容易推出新产品或进入新市场，因为消费者已经对该品牌有了一定的了解和信赖。

> 　　顾客感知价值（Customer Perceived Value, CPV）是当代市场营销策略的核心，因为它决定了消费者是否选择购买某一产品或服务。这种感知很多时候与客观现实有所偏差，但正是这种感知驱使了消费者的购买行为。

　　而对于零售商和分销商来说，强大的品牌意味着更高的客户需求，从而在谈判中赋予企业更大的议价权。通过故事叙述、广告和营销活动，品牌可以与消费者建立深厚的情感连接。危急时刻，一个坚固的品牌可以作为一个防护屏障，帮助企业快速恢复和重建信任。

　　最后一个维度，即投资变现对于资本资产增值的作用。投资变现和资本资产增值是企业财务管理的核心要素之一。通过明智地管理和利用其持有的资产，企业可以为其股东创造更大的价值。我们作了以下总结，看看如何通过投资变现对资本资产进行增值。

◉ 增值利润的实现

　　当企业的资产如房地产或股权投资在市场上增值时，这种增值仍然是纸面的，除非企业通过出售这些资产来实现利润。投资变现可以将纸面的增值转化为实际的现金流入。

◉ 资金重新分配

　　通过变现资产，企业可以获得资金，并将其重新分配到其他更有前景的投资机会上，以实现更高的回报。

降低资本占用
持有非核心资产可能会占用大量资金,这些资金在其他地方可能会产生更高的回报。通过投资变现,企业可以释放这些资金,并将其用于更高回报的投资。

风险管理
随着市场条件的变化,某些资产可能面临价值下跌的风险。企业可以通过投资变现策略,避免或减少这些资产价值的潜在损失。

提高资金的流动性
变现资产可以提高企业资金的流动性,这对于满足短期的资金需求或利用新的投资机会至关重要。

优化资产结构
企业可以通过变现非核心或低效资产,优化其资产结构,从而更好地支持其核心业务。

税务考虑
在某些情况下,企业可能会选择变现资产以利用税收优惠或避免潜在的税收影响。

增强财务表现
成功的投资变现策略可以提高企业的赢利能力和财务比率,从而增加股东价值。

在商言商,投资变现策略需要基于深入的市场分析、明确的企业目标和周密的财务计划。正确执行此策略可以帮助企业实现资产价值最大化,为股东创造持续的价值。

企业内外投资的回报并非一成不变,可能会受到市场环境、行业竞争、经济状况等多种因素的影响。企业在进行内部投资决策时,同样也需要进行充分的风险评估和可行性分析,以确保投资能够带来可持续的回报和利润增长。

中小微企业持续赢利在于主体经营

"主体经营到底经营什么？"

有些中小微企业经营者知道要主体经营，但并不是非常清楚主体经营的核心在哪里。其实主体经营就是一个企业的核心业务活动，是主要产品或服务的生产、销售和交付过程，是企业实现收入和利润的主要来源。

我们讲的更多的就是企业对内投资的项目或服务，相关负责人要有主体经营的思维，也就是要有持续赢利的格局。

主体经营思维，简而言之，就是企业经营者或管理者在经营过程中应采用的思维方式和方法。

它强调将企业的核心业务放在首位，专注于主要业务领域，并以战略性、系统性和创新性的方式进行管理和决策。

企业在经营的过程中，如果只有创始人或高管团队有主体经营思维，那么这个组织成长和发展也会比较艰难，所以应该对全员灌输主体经营思维。

主体经营思维有哪些特点呢？比如负责人要具有长远眼光。主体经营要强调长期发展和持续增长，经营者需要具备远见和战略思维，考虑企业的长远目标和竞争优势，而不仅仅关注眼前的短期利益。

主体经营要求企业专注于核心业务，将有限的资源集中在最有利的领域。这意味着企业要清晰地了解自身的竞争优势，专注于做好自己擅长的事情，并避免分散精力和资源。

主体经营鼓励创新和创造力。企业需要不断寻求新的商业模式、产品和服务，以适应市场变化和满足客户需求。创新可以带来竞争优势，增加企业的价值。

主体经营者要有系统化思维，要将企业看作一个整体，而不是孤立的部分。经营者需要理解各个部门和功能之间的相互依赖关系，并通过协调各个环节，提高整体运营效率和绩效。

主体经营者更要有风险管理意识，要提高对风险的识别、评估和管理的能力。经营者要有风险意识，并能够采取适当的措施来降低和管理风险，以保护企业的利益，实现企业的可持续发展。

主体经营也倡导基于数据和事实的决策。通过收集、分析相关数据，经营者可以更好地了解市场趋势、客户需求和业务绩效，并基于这些信息做出明智的决策。

主体经营者持续学习的意愿要强。经营者要保持学习和适应能力。经营者应持续关注行业动态、市场趋势和最新技术，提升自己的知识和技能，以适应不断变化的市场环境并引领企业发展。

所以说，主体经营的思维有助于企业建立竞争优势、提高运营效率和实现可持续发展。通过运用这种思维，企业可以更好地把握机会、应对挑战，并在竞争激烈的市场中取得成功。

企业经营过程中，树立主体经营思维，就是要建立和完善持续赢利的企业文化。在这个文化中，我们必须理解其中的一个核心，就是投资回报。企业对内经营中，投资回报输出可以转换为投资输入，即将企业赚到的钱再投入企业经营中，以获取更多的投资回报。

投资回报率（Return On Investment，ROI）是一个经常被用来衡量投资的赢利能力的指标。它表达的是对于每一单位的投资，可以预期得到多少回报。ROI是一个有用的工具，因为它可以比较不同投资机会的相对赢利性。

ROI的计算公式：ROI=（投资的净收益/投资的成本）×100%

举例：如果一个项目需要10000元的初次投资，并且预计将带来2000元的净收益，那么ROI就是20%。

在商业领域，投资回报价值最大化一直是企业经营的核心追求之一。

企业经营过程中有时会自然形成很多持续赢利框架思维，但或许缺乏提炼和总结。如市场营销中，营销板块的持续赢利指的是通过追踪和分析客户反馈信息，将市场营销活动与销售和客户关系管理系统相结合，以实现更精确的目标定位和获得个性化的营销策略，循环往复后，市场营销带来的直接价值和间接价值不可估量。

综上，形成企业经营持续赢利框架思维，就是在企业经营过程中，使经营机制能够自我纠正和适应变化，从而提高企业赢利的能力。

我们来看一个案例，那就是"玻璃大王"曹德旺的经营故事。

曹德旺，福耀玻璃工业集团股份有限公司创始人、董事长。从他1983年第一次捐款至今，累计个人捐款已达150亿元。他将企业家和慈善家的角色进行了最大化的持续聚能发光。

曹德旺和王传福的早年成长经历有很多相似之处，都提前尝到了人世间的冷暖炎凉。王传福从小就相信知识改变命运，曹德旺小时候则坚信勤劳的双手有改变命运的力量。

中国的企业家群体在过去几十年里经历了快速发展和成长，取得了巨大的成功。然而，相对于一些发达国家的企业家群体，中国的企业家群体的成长周期可以说并不长。

这主要是因为中国的市场经济起步较晚。在改革开放之前，中国实行的是计划经济体制。改革开放以后，中国逐渐转向市场经济，民营企业开始崛起。中国的许多企业家是在这一时期开始创业的，他们面临了许多挑战和困难，但也抓住了机会迅速成长。

而在发达国家，市场经济已经存在很长时间，企业家们有更多机会通过长期积累的经验和资源来实现持续的成功。

从目前的认知看，跨国反倾销案或许已经不太陌生。但时间回到2001年我国在加入世界贸易组织之前，国内的本土民营企业和民营企业家很难想象会遇到类似的事件。

我国加入世界贸易组织后不久，福耀玻璃和曹德旺就赶上了加拿大国际贸易法院向包括福耀玻璃在内的中国汽车玻璃行业发起的反倾销调查案件。

为了打赢这起反倾销调查案的官司，曹德旺带领团队历时8个月，历尽艰辛积极应诉，终于在2002年8月30日等到了加拿大国际贸易法院的裁定：在加拿大销售的中国汽车玻璃对当地产业不构成侵害。这起案件也被称为我国"入世"后赢得的第一起反倾销案。

福耀玻璃和曹德旺后来又经历了美国反倾销案,这一次曹德旺带领福耀团队历时数年也打赢了这场官司。这是中国第一个状告美国商务部并赢得胜利的案件。

海内外成功的企业家有很多,但在全球有一定影响力的企业家却不多,再聚焦到实体制造业,这一类型的企业家更是屈指可数。

关于企业经营管理理念及实操方面,大部分人都在借用海外的成功案例进行拆解和学习。一方面,我国的市场经济起步确实比较晚,企业家这个群体沉淀比较少;另一方面,研究本土企业管理的理论也比较晚,匹配本土管理思维及方法论等方面也欠缺积累。

但时至今日,我国实体制造业种类齐全且具备全球竞争力,而各个国家和地区的政策法规有一定的差异,如果在这个时候,我们仍然全盘接受海外的管理思想和理念,就会走很多弯路。企业经营管理不仅要"师夷长技以制夷",更要立足并扎根本土,同时面向全球。唯有如此,企业方能持续兴盛。

中小微企业持续赢利赢于全过程闭环管理

"顾头不顾尾"是很多企业经营管理中的"顽疾"。

在企业日常的活动中，经常看到的场景就是会议一个接一个，目标一个比一个宏伟，口号一个比一个响亮，PPT制作得一个比一个漂亮，但最终经营下来的结果却是一个项目比一个项目糟糕。

没有形成全过程闭环管理，或许就是上述问题的关键。

很多企业活动，过度关注事物的开头而忽视了事物的结尾。在处理问题或进行计划时，只重视起始阶段的工作，而忽略了后续的重要环节。

如在项目管理方面，很多经营者只关注项目或计划的启动阶段，而忽视了后续的运营、管理和持续改进。这样的做法只会导致项目失败或无法实现预期的目标，企业可能会面临许多问题和挑战。

这样管理，企业在创始期可能会取得一些成功，但在发展壮大阶段可能会遇到更大的困难，甚至会丧失核心竞争力。

一个成功的企业应该有全局的视野，并注重企业的长远发展。但说起来容易，实际运营起来却很难。因为战略需要战术去执行，而我们的战术有哪些呢？如何去执行战术呢？很多企业并不是十分明确。

就一个项目而言，除了关注项目的启动和初期发展，也应该考虑企业的战略规划、市场营销、运营管理、人力资源等配套方面的问题。

综上，企业需要持续关注自身的整体运作，制定并执行长远的发展策略，以确保企业能够持续成长和取得成功。也就是"局部服从整体，全局一盘棋"。

换句话说，企业经营应该注重企业的全过程闭环管理，从每一个项目的启动到后续的持续运营和发展，如此才能实现长期的成功。

"顾头不顾尾"的做法可能会带来短期的成果，但从长远来看，企业可能会面临许多问题和挑战。

讲一个餐饮行业的案例，这个案例或许能对我们经营管理有一些启发。

过去的三年，餐饮业疯狂洗牌。很多中小餐饮企业被迫出局。

但随着中国城市化和经济大发展，我国的餐饮业营业额连续多年实现两位数高速增长，直到成为世界上最大的餐饮市场。这个行业也一直是朝阳行业中蓬勃发展的一种传统产业。

我们现在谈的这家快餐连锁企业，就经历过"过山车"式的发展，从快速发展到调整，再到重新发展。这家企业，我们就暂且称其为"当当汉堡"。

刚创建当当汉堡时，企业非常注重产品质量和服务体验，努力追求顾客的满意度。企业的初衷是给顾客提供美味可口的快餐食品，因此当当汉堡在当地迅速获得了良好的声誉和口碑。

然而，随着时间的推移，经营管理层越来越关注企业的扩张和赢利能力，而忽略了细节和后续的发展。为了迅速扩大规模，该企业开始开设大量的分店，但在分店的运营管理方面却存在问题。由于缺乏有效的培训和管理体系，分店的员工素质参差不齐，服务质量下降。

同时，由于过度追求利润最大化，当当汉堡开始采用低成本策略。而由于低成本策略的实施，食材和原料管控不当，导致了食品质量下降。顾客开始抱怨食物的口感和品质不如从前，对当当汉堡的信任度下降。

当当汉堡的管理层因这三年市场环境的影响，无意或有意开始忽视员工的福利和发展，导致员工的流动性增加，员工士气低落，对工作失去热情。这进一步影响了当当汉堡的服务质量和形象。

最终，奇迹还是没有发生，当当汉堡的业绩开始下滑，顾客流失严重，品牌形象受损。最初的创始人团队意识到错误后，只能疯狂关店，进行"断臂求生"。

企业经营没有形成持续赢利框架思维，轰轰烈烈地开始，后续又没有规划和预测市场的不确定性和最大的可能性，最终导致经营业绩严重下滑。

断臂求生并不是一种能轻易选择的策略，它肯定会涉及一些痛苦的决定和牺牲。然而，悔不当初，事到如今，为了确保企业的生存和长远发展，这家企业只能采取断臂求生的举措。

"如果有断臂求生的勇气，怎么会没有创新拓展市场的魄力？"

与这位创始人见面后，笔者直言不讳。不用怀疑，"民以食为天"，餐饮行业的第二春已经来临！从社会共识方面来看，餐饮业在解决劳动就业方面有天然的优势，同时餐饮业还是服务领域最容易变现的行业。行业没有问题，那就是企业经营管理的问题了。

要想确保企业能够持续适应市场环境变化并保持竞争力，企业领导者需要具备洞察力和勇气。任何一次战略的调整都是一个艰难的决策。

决策前，我们和这家快餐连锁企业的管理层一起用持续赢利框架思维进行了一次详细复盘。

复盘开始后，笔者的第一个问题：如何适应市场环境变化？

他们回答：市场竞争激烈，消费者需求不断变化。为了适应市场的变化，企业可能需要改变经营策略、产品定位或市场定位，放弃一些不再适应市场的业务领域或产品线。

笔者的第二个问题：要不要进行资源重组？

他们回答：公司可能会选择断臂求生来进行资源的重新配置和重组。这可能涉及剥离一些低效的或亏损的部门、关闭不具备竞争力的业务、裁员或减少固定成本等，以使公司能够更加专注和有效地利用核心资源。

笔者的第三个问题：到了需要重塑企业形象的时候了吗？

他们回答：当企业形象受损或遭遇负面事件时，为了重新赢得市场和公众的信任，可能需要采取一些激进的行动，比如自我清理、承认错误并采取纠正措施，甚至进行全面的企业文化和价值观的改变。

笔者的第四个问题：现有的财务体系是否已经产生了危机？

他们回答：当面临严重的财务困境时，可能需要进行财务重组或债务重组，以减轻负债压力，并重新获得财务稳定和可持续发展的能力。然而，目前企业的财务状况虽然不佳，但还没有到面临严重财务困境的地步。

第 1 章　中小微企业持续赢利的源头

笔者的第五个问题：这个市场如何进行技术和创新转型？

他们回答：随着无人餐厅、机器人餐厅、私厨、中央厨房等科技和市场的快速发展，企业可能需要进行技术和创新的转型。这可能涉及放弃传统的业务模式，投资新兴技术或市场，并重新定位企业在技术领域的竞争力。

以上问题点，通过用持续赢利的框架思维复盘后，这位创始人及其团队有了新的想法，并决定在团队内部重新定义新的餐饮行业。经过多轮沟通，他们最终将"断臂求生"的策略升级成"持续赢利"的策略。

于是，他们从四个维度开始了全面战略布局：战略调整、资源优化、成本控制及业务转型。

这次复盘，笔者承认，对于这家企业的管理层来讲，不论是断臂求生，还是要打造一个持续赢利的企业生态，都可能会带来一时的痛苦和损失，但对于企业而言，它可能是为了确保生存和持续发展的必要步骤。在艰难的抉择中，企业需要权衡风险与机会，寻找平衡点，并制定出符合长远利益的战略决策。

不论早晚，只要确定了持续赢利的框架思维，然后按此思维开始真正的企业经营，大概率这些企业今后的发展应该会更好。

结合上述案例，让我们来了解一下一家企业基本的经营利益链。

企业经营利益链（图1-3）是指组织、规划、协调和控制企业的各项活动要互为上下道工序，最终以实现企业的目标和利润为准则进行互相配合，共同作业。

在企业经营中，我们要形成一套完整的打法，不能顾此失彼。

首先，企业战略不是画饼，企业一定要有战略规划，这需要企业管理层制定明确的长期战略目标和短期战略目标，并确保实现这些目标的路线图和计划的可行性。企业战略包括分析市场、竞争环境和客户需求，以及制定适当的市场定位和竞争策略。

图1-3　企业经营利益链

其次，有效的组织管理是企业经营的基础。这涉及建立清晰的组织结构、职责和权责分配，招聘和培养合适的人才，建立良好的团队协作和沟通机制。

一家企业不赢利就是一种错误，企业不会销售更是大错特错！

对于中小微企业，接下来就是营销和销售，这是企业生存的根本。其中营销是企业经营中的关键环节，它包括市场调研、产品开发、定价策略、品牌推广和销售渠道的建立。

企业需要确保产品或服务能够满足客户需求，并采取适当的营销手段吸引目标客户，且实施销售策略以实现销售目标。

"巧妇难为无米之炊"，经营企业如果不熟悉财务基础数据管理，那真的是"吃了这顿没下顿，顿顿没着落"。财务管理是企业经营的基础面，创业初期哪怕只有五个人，也一定要安排一个人兼职负责财务管理。

财务管理包括预算编制、财务分析、资金管理、风险评估和利润管理。企业需要建立有效的财务系统和流程，以确保财务稳定和可持续性。

运营管理也是核心的经营链，因为运营管理涉及生产和交付产品或服务的过程。它包括供应链管理、生产计划、质量控制和库存管理。有效的运营管理可以提高效率、降低成本，并确保产品或服务的质量和按时交付。

同样，企业经营需要不断创新和发展。这包括研发新产品、改进现有产品、开拓新市场和适应技术变革。通过持续创新，企业可以保持竞争优势并开拓新的商机。

最后，企业持续发展离不开有效的绩效评估体系。定期评估和监控企业的业绩和目标达成情况，可以帮助企业识别问题和机会，并采取适当的调整和改进措施。

持续赢利的框架思维是企业经营的根本，企业经营利益链涉及多个方面，需要全面考虑和协调各项因素。

竞争激烈的市场环境下，中小微企业持续赢利的全过程闭环管理，挑战的目标就是要达到"1+1"大于"2"的效果，每一个环节赋能下一个环节，最终环环相扣，环环加速，以实现企业的长期可持续发展和利润增长。

第 **2** 章

中小微企业持续赢利的六大要素

- 数据画像：解决问题的关键路径
- 目标设定：利润增长的发动机
- 反馈机制：既要低头走路，也要抬头看天
- 连接和协调：撬动团队智慧的钥匙
- 社团式持续改进：提质增效的关键动作
- 全员承诺：组织新形态（组织—故事—承诺—岗位责任）

"人言此是海门关，海眼无涯骇众观。"

多思考一下历史人物和历史改革案例，对于我们今天的企业经营框架思维是有益处的。

在众多的历史改革案例中，商鞅变法值得我们研究。虽然商鞅个人或许是历史缩影下的悲剧，但从企业经营管理的角度看，商鞅变法是成功的，商鞅的变法思想中蕴含着丰富的企业智慧。

当时，秦孝公在秦国极度落后于其他国家的状况下，想进行变法，但害怕得不到国内众多势力（从企业经营的维度，我们视这些势力为"股东"）的支持，为此秦孝公找到了商鞅。

商鞅接到了初步任务后，对国内众多势力（股东）进行了数据画像，并提出："前世不同教，何古之法？帝王不相复，何礼之循？"同时提出了解决方案："当时而立法，因事而制礼。"

为了推动这场深刻的社会变革（企业改革），商鞅进行了目标设定，那就是通过废除井田制，推行县制，实施重农抑商政策，以及统一度量衡等措施，增强秦国的国力。

有了政策，下面不执行怎么办？对于反馈机制，商鞅想到了一个办法。他在国都集市的南门外竖起一根三丈高的木头，先是布告，谁能将木头搬到集市北门，就奖励十两黄金（古代是指黄铜），结果没有民众响应，他再更新布告，有能搬动的奖励五十两黄金。

在新的奖励机制下，有人把木头搬到了集市北门，商鞅立刻奖励他五十两黄金。

商鞅策划并组织的这起"搬木头给黄金"事件，完美地连接起制度权威，以及执行力宣导到基层的有效影响。

商鞅要想将改革进行到底，连接和协调上级给予资源支持肯定也少不了。不然，秦孝公也不会在公元前359年，同意在秦国颁布《垦草令》，开始全面变法。

后来经过二次变法（持续改进），秦国的运行系统和机制（旧制度）被彻底废除，在变法加持下，秦国经济得到了飞速发展，成为战国七雄中实力最强的国家。

至于商鞅后来落得个"车裂"的下场，主要是受当时历史的局限性和政治性等复杂因素影响，我们不再讨论。但从经营的角度看，商鞅可以看成是在"全员承诺"阶段，忽视了个人的职业规划与"股东"之间的利益冲突而被离职的。

从整体来看，商鞅变法作为一次成功的社会变革，为现代企业管理提供了深刻的启示。从组织结构优化到人才选拔，从创新与风险管理到法治思维与规则，商鞅变法都为现代企业提供了宝贵的经验和智慧。

如何才能让持续赢利框架思维更加成功地实施呢？那就是通过持续不断地反馈、学习和改进来完善业务流程和战略。

成功实施持续赢利框架思维的关键要素如图2-1所示。

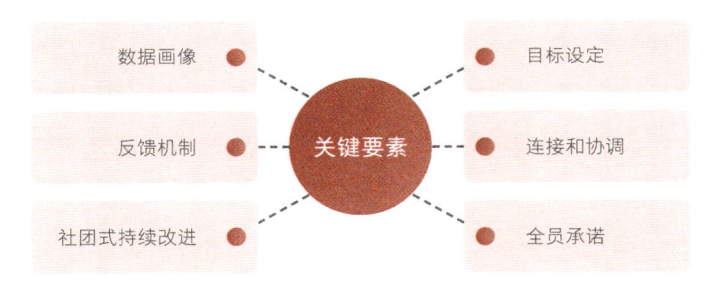

图2-1 成功实施持续赢利框架思维的关键要素

数据画像：解决问题的关键路径

凭感觉只会让自己和企业越来越糟，因为个体是很难从全局观看到企业整体概况的，数据画像才能观察到企业全盘。企业治理需要严谨，更需要数据画像。

数据画像是持续赢利框架思维中的一个关键环节，它有助于组织了解业务流程、客户需求和改进机会。

几年前，笔者的一个朋友经营的超市，在经过连续几年利润下降后，已经到了盈亏平衡点。超市的经营利润越来越薄，是转行还是继续坚持？这是他必须面临的一个选择。

盈亏平衡点（Break Even Point，BEP）是经济学和财务管理中的一个重要概念，表示当收入与支出相等的时候，企业没有盈利也没有亏损的那个点。简言之，它是指定产品或服务的销售量，使得总收入与总成本相等。

盈亏平衡点的核心思想是区分固定成本和变动成本，并确定需要多少销售量来覆盖所有的成本。计算盈亏平衡点的方法如下：

- 贡献度=销售价格-变动成本（确定单位销售的贡献度，即每一单位销售的收入与其对应的变动成本之差）
- 盈亏平衡点的销售量=固定成本/贡献度（用总固定成本除以单位销售的贡献度来得到盈亏平衡点的销售量）
- 盈亏平衡点的销售额=盈亏平衡点的销售量×单位产品的销售价格

盈亏平衡点的意义有以下四点：

◉ 决策工具
它帮助企业了解要达到何种销售水平才能覆盖成本，为定价、营销策略和生产规模等决策提供依据。

◉ 风险评估
通过比较预期的销售量与盈亏平衡点，企业可以评估其风险水平。

◉ 成本控制
盈亏平衡分析可以揭示固定成本和变动成本对盈利的影响，从而帮助企业制定成本控制策略。

◉ 策略规划
如果企业希望获得特定的盈利水平，盈亏平衡分析可以帮助其确定所需的销售目标。

虽然盈亏平衡分析是一个有用的工具，但它基于一些假设，例如固定成本和变动成本在所有生产和销售水平上都保持不变。因此，它更适合短期决策和简化的分析，而不应用于长期或复杂的商业环境中。

为了找出原因，笔者建议他的团队开始进行超市的数据画像，通过收集和分析数据，他们可以更好地了解顾客的购物习惯、产品偏好以及服务体验，从而改善业务流程并提升顾客满意度。

为了进行数据收集和分析，他召集团队成员，宣布决定建立一个全面的数据系统。他从市场营销部及IT（信息技术）部等各部门抽调人员组建了数据拓展部。这个新组建的部门专门用来开发和维护这个系统。他们与公司的不同部门合作，确保所有关键数据都能够被准确地收集和记录。

按照规划，这个部门的成员开始分析产品类别、购买量以及购买频率。通过分析这些数据，他们将发现的热门产品、销售趋势以及潜在的市场机会，直接报告给超市的经营管理层。

数据拓展部也用数据画像去分析顾客的反馈和评价，他们在超市里设置了一个有奖现场反馈系统，鼓励顾客提供对产品和服务的评价，每次评价完，顾客均有机会参与抽奖，抽奖活动既拉近了超市与顾客的距离，也达到了收集数据的目的。

然后他们将这些反馈与购买数据相结合，形成顾客满意度、问题和改进的需求报告，当然这些报告也同样分享给了超市的各个管理层。

数据拓展部成立后，采取了尽可能多的办法去进行数据收集，然后利用各种数据分析工具和技术来解读收集到的数据，再使用数据挖掘技术来发现隐藏在数据中的模式和趋势，进而改进业务流程。

基于数据分析的结果，这家超市采取了一系列的行动。他们调整了产品组合，推出了更多符合顾客需求的产品。

其中有一个案例让笔者印象深刻，那就是他们在数据画像中，发现有一定比例的顾客喜欢提前将要买单的物品放置到收银台，但因为目前的收银台不够长，顾客购买的商品经常会掉到地上，有时收银人员会受此影响放慢收银的速度。

经过数据分析及场景演练后，他们决定将收银台的台面进行延伸，以便更多的顾客可以提前将挑选好的物品放到收银台，这既方便了顾客，也提升了收银的速度。

数据画像进行一段时间后，超市经营改善非常明显。比如结合数据画像的分析，他们新增了自动付款的设备，将有限的空间整理出来并建造了一个亲子活动场地，还优化了大宗商品购买到家服务流程，举办了多场技能比赛，比谁能提供更快速、准确和周到的服务……

在线下超市普遍赢利状况一般的大环境下，他们通过持续的数据收集和分析，不断改进和优化业务流程，销售额和市场份额不降反升。

某一天夜晚，这位朋友打电话告诉笔者，他准备成立第9家分店。

如今线上购物已成为主流的零售市场，线下商超大多数艰难经营，但他领导的超市不仅赢利状况良好，而且还增开门店，不得不说他的做法效果显著。

数据画像或许只是他经营超市"有道"的一部分，但在当今竞争激烈的市场环境下，我们对于数据画像要有更多的认知，这样对于企业持续改进和成功发展确实能提供有力支持。

目标设定：利润增长的发动机

不会设定企业目标的人，根本就不会管理企业，因为目标的设定就已经大概率注定了企业的利润。

假设你设定你的团队今年赢利1000万元，那你的团队想赢利2000万元会很艰难，因为你的目标决定了你的各项配置。低配置如果产生了高目标，对于团队的发展会带来畸形因子，因为你的团队根本就没有准备好。

在笔者的职业生涯中，曾参与过某细分领域平台的建设。平台创建之初，吸引新客户在平台注册就成为笔者和团队的核心目标。

作为一个初创项目，经过董事会讨论，该项目在接下来的一年内要扩大市场份额，并设定了一个新客户拓展的目标：在一年内吸引至少5000家新客户注册或入驻平台。

自然而然，在线上销售平台竞争激烈的环境下，为了达成这个目标，总公司推动为该平台建立一个跨部门协作团队，团队由销售副总裁John领导。

副总裁John有着丰富的团队管理经验和敏锐的市场洞察力，在多方支持下，该团队飞速组建成功，团队成员包括市场分析专家、产品经理、客户经理和技术支持人员等。

团队成立之初，John就组织了一次头脑风暴会议，让团队成员分享自己的见解和建议。经过深入讨论，团队制订了一套详细的新客户开发计划，其中包括市场分析、目标客户定位、产品优化、销售策略、客户服务等多个方面。

在接下来的几个月里，团队成员们紧密协作，不断优化计划并付诸实践。这个

> 团队的口号就是：睡了没？没睡就去找客户！
>
> 团队核心骨干成员经常工作到凌晨，研究市场需求，调整产品定位，改进销售话术，积极参与行业活动等。最终的目标就是扩大品牌影响力，吸引潜在客户关注。
>
> 经过团队的不懈努力，新客户数量快速增长。最终，在年度总结会议上，团队宣布了一个令人振奋的消息：平台成功吸引了超过10000家新客户注册或入驻，翻倍完成了年初设定的目标！
>
> 阶段性的胜利过后，接下来就是客户转化。
>
> 这个时候，真正的问题来了！经过团队成员的跟进，结果调研发现这10000多家新客户对于平台而言，有价值的有效客户不足2000家。
>
> 先抛开前期过度吸引客户注册或入驻的费用不谈，光是为了配合这10000多家客户进行有效转化而进行的人员和办公配置就花费了一笔不菲的费用。最致命的就是，按10000多家客户配置的资源，接下来只能服务2000家。
>
> 最终的结局就是不断调整架构、成员、产品和服务，直到资源与目标匹配。

那么从资源配置的角度看，是不是目标设立得越高越好呢？当然不是！因为如果目标太大，实现不了，不仅会打击团队士气，也会严重浪费协同资源。

所以目标设定通俗一些讲，就是要"跳一跳，够得着"。

如何设定目标呢？可以参考以下"六性"原则。

🔸 具体性（Specific）

目标应该明确定义，具体而清晰，避免模糊和笼统的表述。明确回答目标是什么、涉及哪些方面以及预期的结果是什么。

🔸 可度量性（Measurable）

目标应该是可衡量的，以便能够定量或定性地评估目标的完成程度。使用可观察的指标或标准来量化目标的实现程度。

🔸 可达性（Attainable）

目标应该是可实现的，考虑到可用的资源、时间和能力。确保目标具备挑战性，但也要合理可行，以激发努力和动力。

- 相关性（Relevant）

  目标应该与价值观、长期愿景和其他目标相符合。确保目标与当前的职业、个人或组织发展方向相关，并对发展和成长具有意义。

- 时限性（Time-bound）

  目标应该设定明确的时间框架，以便确定实现目标的截止日期或时间范围。这有助于产生紧迫感，以及监督进展和制订行动计划。

- 可持续性（Sustainable）

  目标应该是可持续的，要能够在长期内保持有效。考虑目标对个人、组织和社会的可持续性的影响，并确保其与你的价值观和长期利益相一致。

从实践的角度看，目标设定应该是一个动态的过程，定期评估和反思目标的进展，并根据需要进行调整和改进。接受反馈意见，并利用经验教训来优化目标设定和行动计划。

将上述"六性"原则展开来谈，设定目标可以用"七步法"完成。

第一步，明确目标。首先，确定想要实现的目标是什么。目标应该具体、明确，并且可以量化，这样才能更好地衡量自己的进展和成果。

第二步，详细描述目标。将目标具体化，描述清楚想要实现的结果是什么。使用具体的词汇和数据来定义目标，这样更容易理解和衡量。

第三步，设置可行的时间范围。为实现目标设定一个合理的时间范围。考虑目标的性质和复杂性，并根据自己的时间和资源限制来设定一个可以实现的时间框架。

第四步，分解为小目标。将大目标分解为更小的子目标或里程碑。这有助于更好地管理和追踪进展，并提供更具体的方向。

第五步，确定可衡量的指标。为了评估目标的实现程度，可确定一些可衡量的指标或标准。这些指标可以是数量化的，例如增加销售额、减少成本；或者是质性的，例如提高客户满意度。

第六步，制订行动计划。确定实现目标所需的具体行动步骤。将目标进一步细分为可操作的任务，并为每个任务设定截止日期和责任人。

第七步，持续跟踪和评估。定期检查目标的进展情况，并对实际结果与预期目标进行比较。根据评估结果进行必要的调整和改进。

我们的目标应该是具有挑战性但可实现的。确保对目标的实现有充分的信心，并愿意为之付出努力和时间。同时，灵活性也很重要，我们可能需要根据实际情况对目标进行调整或重新设定。

接下来讲的故事，或许有助于理解目标设定的"六性""七步法"。

在某特战大队中，有一位名叫张波的年轻军人。张波一直以来都渴望成为一名顶尖的特种部队士兵，并为此制订了一个雄心勃勃的目标：成为自己部队的最佳射手。

张波知道这个目标并不容易实现，但他决心接受一系列挑战和付出努力，于是着手进行目标设定。

① 明确目标：成为部队的最佳射手。

② 详细描述目标：在每一次射击训练中获得最高分数，展现出卓越的射击技能和准确性。

③ 设置可行的时间范围：在接下来的一年时间内，张波计划通过持续训练和提高来实现目标。

④ 分解为小目标：张波将目标分解为每月定期评估和每周个人训练的小目标，以便更好地跟踪自己的进展。

⑤ 确定可衡量的指标：通过射击训练中的得分和与其他士兵的比较，衡量自己的射击水平。

⑥ 制订行动计划：张波制订了一个详细的行动计划，包括每周参加额外的射击训练、学习先进的射击技巧、定期参加竞赛和与其他专业士兵交流经验。

⑦ 持续跟踪和评估：张波定期对自己的训练成果进行评估，并根据需要调整计划。他找到了一位导师，定期向他请教并接受指导。

张波的训练之旅并不容易。他经历了无数次的失败和挫折，但他从未放弃。他把每一次失败当作自己学习的机会，不断提高自己的技能。

随着时间的推移，张波的努力逐渐获得了回报。他的射击技能不断提高，他在训练中的表现越来越出色。最终，在一次重要的射击竞赛中，张波以出色的表现击败了其他士兵，获得了"最佳射手"的称号。

目标设定的"六性""七步法"同样适用于企业目标的设定，我们讲一个小型初创公司的案例。

在一家小型初创公司中，有两位创始人——张杰和陈志鹏。他们共同拥有一家提供家居清洗产品的技术公司，他们的目标是将公司发展成为市场的领导者。

张杰和陈志鹏深知在竞争激烈的环境中取得成功并不容易，因此他们设定了一个雄心勃勃的目标，以指导公司的成长。

① 明确目标：成为市场的领导者，占据行业的主导地位。

② 详细描述目标：提供优质的产品和创新解决方案，赢得客户的信任和忠诚，持续创造价值并保持持续的增长。

③ 设置可行的时间范围：在未来五年内，张杰和陈志鹏计划通过战略扩展、市场渗透和产品创新来实现目标。

④ 分解为小目标：将目标分解为每年市场份额增长、客户满意度提升、产品研发进度提升等小目标，以便更好地跟踪和管理进展。

⑤ 确定可衡量的指标：使用市场份额、销售额、客户反馈和重复购买率等指标来衡量公司的成长和市场地位。

⑥ 制订行动计划：张杰和陈志鹏制订了一个详细的行动计划，包括加强市场调研、投资研发团队、培养高效的销售团队、积极推广和营销等。

⑦ 持续跟踪和评估：张杰和陈志鹏定期评估公司的进展情况，分析市场反应和竞争动态，根据需要进行调整和改进战略。

以上就是张杰和陈志鹏用"六性""七步法"设定的企业目标。相信随着时间的推移，他们的公司终将获得市场的认可和信任。

对于初创型企业或中小微企业，目标的设定更为重要。在如今的商业环境中，唯有坚持和决心，唯有明确的目标设定、恒心和创新精神，才可以在竞争激烈的市场中取得成功，实现企业的成长和发展。

反馈机制：既要低头走路，也要抬头看天

"低头走路"，是指我们要专注于产品的细节，确保每一个功能都做到极致，给用户提供最好的体验。

而"抬头看天"，则是要我们时刻关注行业动态，紧跟技术潮流，预见未来趋势，以便我们能够提前布局，抢占先机。

持续赢利框架思维的核心要素之一就是建立及推进反馈机制。这个反馈机制要聚焦到内部员工、合作伙伴、供应商和客户的反馈。反馈的形式可以是定期的调查、评估报告、客户投诉等。

从企业经营赢利的角度看，企业至少要建立两种反馈机制，即对外的市场反馈机制和对内的组织发展反馈机制。对外聚焦到客户和供应商，对内聚焦到内部员工和合作伙伴。

反馈机制要执行到位，辅导和检查相关责任部门和岗位非常有必要，具体做法可参考反馈机制辅导检查六维表（表2-1）。

市场反馈机制，就是要获取和分析市场上的信息和反馈，以了解顾客需求、竞争动态和市场趋势。这样可以帮助企业评估自身的市场表现，并及时做出调整和改进。

如何运行市场反馈机制呢？静下心来，先做好市场调研。

市场调研是通过收集和分析市场数据、消费者洞察和竞争情报来获取市场反馈的重要手段。这可以包括定性的和定量的研究方法，如调查、访谈、焦点小组讨论等，以便了解消费者的行为、偏好和态度，以及市场的发展趋势。

同样，对顾客反馈和投诉，不论企业大小，都需要建立并完善相关管理流程。

表2-1 反馈机制辅导检查六维表

反馈机制辅导检查六维表				
反馈流程明确	是否有清晰、简明的反馈流程指导文档	员工是否清楚了解反馈的步骤和流程	是否定期更新反馈流程以适应组织变化	检查记录（含时间）： 1. 2. 3.
反馈渠道畅通	是否设有多种反馈渠道（如电子邮件、内部论坛、纸质建议箱等）	渠道是否始终保持可用状态，没有出现中断或阻塞的情况	是否有专门的人员或团队负责监控和管理反馈渠道	
反馈时间效率	反馈从提交到被接收的平均时间	是否有设定对反馈进行响应的时间标准	实际反馈响应时间是否符合或优于设定的标准	
反馈内容准确	提交的反馈内容是否清晰、具体，易于理解	是否有机制来确保反馈信息的准确性和真实性	反馈是否包含足够的上下文信息以便于理解和处理	改善方案及验收截止日期：
反馈结果反馈	处理后的反馈结果是否及时反馈给提交者	反馈结果是否清晰、具体地说明了处理情况和改进措施	提交者是否满意反馈结果的处理和反馈方式	
改进措施跟踪	根据反馈和调查结果，是否制定了具体的改进措施	这些改进措施是否得到了有效实施和监控	是否定期评估改进措施的效果，并根据评估结果进行调整	

因为失去一位顾客，就可能导致后续多位顾客流失，企业一定要对市场及顾客保持敬畏心。

一个有效的顾客反馈和投诉管理系统可以帮助企业及时了解顾客对产品或服务的意见、建议和不满。这可以通过客户满意度调查、在线反馈渠道、客户服务中心等来实现。及时回应和解决顾客反馈，有助于提高产品质量和服务水平，提高顾客的忠诚度。

另外，对竞争情报的分析也相当有必要。竞争情报分析可以通过监测和分析竞争对手的市场活动、产品特点和定价策略等，以获取关于竞争环境的反馈。这可以通过市场调查，分析竞争对手的广告、市场份额报告等方式来实现。这有助于企业了解自身在市场上的优势和劣势，制定相应的竞争策略。

目前的社会社交媒体已经十分成熟，所以对其进行监测应该成为必修课。如今的社交媒体已成为消费者交流和表达意见的重要平台。通过监测社交媒体上的话题和评论，企业可以获得消费者对产品、品牌和市场趋势的即时反馈。这可以通过社交媒体监听工具和关键词分析来实现。

除了以上的工具和策略，我们还离不开销售数据分析。我们可以通过分析销售数据，了解产品的销售趋势、市场需求和消费者的购买行为。这可以通过销售报告、市场份额数据和销售渠道分析来实现。销售数据的分析可以帮助企业评估产品的市场接受度和销售效果，从而调整市场策略和销售计划。

综上，对外市场反馈机制可以帮助企业更好地了解市场的需求和趋势，及时调整产品、服务和营销策略，提高市场竞争力和顾客满意度，从而实现持续的业务增长和发展。

对内组织发展反馈机制，其定位是促进组织所有成员共同成长。企业实施一个有效的对内反馈机制，就是要促进员工的个人发展和组织的持续改进。

组织发展反馈机制，可以考虑引入360度反馈评估，具体评价细则可参考360度反馈评估表（表2-2），让员工可获得来自不同角色和层级的评估和意见。这个评估涵盖了员工的工作表现、领导能力、团队协作能力和个人发展建议等方面。通过这个评估，员工可以了解自己的优势和改进点，同时能够获得同事和领导的反馈，以便更好地发展自己。

表2-2 360度反馈评估表

工作表现评价	在完成工作任务时，您的工作质量和效率如何？
	您对待工作的态度是否积极，能否主动承担责任？
	您是否按时、准确完成工作任务，达到预期目标？
团队协作能力	您在团队中是否能与同事积极合作，共同完成任务？
	您是否能有效地协调团队资源，促进团队高效运行？
	您是否能对团队成员给予支持和帮助，提升团队凝聚力？

（续表）

沟通能力	您是否能清晰地表达自己的观点，使他人易于理解？
	您是否能积极倾听他人的意见和建议，给予及时反馈？
	您在处理冲突和分歧时，是否能采取有效的沟通策略，促进问题的解决？
领导能力	您是否能有效地规划和组织团队工作，确保项目顺利进行？
	您是否能激励团队成员积极工作，提高团队士气？
	您在处理团队问题时，是否能展现出果断和决策能力？
个人发展建议	您认为自己在哪些方面需要进一步提升和发展？
	您希望获得哪些培训或资源支持，以实现个人发展？
	您对自己的未来职业规划有什么想法和计划？
专业知识技能	您是否具备与工作岗位相关的专业知识和技能？
	您是否能将所学知识和技能有效地应用到实际工作中？
	您是否愿意持续学习，不断更新和拓展自己的专业知识？
创新与解决问题的能力	您在面对复杂问题时，是否能提出创新性的解决方案？
	您是否能迅速分析问题，找到问题的根本原因，并采取有效措施解决？
	您是否能从失败中汲取教训，不断改进和优化自己的工作方法？
价值观与态度	您是否认同公司的价值观和文化？
	您是否能以积极的态度面对工作中的挑战和困难？
	您是否能在工作中保持诚信和职业道德？

定期的绩效评估也是反馈机制的一部分。每个员工都与其直接上级进行定期的一对一会议，讨论工作目标的进展和接受上级对其的表现评估。这些会议提供了一个开放的平台，让员工能够分享他们的成就、遇到的挑战和需求，同时能够接受领导对其表现的反馈和指导。

除了定期的绩效评估，建议再推行实时反馈的文化。员工们被鼓励在日常工作中互相给予反馈和赞赏，以及提出改进建议。这种实时反馈有助于及时解决问题、加强团队合作，并且有助于增强员工的自我意识和持续改进的意识。

推动反馈机制，要基于积极结果的引导，要让员工们感受到被认可和关注，更加积极主动地投入工作，并在个人和团队层面上取得可见的进步；要让团队之间的沟通和协作得到改善，以促进共同成长和整体绩效的提升。

反馈机制对内就是要低头走路，引导组织内个人成长和组织发展。

反馈机制对外就是要抬头看天，感受市场和外部环境的变化，拥抱变化。

连接和协调：撬动团队智慧的钥匙

海纳百川，非常有经营哲学的一个成语。

很多的商业智慧在团队的思维碰撞中产生，如何进行团队的连接和协调，大自然给了我们完美的答案。

团队的连接，就如大自然中的水一样。连接是团队存在的开始，正如大自然中的生命之源，滋润着万物一样。

东莞茶山有一家企业，专门生产耳机。前几年，创始人凭借着广东人敢闯敢干的精神，以及相对有竞争力的产品设计和技术实力，在市场中占领了该细分领域一定的市场份额。

众所周知，这几年这个细分赛道已经进入激烈竞争下的"淘汰制"，这种类型的企业要么创新求生存，要么转业或退场，已经到了生死存亡的关键期。

为了破局，更为了激发起已经陪同自己创业几十年的伙伴再度创业的激情，这家企业的创始人决定采取行动。笔者跟他深入沟通后，有些思维已经达成一致，那就是在这些产品的供应链已经非常丰富的现状下，团队创新是市场求胜的关键，而团队创新实施的精髓就是连接和协调。

于是，这位创始人先是花重金猎挖了资深设计师陈胜，然后在公司内部发起了名为"智慧汇流"的项目，旨在通过打破部门隔阂，加强团队间的沟通与协作，充分激发整个团队的创造力和潜力。

> "智慧汇流"项目的实施从简单的沟通开始。创始人与陈胜共同组织了一系列跨部门研讨会，让不同部门的员工有机会面对面交流，分享彼此的经验和知识。同时，创始人批准陈胜引入了一套先进的协作工具，使得团队成员可以随时随地进行线上协作，共同解决问题。
>
> 由于资深设计师陈胜的加盟，以及创始人求变的坚定态度，设计部门不再孤立地设计产品，而是与技术部门紧密合作，确保产品的技术可行性。市场部门也能及时获取到产品和技术的最新信息，从而更加精准地进行市场推广。
>
> 在"智慧汇流"项目的推动下，这家企业迎来了前所未有的创新高潮。截至目前，据笔者所知的就有多款产品都成了市场"爆款"。当然，这也为公司带来了商业成功。

这个案例告诉我们，连接和协调是激发团队智慧的关键。只有当团队成员能够自由地交流、合作，才能发挥出最大的创造力，推动企业在竞争激烈的市场中脱颖而出。

团队的连接和协调离不开巩固和持续激励团队士气。团队的士气就像大海一样，应该以包容的心态去接纳世界上不同的文化、价值观和观点。我们要保持谦逊的态度，虚心地倾听他人的见解，汲取他人的经验，以充实自己的思想和视野。只有摒弃偏见和成见，用开放的心态去理解他人，我们才能建立真正的沟通和理解，促进和谐与合作。

讲了这个商业案例后，接下来谈谈团队连接和协调具体如何操作。

我们要清楚一点，团队的连接和协调是建立成功团队的关键要素。

连接和协调，首先就是建渠道，要有明确的操作指引。先要确保团队成员之间有畅通的沟通渠道。可以利用面对面会议、在线聊天工具、电子邮件等多种方式进行沟通，保持开放和透明的沟通氛围，鼓励成员分享想法、意见和反馈。

设定共同的团队目标，团队成员应该共同明确和理解团队的目标和愿景。确保每个人对目标都有清晰的认识，并将个人目标与团队目标相结合，这有助于激发团队合作的动力和意愿。

明确每个成员的角色和职责，确保分工合作，团队成员能在不同领域发挥各自的专长。分工合作可以提高效率，并确保团队的各项任务得以顺利完成。

组织团队建设活动和团队共享经验，提高团队精神，以增强团队成员之间的互信和凝聚力。这可以包括团队午餐、团队旅行等，以帮助成员更好地了解彼此、建立友谊，增强团队凝聚力。

鼓励团队成员相互倾听和尊重彼此的观点和意见。认可和尊重每个人的贡献，包括不同的思考方式和解决问题的方法。这种开放的态度将鼓励成员更加积极地参与和做贡献，促进团队协作。

建立定期沟通和反馈流程，定期组织召开团队会议，讨论项目进展、遇到的问题和解决方案等。给予及时的反馈和认可，鼓励成员在团队中持续改进和学习。

还有两点可能是很多团队经常遗忘或落实不到位的地方，那就是要有解决冲突的机制，以及要确保资源和支持落地。

有人说，夫妻在一起久了会有"七年之痒"。何况是团队成员呢？所以要有这个心理预期，要制定处理团队内部冲突和问题的机制，还要鼓励成员积极参与解决方案的制订，更要组织团队建设活动和培训，提供团队合作和解决冲突的技巧和工具。

团队的连接和协调，要及时做到资源分配的公正、公平。这可能涉及提供培训、技术、经费等方面的支持，以确保团队成员能够有效地开展工作。

通过以上实践和方法，团队可以建立起紧密的连接和高效的协调，实现共同的目标并取得优秀的成果。

无论企业达到何种规模，团队建设都不能落下。从笔者的实践来看，团队建设不一定全部是"请客吃饭"，建议多组织一些户外活动，比如爬山、徒步等，总之团建应尽量亲近大自然。

团建时我们可以思考：当小溪汇成一条大河时，是不是就拥有了更广阔的视野和更深远的力量？

小溪汇成大河，正如人们的梦想聚成希望，不断汇集力量，最终创造奇迹。每个人都有自己的小溪，不论它们有多么微不足道，只要你相信，只要你坚持，它们总会汇聚成一条壮丽的大河。在奔流的大河中，你会看到更广阔的世界，你会发现自己的价值。

团队的文化一定要有激情。因为无论我们身处何地，无论我们的起点有多低，只

要我们敢于梦想，敢于行动，我们就能将渺小变得伟大。

让我们像小溪一样，坚持不懈地流淌，为自己的梦想努力奔跑，让我们共同汇聚成一条壮丽的大河，让这个世界因我们的存在而变得更加美丽和宽广。

营造一种创新、开放的团队文化氛围，推动沟通协作、信息共享平台的建设，这些都是打开团队智慧之门的钥匙。

社团式持续改进：提质增效的关键动作

经营的道路上没有绝对正确的方向，也没有绝对不犯错的领导者。所以持续赢利框架思维的关键在于持续不断地进行改进。

社团式持续改进组织，是指将企业中有共同特征或爱好的人组织在一起的改善型组织。这些组织要与企业的正式编制部门区分开来，这些改善型组织肩负着公平评价企业内部各项目的结果以及促进改善项目流程的责任。

社团式持续改进组织的组织架构基于扁平化管理，鼓励跨部门、跨层级的协作与沟通。

组织内部可划分为不同的项目组，每个项目组均有明确的负责人和成员，负责推动特定领域的持续改进工作。此外，还可以设立专门的持续改进协调小组，负责监督、协调和指导各个项目组的改进活动。

社团式持续改进组织的另外一个核心特征就是，不随意增加人员正式编制，成员主要来源于企业各个部门。

组织通过收集反馈数据、分析结果并采取相应的行动，从而识别问题并采取纠正措施。持续改进是实现业务流程优化和效率提高的关键。

某家小型包装制造企业，主要生产纸制品，如纸盒、纸袋等。最近，这家企业的负责人很苦恼，因为随着市场竞争的加剧和客户需求的变化，他们面临着一系列挑战，如生产效率低下、产品质量不稳定以及客户投诉增加等。

为了应对这些挑战，笔者告诉他们两个快速解决的办法，那就是"信心"和"社团式持续改进"。

笔者为他们建立了一个由经验丰富的管理者和员工组成团队的跨部门，目的是共同探索问题的根源并制订改进计划。团队成员经过培训，学习了一些质量管理和流程改进的工具和技术，如PDCA循环（Plan—Do—Check—Act）和5W1H分析法（Who—What—When—Where—Why—How）等。

团队首先进行了一次全面的流程分析，通过观察和记录生产过程中的问题和"瓶颈"，识别出导致低效率和质量问题的根本原因。随后，他们使用PDCA循环的方法，在一个小范围内实施了改进措施，包括优化生产排程、改进设备维护计划以及加强员工培训等。

这些改进措施带来了明显的效果。生产排程的优化使得生产流程更加顺畅，大幅提高了生产效率。改进后的设备维护计划确保了设备的正常运行，降低了故障率，缩短了生产停机时间。此外，加强员工培训使得他们更加熟悉工作流程和质量标准，提升了产品的一致性和质量稳定性。

随着这些改进措施的成功实施，团队的信心增强，并开始将持续改进的思维融入日常工作中。笔者倡议他们定期召开会议，回顾和评估改进的效果，并制订新的改进计划。团队成员之间共享实践经验，相互支持和帮助。

流程持续优化带来的改善让这个团队信心倍增，并开始全面导入持续赢利框架思维及体系。随着时间的推移，这家小型包装制造企业在持续改进的道路上取得了更显著的进展。他们不断优化生产流程、提升产品质量，不仅改善了内部运营，还提高了客户满意度，并不断开拓新的市场和业务机会。

这家企业的商业故事告诉我们，社团式持续改进是一个不断努力追求卓越的过程。通过建立团队合作、采用有效的工具和方法，并将持续改进思维渗透到组织文化中，企业可以不断优化业务表现以适应市场变化，赢得竞争优势，并成功实现可持续赢利。

关于社团式持续改进的思维，还有另一家企业的商业故事也值得参考。

某家生产五金制品的公司，一直以来都面临着生产效率低下和产品质量不稳定的问题。虽然他们有一支专业的团队，但在激烈的市场竞争中，市场份额逐渐减少，他们感到压力沉重。

为了改善这种状况，笔者让企业负责人先尝试实施持续改进的方法，并将其作为一个全员参与的项目。

首先，他们明确了改进的目标：提高生产效率、提高产品质量，并提升客户满意度。接下来，他们设立了一个改进团队，由来自各个部门，包括生产、质量控制、工程和销售等的员工组成。

改进团队先对整个生产过程进行了全面分析。他们使用了一系列工具和方法，例如价值流程图、根本原因分析、5S管理［整理（Seiri）、整顿（Seiton）、清扫（Seiso）、清洁（Seiketsu）、素养（Shitsuke）］等，以找出存在的问题和"瓶颈"。通过这个过程，团队成员之间展开了深入的讨论，分享了自己的观察和发现。

基于分析结果，团队提出了一系列改进措施。其中包括优化工艺流程、加强设备维护和保养、改进培训和技能提升计划，以及加强供应链管理等。这些改进措施旨在提高生产效率、减少缺陷率，并确保产品能够按时交付给客户。

在实施改进措施的过程中，团队采用了逐步迭代的方法。首先选择一个关键的工作区域进行改进，然后持续监测和评估改进效果。团队定期召开会议，讨论改进工作的进展情况，并根据反馈进行调整和再改进。

在持续改进的过程中，团队很注重员工培训和奖励支持。他们组织了内部培训课程，帮助员工了解改进的原理和方法，并鼓励员工提出改进建议。团队还设立了一个改进奖励计划，以鼓励员工积极参与和贡献。

经过一段时间的努力，这家制造业公司取得了可喜的改进成果。生产效率得到了显著提高，产品质量稳定性明显增强，客户满意度也大幅提升。

然而，持续改进的故事并没有结束。公司意识到这是一个需要不断进行的过程，所以他们继续定期进行改进评估和项目规划。他们始终坚持着"永远有进步的空间"的理念，不断寻求创新和提升，以保持企业的竞争优势。

这些持续改进的商业故事告诉我们,通过全员参与、系统分析和逐步迭代的方法,一个企业可以不断提升自身的能力和绩效。持续改进不仅是一种方法,更是一种思维方式和组织文化,可以帮助企业在不断变化的市场环境中保持竞争力,实现持续的成长。

全员承诺：组织新形态
（组织—故事—承诺—岗位责任）

每个人的心中都有一颗希望成长的种子。

一个良好的组织环境就是这颗种子茁壮成长的肥沃土壤。这个环境要能提供积极的支持和鼓励，激发每个人的动力和激情。

一个积极支持、合作共赢的组织文化，会关注个人的成长和发展，还会提供机会和挑战，这些因素都能够为种子的成长创造良好的条件。当组织提供了这样的环境时，每个人心中的种子都有机会茁壮成长，发掘自己的潜力并实现自己的愿望。

全员承诺就是让每个人心中的种子都能结果，最终让组织持续发展的肥沃土壤。全员承诺是一种组织管理和领导方式，它通过团队成员共同承担责任和参与决策，培养团队合作能力和凝聚力。

在某家科技公司，团队之间的协作一直是一个挑战。每个团队都有自己的目标和任务，但缺乏跨部门的合作和共享资源的意愿。这导致了信息孤岛和项目延误的问题的出现。

为了改善这种情况，这家公司决定实施全员承诺的管理方法。公司领导层与团队成员进行了一系列沟通，介绍了全员承诺的概念和重要性。他们强调每个团队成员都是整个组织成功的关键。

在一次全员大会上，公司领导层提出了全员承诺的倡议，并组织全员对自己的岗位签订"年度责任目标责任书"，模板如下。

> 我承诺：我将在XX年度内完成以下工作任务：
> 1.（具体任务及验收标准1）
> 2.（具体任务及验收标准2）
> 3.（具体任务及验收标准3）
> 我将严守各时间节点推进工作进度，确保各阶段任务按时完成。如因本人原因造成工作失误或未能完成任务的，我自愿接受相应的惩罚。欢迎公司全体同事监督我的工作，本人将认真履行本责任书所规定的职责与任务，共同努力，为公司的发展贡献力量。
>
> （责任人签字）：　　　　　　　　　　（签署日期）：

企业内各成员相互呼吁积极参与和承担责任，不仅要实现自己的团队目标，还要关注整个公司的目标和利益。

为了体现是全体员工的承诺，公司内部重新梳理并确认了每个员工的职责和目标，以及为实现公司的目标做出贡献的具体事项，自上而下全面实施全员岗位责任制，对于部分核心岗位另外签署岗位责任书。

公司更新并完善了团队之间周例及月度联席会议，共同讨论和解决跨团队的问题。这使得各团队能够更好地了解彼此的工作和需求，并协调资源的分配。

公司建立了多个主题企业微信群，如客户投诉企业微信群，在群里通报客诉处理情况；质量月度报告群，专门分享质量案例及月度质量工作安排等；项目工作的专项群，团队可以在群里分享项目进展、经验教训和最佳实践。这鼓励了团队之间的交流和学习，促进了知识共享和跨团队合作。

随着全员承诺的逐渐落实，公司逐渐发生了积极的变化。团队之间的协作和沟通得到了改善，项目的进展变得更加顺利和高效，团队成员之间的信任和凝聚力也得到了增强。

最重要的是，员工对自己的工作和组织的发展充满了热情和责任感。他们理解自己的工作不仅是为了个人利益，更是为了整个团队和公司的共同目标。这种全员承诺的文化成为公司的核心价值观，驱动着团队的成长和成功。

通过全员承诺，这家公司实现了更高水平的协作和团队合作，取得了持续的改善和发展。这个案例告诉我们，通过共同的承诺和参与，团队可以营造积极的工作氛围，取得更大的成就。

第 3 章

中小微企业持续赢利的底层逻辑

- 吸收错误背后的新势能开好局
- 一定要解决"为什么"的问题
- 10万元人民币社会下的经营趋势
- 杀伐果断才能让中小微企业持续赢利更有效
- "君子不立于危墙之下"
- 利润增长与激励分配的关系

吸收错误背后的新势能开好局

没有中小微企业持续赢利框架思维，企业每一处错误都可能被各个层级的管理者有意或无意地引导成犯错追责，并因此造成群体性害怕担责以及群体性逃避责任。这样的管理文化逐步沉淀下来之后，各个管理层在面对问题时，将只懂得解决犯错误的责任群体或个人，从而掩埋掉这个错误。

那这样处理有没有问题呢？从一般思维上来看没什么问题。但如果我们从持续赢利的角度出发，如果将中小微企业经营过程中的错误转化为实践培训案例，是不是一种极具价值的学习方法呢？

这种方法不仅有助于避免重复犯错，提高企业的运营效率，还可以通过分享和讨论来增强团队之间的协作和沟通。

诚然，错误发生了，企业不可避免地要承担因这个错误而产生的损失成本，将这个反面案例导入经营链，会不会有更多的投资回报呢？具体分析可参考试错成本策略分析表（表3-1）。

表3-1 试错成本策略分析表

企业对错误认知误区剖析	将错误转化为试错成本策略制定	实施过程中关键要素把握
回避错误：对错误采取回避态度，不愿正视和解决问题，导致问题积累和恶化。	目标：将错误转化为有价值的经验教训，降低未来犯错的风险和成本。	团队成员：团队成员多元化，将不同领域和背景的成员纳入团队，共同应对错误并寻找解决方案。

（续表）

企业对错误认知误区剖析	将错误转化为试错成本策略制定	实施过程中关键要素把握
缺乏错误分享机制：缺乏有效的错误分享机制，导致相同错误在不同部门或员工之间重复发生。	原则：坦诚面对错误，积极寻求解决方案，鼓励创新和尝试。	沟通机制：利用共享文档、群聊组等确保团队成员之间的信息流通畅通，定期组织必要的培训和团建。
惩罚为主：过于强调对错误的惩罚，而忽视了对错误的预防和纠正，使员工对错误产生恐惧和隐瞒心理。	步骤：识别错误，分析原因，制订解决方案，实施方案并跟踪。	适应变化：跟踪错误处理过程，制订应急预案以应对不可预见的变化，让团队保持敏捷性和适应性。
对错误认知片面：只关注错误的表面现象，而忽视了对错误产生原因的深入剖析和改进措施的制定。	机制：对错误转化过程进行实时监控，制定评估标准，并据此对转化效果进行评估，根据评估结果及时反馈并进行必要的调整和优化。	持续改进：分析错误产生的原因和根源，根据总结的经验教训，对错误处理流程和方法进行持续优化和改进。

中小微企业很多的浪费，其实很多时候是出现错误不去总结分析，只会给错误买单，没有将"错误成本"转换成"试错成本"。

华为在研发过程中，就采用过容错机制，鼓励员工大胆尝试新技术和新方法。当遇到问题时，团队会迅速调整策略并从中学习，这种企业文化使得华为在多个领域取得了创新突破。

亚马逊在推出新产品或新服务时，经常采用小范围测试的方法。通过收集用户反馈和数据，不断优化产品，最终推向更广泛的市场。这种策略帮助亚马逊降低了试错成本并提高了成功率。

有一部分中小微企业的日常管理是这样的：某位员工不穿工装，行政部门立即全厂警告；某位员工上班迟到，人事部门就强制从其工资中自动扣款……

以上这些问题的发生以及对问题的处理方式，暴露出这些企业管理文化中缺乏"从善"的基因，也没有完全理解透"企业不赢利就是最大的错误"这句话的含义。

从企业经营的角度看，以上日常的管理案例，如果企业管理者不是从企业文化的角度去解决员工着装的问题，也不是从员工绩效激励的角度去看待员工上班迟到的问题，那我们可以认为这就是简单粗糙的管理手法。

中小微企业在日常的管理中，该如何去营造持续赢利的管理氛围呢？

某汽车零部件生产公司由于供应链管理问题，采购了部分质量低劣的零部件。这些零部件在使用过程中出现了一些问题，导致车辆频繁出现故障和安全问题。

这些问题的发生，肯定影响了车辆的可靠性和安全性，也破坏了该公司作为整车厂供应链优质生产商的声誉。

从行业的角度进行分析，这些质量问题归纳起来不外以下一些原因。

如供应链管理问题。不排除在采购零部件时未能进行充分的质量控制和供应商评估。公司过于依赖少数供应商，并没有建立强大的供应链合作关系。

如生产过程问题。由于生产线的工艺和操作不规范，一些质量问题没有得到及时发现和解决。质量检测和测试流程的薄弱环节也让一些存在缺陷的零部件通过了检验。

如质量文化和沟通问题。公司内部对质量的重视程度不够，没有树立良好的质量文化和价值观。质量信息的沟通和反馈机制也存在问题，导致问题未能及时上报和解决。

那么面对这些问题，从企业持续赢利的思维出发，如何采取紧急措施来解决质量损失问题，并恢复客户的信任呢？

首先，考虑召回和修复。如果问题已经确认，那么公司应配合整车厂发起针对有质量问题车辆的召回行动，并提供免费维修和改进服务，以解决消费者遇到的问题。

其次，改进供应链管理。以上述事例为案例，企业应加强与供应商的合作关系，并重新评估供应商的质量标准和能力，提升供应链的透明度，加强沟通，确保质量问题得到及时发现和解决。

同步进行的还有优化生产流程。企业对生产线是否需要进行改进？是否需要加强工艺控制和质量检测？是否需要加强对员工的培训和教育，增强员工的质量意识和责任感？

还有非常核心的一点就是，是否需要巩固质量文化体系建设？企业需不需要复盘企业质量文化体系，定期梳理并检讨反馈和学习机制，鼓励员工提出有关质量改进的建议，并及时解决问题？

事实上，单纯从车辆召回的数据看，哪些汽车品牌真正实施过？哪些汽车品牌未真正重视过？如果你是一家中小微汽车零部件生产厂商，你如何看待这些问题？

将采购零部件的错误成本转换成质量的试错成本，通过这些努力提升产品质量。这些操作短期内可能会加剧市场的质疑声，但从长远发展看不会影响汽车的品牌价值。因为建立良好的质量文化和质量管理体系是确保企业长期成功和可持续发展的关键。或许这就是中小微企业持续赢利思维中比较有价值的一点吧！

企业不可能所有决策都做到百分之百完美，试错成本是在缺乏持续赢利框架思维的情况下可能产生的。持续赢利框架思维的核心是将学习和改进作为企业文化的一部分，并确保错误和问题得到积极解决和改进。

如果管理层将所有错误都简单视为试错，而不进行反思和改进，那么组织将无法实现持续的学习和进步。

在中小微企业持续赢利战略中，错误被视为系统中的信号，表明存在问题或改进的机会。管理层应该鼓励员工报告问题和错误，并提供一个安全的环境，以便进行诚实的反思和讨论。这种开放的文化可以促使组织从错误中吸取教训，并采取措施防止类似问题再次发生。

重要的是要在发生错误时进行适当的分析和识别，确定错误产生的根本原因，并制订相应的改进计划。改进计划应该具体明确，包括行动步骤、时间表和责任人。一旦改进计划被实施，管理层就应该监控其进展，并定期评估其效果。这种反馈和监控机制是持续赢利框架思维中不可或缺的步骤，它确保问题得到解决，并为组织的持续改进提供反馈和学习的机会。

中小微企业持续赢利框架思维强调持续的学习和改进，而不仅仅将错误视为试错。将错误成本转换成试错成本是试错的一种体现形式，我们不能忽视真正的试错本身。海纳百川，但不能忘记了真正的大海是什么样子的。

什么叫试错呢？中小微企业持续赢利中，又如何定义试错呢？

中小微企业持续赢利中，试错（Trial and Error）是一种通过尝试不同方法和策略，并从错误中学习的问题解决方法。它是一种实验性的方法，通常用于处理复杂或不确定的情况，以找到最佳的解决方案或达到目标。

试错的基本逻辑是通过尝试不同的假设或行动，观察结果并分析错误的产生原因。通过这个过程，可以逐步排除不起作用的方法，找到更有效或更符合目标的方法。试错的关键是从每次错误中吸取教训，并将这些教训应用于下一次尝试。

试错方法可以在个人层面上应用，也可以在组织层面上应用。在个人层面上，试错方法可以帮助个人解决问题、提高技能和学习新知识。在组织层面上，试错方法可以促进创新、改进业务流程和发展新产品或新服务。

试错要接受错误和失败，将其作为学习的一部分。失败不应被看作个人或组织的缺点，而应被看作一个机会来改进和学习。

试错要鼓励尝试多种不同的假设或方法，并观察它们的结果。试错方法要强调快速迭代和持续改进。通过快速尝试和反馈，可以更快地找到有效的解决方案，并减少错误的持续影响。

试错要保持反思和学习的定力。通过反思错误的产生原因和结果，可以获得宝贵的经验和教训，以指导未来的尝试。

谈了这么多试错的方法，以及它们可以带来的一些好处，但也需要注意平衡风险和成本。过度的试错可能导致资源的浪费和不必要的失败。因此，在应用试错方法时，需要权衡风险和收益，并确保有适当的反馈和学习机制。

一定要解决"为什么"的问题

"为什么要加入这家企业？"

"为什么创办这家企业？"

"为什么你能给企业带来价值？为什么企业能给你回报？"

"为什么"问题，承载着企业的初心、使命和价值观，是企业思考和行动的源泉，是企业前进的动力，需要企业不断探索和解决。

当企业问自己为什么存在时，它在寻找自身的意义。是什么让它与众不同？是什么推动着它的发展？这些问题引导企业探索自己的目标和愿景，使它在商业竞争中脱颖而出。

"为什么"的问题不仅仅是一个表面的策略，更是对企业内核的探索和塑造。

"为什么"的问题也是企业与顾客之间建立深层联系的桥梁。当企业能够清楚地表达自己的价值观和目标时，顾客会对其产生共鸣。顾客会认同企业的使命，并与之建立起情感上的连接。他们不再只是购买产品或服务，而是会成为企业的忠实支持者和传播者。"为什么"这个问题能够为企业带来顾客的忠诚度和口碑，带来持续的增长和成功。

在一个充满变革和挑战的商业环境中，企业必须不断问自己为什么。这样的问询能够激发创新和进步，推动企业不断适应变化和变革。

"为什么"的问题，能帮助企业发现新的机遇和市场需求。不断追问为什么，企业才能够在竞争中保持领先地位。

"为什么"的问题还可以激发员工工作的热情和动力。当员工明白自己所从事的工作与企业的使命和价值观紧密相连时，他们会更有目标感和工作动力。"为什么"的问题能够激发员工的创造力和才能，使他们投身于企业的事业中。这样的企业文化能够吸引和留住优秀的人才，营造一个积极向上的工作环境。

> 笔者曾经在某个细分领域的一家头部企业担任过高管，笔者上任后的第一件事情就是以座谈会的形式组织团队核心成员一起来回答"为什么"的问题。
>
> "为什么要开这个座谈会？"
>
> "为什么要经营这个细分领域市场？"
>
> "为什么我们要生存和发展？"
>
> 从新员工入职的第一堂课开始，笔者会问："为什么加入企业？"
>
> 在新员工刚进入公司的时候，他们的脑海中充满了对新环境、新工作、新同事的好奇或疑问。此时，通过提问"为什么"可以引导他们主动思考，不仅是对工作流程、公司文化的理解，更是对自我职业规划的深入思考。
>
> 组织各部门会议时，笔者喜欢问"为什么"。
>
> 当发生问题或需要笔者决策时，笔者也喜欢问"为什么"。
>
> 在职场中，拥有批判性思维的人往往能够更快地发现问题、提出解决方案。通过不断回答"为什么"，团队成员可以逐渐培养出这种思维方式，提升自身价值。
>
> 当然，回答"为什么"并非易事，这需要企业的领导者和团队进行深入的思考和探索，需要企业与顾客、员工和利益相关方进行真诚的对话和沟通，因为这是一个不断迭代和完善的过程。

无论是处于创业初期的企业，还是已经成熟的大型企业，都需要不断问自己为什么。"为什么"不仅是一个问题，更是企业发展和成功的关键。它是思考的起点，也是行动的指南。只有不断追问为什么，企业才能够找到自身真正的价值，实现持续的成长。

某家食品公司的创始人叫罗杰，他曾经是一名演员。

罗杰从小对健康和营养充满热情，他相信健康的饮食可以提高人们的生活质量。然而，当他开始寻找高品质、天然食材的产品时，却发现市场上的选择非常有限。

这个发现激发了罗杰的思考，他开始问自己一个重要的问题："为什么健康和美味不能并存？"他相信，人们应该在享受美味的食物的同时获得营养和健康。

从影多年后，罗杰决定创办自己的食品公司，专注于提供健康而美味的食品。他明确了公司的使命："为人们创造美味健康的食物，让他们享受生活的每一刻。"

罗杰和他的团队开始研发食谱，寻找优质的有机食材，并采用创新的制作工艺。他们还注重食品的口感和味道，不断进行试验和改进，以确保产品不仅健康，而且令人愉悦。

基于企业的价值观，也为了更好地解答"为什么"的问题，罗杰意识到，他的公司可以做更多的事情，以改善人们的生活。所以，他们扶持当地的农民和农作物，支持可持续的农业实践。他们积极参与慈善事业，为需要帮助的人提供食品和支持。

他们不仅仅是为了提供美味健康的食品，更是为了更好地诠释"为什么"的坚守和承诺，他们要将企业的使命和价值观贯穿于企业的每个决策和行动中去，以实现真正的企业价值。

或许这家公司在同行众多企业中并不起眼，但它告诉我们，解决"为什么"的问题并不仅仅是一种理论上的思考，更可以成为企业持续发展的关键所在。通过深入思考和回答"为什么"，企业可以找到自己的使命和价值观，提供有意义的产品和服务，同时能为社会做出积极的贡献。

在广东佛山，有一家小型手工艺企业，名为"阿华工坊"，笔者与这家企业的创始人相识多年。这家企业的创始人对手工艺品充满热爱，在这方面有着独特的才华。

"阿华工坊"的"为什么"是什么呢？这家企业的创始人深深地相信，手工艺品是一种独特的表达方式，可以传递文化、情感和美感。

"阿华工坊"的创始人觉得在快节奏的现代社会中，人们迫切需要一种与生活相连的方式，一种能够触动心灵的创作。因此，她决定创办这家企业，通过打造精致、富有灵性的手工艺品，为人们带来温暖和愉悦。

在她的工坊里聚集了一群富有创意和热情的手工艺师，他们精心制作各种独特的艺术品，如陶瓷饰品、手工织品、手工皮具等。每一个产品都是他们心灵和技巧的结晶，都彰显着艺术家的独特风格和创造力。

在创业初期，工坊跟其他很多小企业一样并不容易。市场竞争激烈，消费者对于手工艺品的需求有限。工坊困惑于如何让人们重新发现手工艺品的价值，如何将手工艺品与现代生活紧密结合。

创始人意识到，她的企业不仅是提供产品，更是传递情感和故事的载体。于是，她开始以"为什么"为核心，通过讲述手工艺品背后的故事来吸引人们的关注。她将手工艺品的制作过程、材料的来源、艺术家的心路历程等各个方面的内容都融入产品的宣传中。

同时，她积极利用社交媒体和线上销售渠道，与潜在顾客进行互动，引发其共鸣。她分享手工艺品的照片、视频以及背后的故事，与顾客进行直接的沟通和互动。这种互动让人们感受到手工艺品背后的情感和创作过程，进一步激发了他们对产品的兴趣和购买欲望。

随着时间的推移，工坊的口碑也传播开来，购买手工艺品不仅可以获得一件美丽的物品，更是参与一场情感和文化的交流。工坊的手工艺品成为独特的礼物和收藏品，更成为人们表达情感和个性的方式。

她的工坊只是一家普通的手工艺企业，但通过回答"为什么"，它成了一个有温度和灵魂的品牌。它打破了人们对手工艺品的传统认知，让人们重新认识和体会手工艺品的价值。同时，该企业也推动着手工艺行业的创新和进步。

企业的价值不仅在于产品本身，更在于情感、故事和意义的传递。当企业找到了独特的"为什么"时，它将成为顾客心目中不可替代的存在。

这就是我们反复讲的，中小微企业持续赢利的底层逻辑一定要解决"为什么"的问题，因为"为什么"是我们思考和行动的起点。

在商业界中，企业家必须深入探索"为什么"的问题，以找到真正的动力和目标。不仅要问自己为什么要经营这个企业，更要问自己为什么要做出特定的决策，为什么要选择某个经营方向，为什么要推出某种产品或服务。

解决"为什么"的问题，是企业家和领导者的责任。他们必须挖掘和理解企业的使命和价值观，深入思考其存在的价值。只有通过回答"为什么"，企业才能在竞争激烈的商业环境中找到自己的位置，塑造独特的品牌形象，吸引顾客和员工的关注。

"为什么"的问题的回答不仅仅是表面上的市场需求或赢利的驱动，它应该探索企业的意义和社会影响。企业是一个组织体系，它与利益相关者相互作用，影响社会和环境。通过回答"为什么"，企业可以激发员工的参与感和创造力，培育共同的价值观，推动自身可持续发展。

在解决"为什么"的问题的过程中，企业也必须不断自省和反思。企业需要审视自己的行为和决策，思考其是否与企业核心价值观相一致。只有通过持续的自我评估，企业才能发现并纠正错误，不断成长和进化。

在商业的舞台上，真正深入解决"为什么"的问题并不容易，它需要勇气和深度的思考。但是，只有通过探索和回答"为什么"，企业才能找到真正的目标和意义，创造有意义的价值，为社会带来积极的影响。

所以，让我们不断追问"为什么"。让我们以敏锐的洞察力和无畏的决心，解决这个简单而又复杂的问题。让"为什么"引领我们的思考和行动，让我们的企业在无止境的探索中蓬勃发展。

10万元人民币社会下的经营趋势

在职场花多少钱雇用一个人比较合适？或者反过来问，你觉得每月领多少薪水与你的能力相匹配？

这个问题没有标准的答案，也不存在绝对正确的回答。因为参照物不一样，得出的答案也会不一样。

美国心理学家马斯洛早在1943年就指出，人们需要动力实现某些需要，有些需求优先于其他需求。马斯洛将人类需求分为五级：生理（食物和衣服）、安全（工作保障）、社交需要（友谊）、尊重和自我实现。

面对经营中的薪酬设计，有的企业负责人喜欢用全员股权激励的方法进行薪酬设计。但通过分析马斯洛需求层次理论，会发现或许这样的薪酬设计并没有你想象中那么美好。

从马斯洛需求层次的维度分析股权激励，你认为用股权激励一位现有年薪在10万元以内的一般员工有用，还是用股权激励一位初步实现财务自由的高管或合伙人更有效果呢？对于这个问题，或许很多人已经有了答案。

经营趋势观察之一，股权激励越来越需要差异化管理

对于大多数员工而言，优先选项可能还是直接发钱的激励方式。其实这就是经营与营生的基本区别。而未来，纠正这种经营中误区的需求越来越急迫。

2019年，我国的年度人均GDP（国内生产总值）就已经达到7.01万元，按当时的汇率换算成美金已超过1万美元，即已进入了万元美金社会。2022年，我国的年度人均GDP约为8.57万元，现阶段我国正往年度人均GDP逾10万元社会迈进。

在向这一目标前行的道路上，我们的整个社会将经历一系列的变革和转型。

目前的趋势已经明显，那就是传统经济增长方式和生产力发展路径都在迭代升级，这就是我们现在经常讲的，具有高科技、高效能、高质量特征的新质生产力的出现。这也意味着，更多的人在职业选择上将面临更广泛的机会和挑战，当然，需要具备的技能和知识也更多。

我国已经进入了万元美金社会，随着中产阶层的持续扩大，社会消费层面对高品质服务的需求将显著增加。更多的消费观念和消费方式将发生变化，开始更多关注个性化、便捷性和体验感。这将推动服务业的发展，包括旅游、餐饮、文化娱乐等领域。因此，职业选择将更加多元化，涵盖更广泛的服务行业。

有些人会问：某些平台低价格产品的涌现，是不是全社会低价消费理念的长期趋势？其实不然，恰恰相反，这是多元消费理念的加强。

进入中产社会意味着社会各个阶层对教育、医疗和社会保障等公共服务的需求将增加。对于高质量的教育资源和医疗保健的追求将成为重要关注点。因此，职业发展也将涵盖教育、医疗、社会工作等领域，以满足这些服务的需求。

经营趋势观察之二，企业就业岗位的合适人才越来越难匹配

在社会求职就业层面，我们需要洞察到现代求职者在职业选择方面，会更加倾向于个人兴趣、激情和能力的结合，而不仅仅是追随市场趋势。所以经营管理者要关注员工的热情所在，以及其追求的个人价值和意义与企业价值观是否匹配。

年度人均GDP逾10万元，这是一个分界点。不论是经济基本面，还是新质生产力的发展，都将是一个新的起点。这个分界点的突破，同样也标志着我国全民消费观的重要转变。

在这个阶段，经济结构和消费模式将发生重大变化。随着收入水平的提高，人们的消费需求也将发生变化，对高品质、个性化和服务类消费的需求将大幅增长。因此，服务业将成为经济的主要驱动力，职业的选择也将随之发生变化。

在中产社会中，人们更加注重个人发展、工作质量和生活品质。职业选择将更加多样化，人们会更加追求个人兴趣和激情，并注重工作与生活的平衡。与传统的工业阶段相比，职业的领域可能更加多元化，包括创意产业、科技领域、服务行业等。

经营趋势观察之三，多元化岗位就业趋势越来越明显

某家经营了十几年废弃物回收的企业，最近几年一直在寻求转型。经过几年的努力，这家企业在可持续发展和环保技术的创新方面已小有成就。

为什么转型？企业负责人说道，随着我国经济的快速发展，环境问题日益突出。他坚信，企业应该承担起环境保护和可持续发展的责任，并将其作为核心理念融入企业经营中。

为了实现这一目标，企业负责人投入了大量的时间和精力，寻找和研发符合可持续发展理念的创新技术。他与一些科研机构合作，聘请了一支专业的研发团队，致力于开发能够减少能源消耗、降低碳排放和解决环境问题的技术方案。

在其领导下，这家企业取得了一些显著的成就。他们推出了一款高效的太阳能电池板，可以将太阳能转化为可再生能源，并广泛应用于建筑、交通和农业领域，为社会提供清洁能源解决方案。同时，他们还开发了一种先进的废物处理技术，可以有效地将废物转化为可再生能源和有用的材料，大幅减少了对自然资源的依赖和环境污染。

企业负责人表示，接下来企业将会与一些国际企业和机构进行合作，共同推动可持续发展和环保技术的应用。

除了技术创新，这家企业也注重企业的社会责任。他们积极参与环境保护活动，组织员工参与志愿者工作，推动环保教育和环保意识的普及。他们希望通过这些努力激发更多人对环境问题的关注，共同努力构建一个可持续发展的社会。

这个案例只是经济发展进程中的一个缩影，我国的经济发展正朝着一个新的阶段迈进，这为个人和企业带来了新的机遇和挑战。

关注个人兴趣和价值观，适应消费需求的变化，以及关注社会责任，都是在这个新阶段中取得成功的重要因素。

很多人说现在的在校生非常"内卷",从小学开始,就报各种各样的兴趣班和培训班,很少有空暇在兴趣中成长。除了在校生的"内卷",进入职场后,这些职场中人就不会"卷"了吗?他们或许会"卷"得更厉害。

> 笔者认识一个名叫Jack的年轻人,或许他有一定的代表性。
>
> Jack是千万个普通人中的一员。尽管面临着各种挑战和竞争,但Jack一直对个人成长和自我提升充满渴望。
>
> Jack从小就告诫自己,必须对知识和学习充满热情。他知道在这个高度竞争的社会中,拥有良好的教育和知识背景至关重要。
>
> 进入大学后,Jack并没有满足于仅仅追求学业上的成绩。他积极参加各种社团和志愿者活动,扩展自己的人际关系圈子,培养自身的领导能力和团队合作精神。他还利用寒暑假的时间参加实习,积累工作经验,并与业界的专业人士相互交流和学习。
>
> Jack在大学期间开始培养自己的个人兴趣和爱好。他对摄影和旅行充满热爱,经常利用课余时间探索不同的地方,并通过摄影记录美丽的瞬间。他把自己的作品分享在社交媒体上,得到了许多人的认可和赞赏。
>
> 大学毕业后,Jack在某企业工作了两年。他认为,只有具备优秀的能力和技能才能在社会中脱颖而出。因此,他在工作两年后选择继续深造,攻读研究生学位。在研究生阶段,他选择了与他的兴趣和专业相符的领域,并在该领域积极参与研究和创新项目。
>
> 通过不断的学习和实践,Jack硕士毕业了。但接下来,他感到更加困惑,是继续读博还是出来找工作?他找到了笔者,向笔者咨询他接下来的路该如何规划。
>
> 笔者告诉他:量力而为,为而不止,止而向前。

在中产社会中,个人的职业选择既要追求个人兴趣和激情,也要注重工作与生活的平衡。个人在职业选择上既面临更广泛的机会和挑战，又面临需要具备更多的技能和知识得现况。

这个阶段也给企业带来了新的机遇和挑战，企业要适应消费模式的变化，提供符合中产阶层需求的产品和服务。同时，企业也需要关注可持续发展和社会责任，因为在中产社会中，人们对企业的社会影响和价值观更加关注。

杀伐果断才能让中小微企业持续赢利更有效

企业的经营损耗成本源头在哪里？

我们从多个维度、多种可能存在的经营模式出发，一起来推理一下。

库存管理不善导致的成本损耗？不良的库存管理可能导致资金困难、资产闲置和过期损失。过多的库存会增加仓储成本和占用资金，而库存不足则可能导致订单延误和销售损失。

供应链问题产生的损耗？供应链问题，如供应商延迟交货、原材料质量问题等，可能导致生产中断、订单延误和客户投诉。这些问题会增加企业的成本并降低客户满意度。

资源浪费产生的损耗？浪费资源是经营损耗的一个重要方面。这可能包括能源的浪费、材料的浪费、不必要的人力资源浪费等。有效的资源管理和节约措施可以降低成本并提高效率。

低效的业务流程产生的损耗？低效的业务流程会导致时间延误、错误和重复劳动。过多的手工操作、烦琐的审批程序和信息传递不畅等问题都会增加成本。

人力资源管理不当产生的损耗？人力资源的招聘、培训和离职都涉及成本。如果企业在人力资源方面管理不当，如高员工离职率、低员工满意度和低效的培训计划，将会浪费大量时间和金钱。

质量问题产生的损耗？产品或服务的质量问题可能导致客户投诉、退货和维修成本增加。质量问题不仅会损害企业声誉，还会增加企业的售后支出和额外成本。

销售和市场营销产生的损耗？低效的销售和市场营销策略可能导致销售额下降和市场份额的损失。这包括不适当的定价策略、不准确的市场定位和低回报的推广活动。

综上所述，企业最大的经营损耗成本源头可以有很多，这具体取决于企业所在的行业和所采用的运营模式。以上这些是不是可能存在企业经营损耗成本？

当然可能存在，同时企业也可以采取一系列的管理措施和策略。这包括改进供应链管理、优化业务流程、加强质量控制、有效的人力资源管理、合理的定价和市场营销策略等。总之，定期进行成本分析和绩效评估，可以帮助企业发现和解决经营损耗成本源头问题，提高经营效率和赢利能力。

上面总结的问题看似大多数企业的经营中都会存在，但很多人有意或无意地忽视了一个逻辑问题，那就是，出现以上这些问题的源头到底在哪里？有没有共同特点？为什么一定要到事后才能发现以上问题？

静下心来扪心自问，以上大部分问题有没有可能是管理层决策"推责"所导致的呢？

在经营活动中，对问题的推责是一种常见的现象。比如质量事故，管理者可能倾向于将责任归咎于其他因素，例如员工操作失误、供应商问题或其他外部因素，以逃避个人责任。

然而，对问题的推责并不利于问题的解决和持续改进。推责会导致责任不明确，团队之间的信任和合作关系受损，以及对问题的真正产生原因和解决方案缺乏深入的思考。

在处理质量事故或其他问题时，管理者首先应该承担起自己的责任。无论问题的根源是什么，作为领导者，都应该勇于面对问题，寻找解决方案，并确保类似问题不再发生。

其次，管理者应该进行全面的问题分析，寻找产生问题的根本原因。这可能需要收集数据、进行调查和与相关人员进行沟通。通过深入了解问题，可以采取有针对性的措施，避免将问题归咎于表面原因。

除此之外，管理者更应该鼓励团队学习和持续改进，应该强调团队合作和相互支持的重要性。团队成员之间应该建立良好的沟通渠道，共同解决问题，并确保信息流动畅通，以便快速识别和解决潜在问题。

所有的重大问题或企业结构性的缺陷不是突然就产生的，它是一个逐渐发展的过程。在这个过程中为什么会没有人发现、没有人反馈呢？

如此，大部分问题均有可能被扼杀在摇篮里，关键是管理者要迅速进行有效决策。但在实际经营活动中，大部分管理者都是拖延决策的，并用一个流程去论证另一个流程，用多个结果去证明同一个结果。

笔者一直强调在企业经营活动中，管理者既要谈战略，也要懂战术。说得直白一些，就是既要给员工提供方法和工具，也要给员工指引方向。

罗从坤在一家大型公司担任高级经理的职位，他不仅工作经验丰富，而且有良好的学历，但却有一个坏习惯——决策拖延。

每当面临需要做出决策时，罗从坤总是犹豫不决，迟迟不能做出明确的决策。他会不停地思考和分析各种可能性，担心犯错或做出错误的决策，结果导致他的工作进展缓慢，并给团队带来了一定的困扰。

有一次，公司需要制定一项关键的市场推广策略。罗从坤作为负责人，需要在短时间内做出决策并迅速行动。然而，他陷入了拖延的困境中，一次又一次地推迟做出决策的时间。

这种决策拖延的行为影响了整个团队的效率和信心。团队成员开始感到沮丧和不确定，因为他们无法向前推进，无法制订明确的计划并开始行动。

最终，公司的竞争对手抓住了市场机会，而罗从坤的团队却未能及时应对，并错过了抢占市场份额的机会。事后，罗从坤一直很后悔，经常反问自己为什么不能快速地做出决策。

在一次视频连线时，笔者明确地告诉罗从坤，他的决策拖延会成为他职业发展的绊脚石，因为他未能展现出及时决策能力和领导能力。同时，笔者建议他为了避免职场决策拖延，要自发自主地通过积累经验、提高问题解决能力、定期进行自我评估和反思来培养自我决策的自信心和果断性。同时，强调他应该多与团队成员进行更有效的沟通和协作。

类似上面的案例很少吗？不知如何决策与如何才能不决策是两个完全不同的管理漏洞。

不知如何决策，说明这个管理者缺乏经验和实践，这是能力的问题，想纠正就要追溯回晋升和培训体系。

如何才能不决策，说明这个管理者可能缺乏职业人应该具备的责任感，更大的可能是这家企业缺乏决策的流程绩效结果导向的制度设计，而这样的问题更需要被重视和改善。

如何才能进行有效和快速决策呢？

我们在决策时，可以想象这个过程其实就相当于自己是一个导游，你即将带领一群人去一个地方旅游，那么作为导游的你准备好了吗？

开始前，我们先要明确一点：武断决策不等于快速决策，"拍脑袋"决策不是有效决策，武断决策和"拍脑袋"决策都是耗时费力的不良决策。

如何进行高效及有价值的决策？笔者总结出了"七步断刀法"，即：明确目标和优先级、收集必要的信息、制订备选方案、迅速权衡利弊、采取果断行动、接受不确定性和风险、反馈和调整。

第一刀：明确目标和优先级

你要相信，在做出决策之前明确目标和优先级是非常重要的，这有助于你更高效地解决问题、分配资源，并朝着实现你的目标的方向迈进。有一些方法可以帮助你更有效地明确目标和优先级。

- **定义清晰的目标**：明确你想要实现的具体目标

  目标应该是明确、具体和可衡量的，这样你可以更容易确定是否已经实现了这些目标。

- **识别关键因素**：确定影响你目标实现的关键因素

  这些因素可能包括资源、时间、人员、技术等。识别并理解这些关键因素有助于你更好地了解决策的重要性和影响。

- **评估优先级**：对你的目标和关键因素进行优先级排序

  确定哪些因素对你来说最重要和最紧迫，并将其放在优先考虑的位置。这样，你可以集中注意力和资源来解决最关键的问题。

- **澄清期望和限制：了解你对决策的期望和可能的限制**

确定你所追求的结果，同时考虑可行性、时间限制、资源限制等因素。这将帮助你做出更加实际和可行的决策。

- **参考数据和信息：在明确目标和优先级时，收集和分析相关的数据和信息**

依靠事实和可靠的信息来支持你的决策，而不是仅凭个人偏好或直觉。

- **进行有效的沟通：与利益相关者进行有效的沟通，确保他们理解和支持你的目标和优先级**

与团队成员、合作伙伴或其他相关方进行开放和透明的讨论，以便在决策过程中获得更多的洞察和意见。

在做出决策之前，先明确目标和优先级，了解你希望实现的结果，并确定哪些因素对你来说更重要，这将帮助你集中注意力并迅速做出决策。

第二刀：收集必要的信息

你在做出决策之前，确保拥有必要的信息。

收集和分析相关数据、事实和观点，以便做出明智的选择。避免过度分析，只收集必要的信息，以免拖延决策过程。

相当于你作为导游，在带领团队下海游泳之前，你要先了解大海的大概情况，要了解潮汐、海流、水温、潜在的危险等因素，它们让我们知道何时是最佳的游泳时间，何处是最安全的海域，以及需要注意的潜在风险。这样，我们可以做出明智的选择，规划我们的游泳路线，避免危险和意外。在职场决策中也是如此。

在做出重要决策之前，我们需要收集必要的信息，了解背景等相关的情况。这种信息收集是我们决策过程中的前奏，它为我们提供了洞察和了解，以便我们能够做出明智和有根据的决策。

了解情况不仅包括收集数据和信息，还包括与相关人士的交流和沟通。与同事、专家或利益相关者进行沟通，聆听他们的观点和经验，可以帮助我们获取更全面的视角和深入的理解。这种互动和对话，使我们能够更好地把握决策中的多个因素，避免盲目和错误。

收集信息不仅为我们提供了知识，还培养了我们的决策能力和判断力。通过持续地学习和信息获取，我们可以提高自身的洞察力、分析能力和判断力，能够更准确地评估和权衡不同的选择。

收集信息时，我们要注意信息的可靠性和真实性。在信息的海洋中，有时会有虚假或误导性的信息存在。因此，我们需要对收集到的信息进行筛选和验证，确保其准确性和可信度。

笔者经常讲的一句话就是，信息并非唾手可得的，它们有时是模糊的、矛盾的。我们需要运用我们的智慧和判断力，将这些碎片拼凑成完整的图景。

第三刀：制订备选方案

生成多个备选方案，对每个方案进行评估和比较。考虑每个方案的优点和缺点，以及可能的结果和风险。这将帮助你做出更加全面和理性的决策。

制订备选方案时，要鼓励参与的团队成员多一些创造性思考，从不同的角度考虑问题。生成多个备选方案，包括传统和非传统的选择。不要限制自己和团队成员的思维，尽可能广泛地探索各种可能性。

备选方案生成后，由团队成员对每个备选方案进行全面的评估。列出每个方案的优点和缺点，包括潜在的风险和挑战。考虑方案的可行性、成本、时间要求、资源投入等因素。

同时，预测每个备选方案可能产生的结果。考虑方案对目标的影响，以及它们在实施后可能带来的效果。评估每个方案对长期和短期目标的适应性和可持续性。

在评价的过程中，千万不能忽视去识别每个备选方案的潜在风险和不确定性，应评估这些风险的严重性和可能性，并考虑如何应对和减轻这些风险。选择那些能够更好地应对风险的备选方案。

以上这些方面都做好之后，接下来就是将备选方案进行比较，权衡它们之间的优先级和关联性。考虑每个方案对目标的贡献程度，以及它们在不同方面的优劣势，找出最适合当前情况的备选方案。

"一个好汉三个帮"，多与团队成员、同事或专家讨论备选方案，听取他们的意见和建议，获取多样化的观点。制订备选方案的出发点要提前告诉参与的团队成员，即通过制订备选方案并进行评估比较，可以获得更全面的视角，更好地了解不同选择之间的差异和影响。

第四刀：迅速权衡利弊

快速评估每个备选方案的潜在利益和风险。考虑可能的结果和影响，并权衡不同选择的利弊。

凭借经验和直觉来做出决策，但同时要依靠事实和数据支持。

不要退却

人生中的每个决策都是一个抉择的过程，需要我们迅速而准确地权衡利弊。这个过程有时如同站在十字路口，每个方向都有着吸引力，却也伴随不同的风险与机遇。

不要怀疑

迅速权衡利弊是一门艺术，需要我们在有限的时间内评估备选方案的潜在利益和风险。它是决策的精髓，是面对抉择时的指南针。我们需要冷静地思考，将理性和直觉相结合，以便做出明智的选择。

不要大意

当我们面临选择时，首先要明确备选方案。这意味着我们需要审视每个方案的细节，深入了解其潜在利益和可能的风险。然后，我们需要列出潜在的利益，这可以是经济上的收益、个人成长、事业发展等。同时，我们也要列出可能的风险，这包括潜在的损失、不确定性和不可控因素。

不要害怕

权衡利弊的过程并不简单，需要我们审慎地评估结果和影响。我们要考虑不同方案的短期效果和长期影响，以及它们对我们生活和目标的整体影响。在这个过程中，我们不仅要关注利益，还要考虑风险可能带来的后果。只有这样，我们才能全面地评估备选方案，并做出最适合自己的抉择。

不要武断

权衡利弊并非只凭理性，我们也需要依靠经验和直觉，它们是我们内心深处的智慧之光。经验是我们过去的教训和经历的总结，是我们在类似情境中积累的宝贵财富。直觉是我们灵感的源泉，是我们心灵深处的声音。在迅速权衡利弊时，我们应该倾听这些内在的声音，它们会给予我们指引和启示。

如果有可能，我们还需要依靠事实和数据的支持，以增加决策的准确性和可靠性。我们需要收集、研究数据，进行分析和比较。这些客观的信息可以为我们提供决策的基础，帮助我们更好地了解备选方案的利弊。因为凭借经验和直觉并不足以支持我们做出明智的决策。

要相信

在生活中，我们会面临各种各样的选择，有些微不足道，有些则可能改变我们的一生。在这些抉择面前，我们要记住迅速权衡利弊的重要性。我们要保持冷静，理性思考，将经验、直觉、事实和数据相结合，做出最明智的选择。

要坚信

迅速权衡利弊是我们人生旅程中的一项重要技能，也是一项挑战，但它也是成长和进步的契机，通过训练和实践，我们可以不断提高自身的决策能力。

成为决策者并不容易，尤其是刚刚成长为决策者的经营者们。每一位聪明而富有远见的决策者，都是从细微的观察、思考和分析中，逐步学会如何在各类事务中做出明智的决策的。

第五刀：采取果断行动

一旦你做出决策，须立即采取行动。拖延和犹豫只会浪费时间和错失机会。相信自己的决策能力，并积极地推动计划的执行。

人生犹如一场航行，我们是自己的船长，而每个决策都是航向的指南针。在选定方向之后，采取果断行动是将航向转化为实际进展的关键。

采取果断行动需要坚定的信念。相信自己的决策能力，相信自己的选择是正确的，这是踏出第一步的关键。无论是追求事业上的成功，还是追求个人成长，我们都需要对自己的选择有信心，勇敢地向前迈进。

制订计划是采取果断行动的必要步骤。我们需要明确目标，并制订详细的行动计划。计划为我们提供了路线图，可以帮助我们更好地了解每一步的需要。它使我们能够有条不紊地迈向目标，而不是在迷茫和不确定中徘徊。

让团队成员去执行所制订的计划，告诫团队成员需要克服拖延症，战胜内心的"拖延之魔"。时刻保持自律，确保我们按照计划行动。拖延只会削弱我们的决心和行动力，我们应该努力克服这一障碍，保持对目标的专注和坚持。

在采取果断行动的过程中，我们可能会面临各种挑战和困难。但是，我们不能退缩或放弃，而是要迎接这些挑战。把挑战视为成长和学习的机会，我们可以发现自己内在的潜能。只有在挑战中成长，我们才能超越自我，取得更大的成就。

采取果断行动需要我们积极地推动计划的执行。我们应该主动与相关人员沟通，确保他们理解和支持我们的决策。分配任务，明确责任，并定期监督进展。我们要以领导者的姿态，激发团队的潜力，共同努力实现我们共同的目标。

采取果断行动并不是一个一成不变的过程，我们需要不断地调整和改进，以适应变化的环境和情况。灵活性和适应能力是成功的关键，我们应该不断评估进展情况，并根据需要进行调整。在不断调整的过程中，我们可以更好地适应变化，实现最终的成功。

采取果断行动后，我们需要及时反思和学习。评估结果，了解成功和失败的原因，从中汲取经验教训，并在未来的决策中应用这些知识。反思和学习让我们不断进步，不断提高我们的决策能力和行动效果。

采取果断行动，是让企业决策变成现实结果的关键。杀伐果断才能让中小微企业持续赢利更有效。

第六刀：接受不确定性和风险

决策过程中，接受不确定性和风险是很重要的。

没有完全无风险的决策，但是我们可以通过评估和管理风险来降低潜在的负面影响。

首先，我们需要意识到不确定性是不可避免的。未来是未知的，我们无法预测所有可能的结果和情况。然而，我们可以通过收集信息、分析数据和了解相关因素，加深我们对决策背后风险的认知。

其次，评估风险是决策过程中的关键一步。我们需要仔细考虑每个备选方案可能带来的潜在风险和不确定性。这可能包括市场变化、竞争压力、技术风险、财务风险等。通过识别和分析这些风险，我们可以更好地了解可能产生的负面影响，并制订相应的对策和计划。

再次，管理风险是保持决策过程可控的关键。一旦我们识别了潜在的风险，我们就需要制定适当的措施来降低其影响。这可能包括制订应急计划、制订备用方案、采取保险措施、与利益相关者进行沟通等。通过积极管理风险，我们可以增加决策的成功机会，并减少潜在的损失。

最后，我们还需要明白，完全消除风险是不可能的。在一些情况下，我们必须接受某种程度的不确定性和风险，并准备应对可能的挑战。这需要我们保持灵活性和适应性，以便在面对变化和意外情况时能够及时进行调整和应对。

通过增强风险意识、评估和管理风险，我们可以更好地应对未知的挑战，我们的决策也能更加明智、更具可持续性。

决策过程中，我们不可能做到事事尽善尽美，但是我们可以通过接受不确定性和风险来发展适应变化的能力。

第七刀：反馈和调整

一旦决策实施，就需要密切关注结果并接收反馈。

根据反馈信息，及时进行调整和修正，灵活性和适应能力是快速做出决策的关键。万事不离目标，不忘初衷。

对标前期设定的衡量标准和目标。对标是为了方便在执行过程中能够对结果进行评估。这可以是关于项目进展、绩效指标、客户反馈等方面的数据和信息。要确保你拥有足够的数据来准确评估决策的结果。

接收反馈并保持开放的心态。主动寻求反馈，与相关人员进行交流，了解他们的意见和建议。这包括团队成员、合作伙伴、客户和利益相关者。他们的反馈可以为我们提供不同的视角和观点，帮助我们全面评估决策的效果。

接收到反馈后，对其进行分析和评估。识别成功的方面和需要改进的领域。如果决策的结果与预期不符，找出原因并寻找解决方案。这可能涉及调整计划、重新分配资源、沟通等方面的改进措施。

接收到反馈并进行评估，及时进行调整和修正。这可能意味着调整目标、改变策略、修正计划等。重要的是要灵活应对变化，并根据实际情况做出适当的调整。

识别决策中的成功因素，并加以强化和发展。如果在某些方面取得了良好的结果，我们可以进一步优化和加强这些方面，以提高整体绩效。

决策过程中，反馈和调整是持续循环的。我们只需要保持敏锐的观察力，及时收集反馈并根据需要进行调整即可，不需要过于担心。这种反馈和调整的循环可以帮助我们不断提高决策的质量和效果，使我们更加适应变化的环境和需求。

一句话，保持灵活性和适应性，相信自己的能力，并根据反馈不断迭代和进化。对于决策后的结果不要过于着急，尤其是一些年轻的经营者，因为随着时间的推移，大部分人都将变得更加熟练，并能够更好地处理复杂的决策情况。不断学习和反思，发展个人的决策能力，这才是在职场和生活中取得成功的关键密钥。

"君子不立于危墙之下"

天意和人意，你选择哪个？

笔者的答案是，如果天要下雨，那就让它下个够吧。

再难的路，如果选择了，那你就带领同伴冲刺，因为这是你选择的赛道，别怨天尤人，因为没用。

广东大部分实体制造企业目前经营仍然稳健的基本有一个共同的特点，那就是不会乱折腾，而是专注于某一个细分领域或特定赛道持续发展。

"集中火力进攻一个墙头"，这是华为创始人任正非曾经讲过的一句话。

任正非43岁时才开始创业，他以其理智和专注的经营风格将华为从一家小公司发展成为全球科技公司的翘楚。在华为创业初期，任正非就意识到科技行业的竞争环境是不断变化的，他预测到了未来可能出现的挑战和"寒冬"。

任正非在公司的发展过程中一直保持着冷静和理智。他强调务实和长期发展，而非短期利益的追逐。专注于长期发展和核心竞争力的培养，才能够使企业在竞争激烈的市场中占有一席之地。

通过各种类型的行业协会和各种渠道，笔者曾经咨询过多家在广东某个行业领域表现优异的企业的创始人同一个问题：在创业和经营企业的过程中，你遇到的最大的诱惑是什么？

大部分创始人给出的答案，归纳起来就是一句话：处处都有诱惑，但处处都有可能是陷阱，非本身专业领域的项目一般不会涉足。务实和低调是大部分广东企业负责人的标签。

广东地处中国南部沿海地区，具有得天独厚的地理位置优势，交通便利，这为当地的制造业提供了丰富的资源和便捷的物流条件。这些资源和区位优势使得广东的企业可以更加专注于特定领域，将有限的资源集中于特定产品或服务的研发、生产和营销。

经过多年的积累，广东也拥有了许多成熟的行业集群，如广州的汽车制造业、深圳的电子信息业、中山和佛山的家电制造等。

这些行业集群形成了一种供应链和生态系统，使得企业之间可以进行合作和资源共享，促进技术创新。通过专注于某一个细分领域，企业可以更好地利用行业集群效应，获得竞争优势。

专注于某一个细分领域，企业可以更好地建立自己的品牌形象，提高市场认可度。通过长期专注于特定领域，企业可以积累丰富的经验和专业知识，获得良好的口碑和品牌声誉。这有助于企业在市场中建立竞争优势，并获得稳定的客户基础。

同样，专注于某一个细分领域的企业通常会在该领域进行长期的研发和创新。他们投入更多的资源和精力来提升产品的技术含量、质量和性能，满足市场的不断变化和需求升级。通过持续的创新，企业能够不断提高竞争力，保持行业领先地位。

不只是广东的企业，全国大部分企业如果专注于某一个细分领域，那么这种经营模式都能够使企业在竞争激烈的市场中找到自己的定位，发挥自身优势，实现稳健的经营和持续的发展。

多年前，有一个叫李华的商人，是个"富二代"。刚接手家族企业的时候，凭借家族多年的积累以及自己的商业才能，他接连打造了多个商业领域成功的案例，个人自信心也随之爆棚，个人的重心也逐渐从制造业转向投资业。

投资股市成了李华的商业备选项。有一次，他分析某家公司的股票价格即将大幅上涨，于是决定进入股票市场进行短期投资。怀着追逐更高回报的心态，他决定大量购买该公司的股票。

最初，一切进展顺利，股票价格迅速上涨，李华的投资也出现了可观的收益。他开始盲目自信，认为自己可以通过炒股赚取更多的利润。

然而，市场的情况很快发生了变化。由于一系列不可预测的因素，该公司的股票价格开始迅速下跌。李华面临着巨大的亏损，但他并没有立即出售股票，而是决定坚持下去，相信价格会反弹。

直到后面，情况越来越糟糕。李华的投资亏损不断扩大，他的财务状况变得岌岌可危。"屋漏偏逢连夜雨"，他的家族企业也因为受到行业大环境的影响，销售额和利润同步大幅下滑，而他自己这一年因为转向金融投资，较少关注家族企业的日常运营。家族企业开始日落西山，逐步消沉直到清算解散。

有些人认为，是家族企业所在的行业萧条导致的企业解散。但也有些人认为，同行业也有做得不错的企业，经营不善是主因。

但至少有一点，李华本人是非常认同的，他意识到自己过于贪婪和冲动，没有充分评估市场风险和做好应对的准备。他也意识到短期投机并不适合他的风格和价值观。

这次失败的经历让李华深刻反思自己的投资决策和风险管理策略。痛定思痛后，李华决定回归自己熟悉的商业领域，更注重长期投资和稳健的发展策略。他从失败中吸取教训，学会了谨慎和理性地对待投资决策，并更加重视风险管理。

"不去碰自己完全不熟悉且没有把握的领域！"李华告诉我，他对"君子不立于危墙之下"这句话又有了进一步的理解。

"君子不立于危墙之下"，一旦有企业家朋友咨询笔者相关的投资建议，笔者总是以这句话告之。这句格言强调了一个重要的原则：在面临危险或完全不确定的环境时，一个真正的君子会保持远离，不参与其中。

某家连锁酒店除了提供客房,还提供会议室及活动策划等业务,企业的负责人张总是一个豪爽的东北女强人。随着连锁酒店的扩张,业务逐渐壮大,张总也越来越"头疼"业务费管理的问题。

若是整顿并加强业务费管理,又担心老客户流失和销售队伍的不稳定;若是放任自流,企业的经营成本会越来越高。

笔者向张总打趣道:"这是一个两难题目,但必须做出选择。"最终经过沟通后,笔者给出了解决方案,即公开与明确业务费的标准,简称"严三条"。

三个月后回访,张总说效果非常好,并没有出现她所担心的现象。"尊重商业伦理是企业经营的底线!"张总说,经过这次制度改革,她对"君子不立于危墙之下"有了切身的理解。

"慎终如始,则无败事",语出《道德经》第六十四章。这句话可以对上述故事进行很好的说明。

不只是商业领域,企业经营中,所有高管更要严以律己,倡导以正直、善良和真实为准则,维护他人的尊严和权益,坚持正确的道德行为。这是企业应该倡导的价值观,君子的行为不仅是出于对个人利益的考虑,更关注社会的整体利益和道义原则。

"己所不欲,勿施于人""君子不立于危墙之下",这不仅是为了保护自己的身心健康,也是为了保持自己的道德自尊和原则。君子拒绝参与不正当的行为、不道德的勾当或有损人格的活动,因为这些行为违背他们的价值观,并可能给他们带来负面影响。

"君子不立于危墙之下"的道德准则可以指导我们的行为,提醒我们在面临诱惑或不良环境时,要坚守自己的原则和价值观。我们应该远离可能导致我们堕落或受损的场所和行为,并保持自己的高尚品质和良好声誉。

这句格言也提醒我们要慎重选择交往的人和环境。我们应该选择那些与我们价值观相符、正直诚实的伙伴和朋友，避免与不道德的人或不良环境接触，以免被其影响和牵连。

"君子不立于危墙之下"，既是针对企业，也是针对所有员工的一种高尚的道德准则，它要求我们保持正直、避免不道德的行为，并始终坚守自己的原则和价值观。不去碰自己完全不熟悉且没有把握的领域，尊重商业伦理是企业经营的底线。"己所不欲，勿施于人。"

利润增长与激励分配的关系

企业从多赢的角度看，无非是赚钱和分钱。企业从经营的维度分析，那就是多赚钱，跟员工分好钱。

在商业世界中，利润增长与激励分配之间存在着一种微妙而又重要的联系。这两者相互依存，相互促进，构成了企业稳健的基石。利润增长是企业经营的核心目标之一，而激励分配则是激发员工潜力和动力的关键机制。

有些企业肯定也会有这样的疑问，如果给员工分多了，企业利润不就薄了吗？但如果给员工分少了，薪酬没有竞争力，企业又哪来的动力呢？是的，所以要在赚钱和分钱之间把握一个平衡。

利润增长如何与激励分配相互作用呢？当一个企业实现利润的增长时，意味着它的业务运营得到了改善，市场份额得到了扩大，或者效率和生产力得到了提升。这种增长不仅是数字上的增加，更是企业战略和经营的胜利。

但是利润增长并不是孤立发生的，它是企业内外各种因素的综合结果。其中包括员工的辛勤工作和贡献。员工是企业的核心资源，他们的工作表现直接影响着企业的利润增长。因此，激励分配是企业对员工付出的回报，也是激发员工持续创新和努力工作的重要手段。

一个有效的激励制度可以激发员工的热情和动力，使他们更加专注地工作。激励制度的多样化也能够满足员工的不同需求和动机，例如提供奖金、股权、晋升机会、培训发展等。当员工感受到激励制度的公平时，他们会更加努力工作，尽力实现企业目标。

综上，利润增长和激励分配之间的关系是相互依存的。利润增长为企业提供了更多的资源和资金，使其有能力制订更好的激励计划。企业可以将一部分利润用于奖励员工的杰出表现，这不仅能够增强员工的满意度和忠诚度，还能够吸引更多优秀的人才加入企业。

同时，激励分配也可以促进利润的增长。一个激励制度完善的企业可以激发员工的创造力和创新精神，使其能够提供更高质量的产品和服务。员工的高绩效和出色的工作表现将带动整个企业竞争力的增强和市场份额的增长，从而实现利润的进一步增加。

在经营管理中，激励分配应该考虑到员工的贡献和表现，但同时需要确保企业的可持续发展。合理的激励分配需要综合考虑员工、股东和企业的长远利益，以确保企业能够持续成长和创造价值。

利润增长与激励分配之间是一个相互依存的闭环关系：利润增长为激励分配提供了更多的资源，激励分配则可以激发员工的工作动力和创造力，进一步推动企业的利润增长。这种良性循环促使企业实现长期的成功和可持续发展。

公正、合理和多样化的激励制度，有助于激发员工的潜力和动力，实现持续的利润增长和企业的可持续发展。

有一家小型科技创业公司，创始人对电动牙刷创新技术充满热情，希望通过自己的努力，让自己的公司变成全球电动牙刷领域的领头羊。起初，公司只有几名员工，大家都热衷于实现共同的梦想。

随着时间的推移，公司的业务逐渐扩大，客户数量和利润也在增长。这位创始人意识到，要保持持续的增长和成功，他需要激励和留住优秀的员工。

于是，他决定实施一套完善的激励制度。他明白，激励分配的关键是公平和有竞争力，能够激发员工的动力和工作热情。因此，他将利润的一部分用于奖金、股权和员工福利。

首先，他设立了年度绩效奖金制度。每年末，这位创始人会与每位员工进行面谈，评估他们的绩效和贡献。然后，根据绩效等级，分配相应的奖金。这样，员工就会知道，只有工作表现出色才能获得额外的奖励，这激励着他们不断努力。

此外，这位创始人也意识到员工对公司的股权感兴趣。因此，他决定通过股权激励来提高员工的忠诚度和积极性。每年，他会根据员工的贡献和表现，向他们提供一定比例的股权，使他们成为公司的合作伙伴。这不仅增强了员工的归属感，还可以让他们分享公司的成长和成功。

这位创始人还注重员工的福利和发展。他制定了灵活的工作时间制度，鼓励员工追求个人发展和学习。他为员工提供培训计划和专业发展机会，帮助他们提升技能和知识水平。

随着激励制度的实施，员工士气和工作动力明显提升。从短期观察看，员工们也感受到了公司对他们的努力和贡献的认可，他们更加努力工作，希望能提供更好的产品和服务。

但好景不长，一年时间不到，这位创始人感觉这套激励体系有些不起作用了。原因到底是什么呢？

随着时间的推移，虽然公司在市场上的竞争力不断增强，利润也持续增长，这些成就与员工的努力和激励分配密不可分。但因为公司没有按原规划时间上市，所以股权迟迟没有落地；同时新加入的员工很难得到被分配股权的机会，所以新员工也有一些疑惑。

这位创始人深知，利润的增长需要员工的全力以赴，而激励分配则是激发员工潜力的重要手段。诚然，企业没有按规划上市，于是他进行了股权回收并加大了年度现金奖励力度。

企业管理很多时候都是循环往复地用不同的经营方法进行经营，方法和工具没有绝对的对和错，只要我们认真去用，每一个工具和方法都是好的。

这个商业故事告诉我们，公平、弹性和有竞争力的激励制度，能够激发员工的工作热情和创造力，推动企业的利润增长和发展。

当员工感受到公司对他们的关心和认可时，他们会付出更多，创造出更大的价值。只有利润增长和激励分配相互结合，企业才能取得长期的成功，实现可持续发展。

我们在规划设计利润增长和激励分配时，要明确一个原则，那就是激励分配是凭结果拿钱。企业根据员工或相关方的贡献程度，通过奖励制度将利润的一部分分配给他们。

下面我们一起梳理利润增长与激励分配关系中的关键点。

关键点1：利润增长为激励分配提供了更多的资源

当企业的利润增长时，企业通常会将更多的资金用于激励计划。这意味着企业可以提供更大幅度的奖金、股权或其他形式的激励，以回报员工的贡献。

关键点2：激励制度促进利润增长

一种有效的激励制度可以调动员工的积极性和工作动力，使他们更加努力地为实现企业目标而工作。员工的高绩效和出色的工作表现可以直接促进企业的利润增长。

关键点3：利润增长可用于改善激励制度

当利润增长时，企业可以利用增加的利润来改善激励制度。这可能包括提高奖金额度、扩大激励范围、引入更有吸引力的福利计划等。这些改进措施可以进一步激励员工，并吸引更多优秀的人才。

关键点4：利润增长和激励分配需要平衡

企业利润增长为激励分配提供了更多资源，但企业在进行激励分配时，需要平衡各方的利益，必须考虑到员工、股东和企业的长期可持续性。适当的激励分配应该能够激励员工，并与企业的长期利益相一致。

这四个关键点说明利润增长和激励分配之间存在着相互促进的关系。有效的激励制度可以促使员工更加积极地为企业创造利润，而利润增长则为企业带来了更多的资源，以回报员工并改善激励制度。利润增长与激励分配的关系如图3-1所示。

我们不难看出，企业在进行激励分配时，需要平衡各方的利益，确保激励计划与企业的长期可持续性相符。

企业经营中，赚钱和分钱就是利润增长与激励分配。利润增长的背后，激励分配扮演着重要角色，它能让员工感受到温暖。

图3-1　利润增长与激励分配的关系

激励分配的最终方向就是要激发员工的热情和力量,让每个员工都能感受到荣耀,让激励的火花在心中燃烧。经营企业就是经营人心,人心齐且旺,企业的利润还愁不会增长吗?

第 4 章

中小微企业持续赢利的人才观

- 激烈竞争下，哪些"人才坑"要避免踩？
- 构建自己的人才领先框架思维
- 如何完整定义人才智库
- FFT 的价值在哪里？
- 实施案例：年度领秀计划

激烈竞争下,哪些"人才坑"要避免踩?

线上有生意的老板就要做网红IP?

多年未见的老同学老陈驱车1000多公里,火急火燎地来找笔者,刚落座就开门见山地说道:"极致竞争下的流量时代,我用一年的时间打造了一个短视频和直播团队,预想能够拿回一些订单。"

"现在的结果让我无语到极点,我对这个团队的投入不仅没有产出,上个月这个团队的成员还集体离职了!"这位老同学喝了一口茶继续说道,"我不做线上加线下,我的竞争对手在做呀!所以线上流量肯定得做!"

"没有流量担心流量,有了流量你和你的团队领导层真能接得住吗?"笔者看着一脸茫然的老陈说道,"培养员工做网红,如果员工成不了网红,那你的投入产出就会极低;如果员工变成了网红,有了流量,你该如何配置资源?资源配置不到位,网红员工大概率会离职,因为可选择的赛道多了!"

几轮沟通下来后,老陈陷入了沉思……

老陈拥有出色的领导才能和商业眼光,他建立了一支富有激情和创造力的团队。他们在餐饮行业崭露头角,凭借创新的产品和出色的团队,老陈的公司在短短三年内就迅速发展成为一个在当地有一定影响力的冷饮品牌。

然而,随着企业的迅速发展,一些问题逐渐浮现出来。公司的企业文化逐渐变得功利和浮躁。原本积极向上的氛围逐渐被内部恶性竞争取代。员工之间的合作和团队精神逐渐消失，被个人利益取代。

最重要的是，这家企业未能为员工提供良好的职业发展机会和成长空间。一些优秀的员工开始寻找其他机会，因为他们发现自己在公司的发展已经遇到"瓶颈"，无法得到更多的挑战和提升。

渐渐地，优秀员工一个接一个地离开了。这些离职员工都是公司的核心力量，他们离开后带走了宝贵的经验和技能，对企业的发展产生了巨大的影响。

对此，笔者的这位企业家同学经常深感愧疚和自责。他意识到，企业要想留住人才，需要给予员工更多的关注和关怀，并持续为其提供职业发展机会。

为了改变这一现状，他开始重视人才的培养和成长。他不仅建立了专门的人才发展部门，为员工提供培训、职业规划和晋升机会，还积极改善公司的企业文化和工作环境，重视员工工作与生活的平衡。

尽管起初进展缓慢，但努力渐渐取得了成效。老陈认为，企业逐渐恢复了曾经的活力和吸引力，员工们也重新获得了对公司的归属感和认同感，他们的创造力和激情被重新燃起。

为了拓展线上销售渠道，老陈从内部挑选了好几位优秀的骨干成员，并对外招聘了多位有线上营销经验的网红共同组建了新的营销部门。

这个新的营销部门组建一年多后，就出现了开头的这一幕！投入没有产出，失望大于希望，这个团队的成员经不住外面的诱惑集体离职。

老陈最后领悟：不论粉丝多少，自己成为网红，才能稳定线上的销售团队以及销售渠道。因为对于中小微企业而言，经营者唯有深入一线才能得到最直接的反馈，才能清楚如何更有效地布局线上销售渠道。

而笔者听到这个故事后的感悟是，企业产品的成功不仅取决于市场的认可，更需要关注员工的福祉和成长。新渠道、新商业、新机会，你只有接受最差的失败，才能享受最好的结果。

人才备份计划是永恒的主题

多年前的一个下午，笔者组织完一个研讨会议后正准备下班吃晚饭。

笔者有一个习惯，就是在下班前会打开邮箱，看看还有没有需要当天紧急处理的事务还没有处理完的。

当天，笔者打开邮箱后，突然看到一封集团总部发给笔者的交办邮件，邮件标题简单明了："请亚洲区运营和人力资源团队加速招聘中国区SMT研发团队负责人及技术人员。"

那个年代，正是外资实体企业大举进驻中国的黄金时期，笔者当时所任职的企业正是在此浪潮中的外资企业之一。

当时笔者所任职的企业为了扩大中国区的生产规模，前不久刚购买了价值不菲的SMT（表面组装技术）设备生产线。为了实施本土化的人才管理战略，笔者牵头成立了该条生产线的人才管理小组并担任负责人。

为了早日让这条SMT生产线走上正轨，集团总部发布内部会议记录：决定在国内采购新的SMT生产线。

会议记录发布后的第二天，虽然设备还未到位，但中国区已经开始前置团队组建、优先生产区域规划以及新生产线的基础配套设施等系列动作。

HR团队同步开启了人才招聘"狂飙"模式，不仅利用当时为数不多的但几乎是全部可用的招聘网站进行招聘岗位发布，同时组建了多支队伍分别前往当时几乎所有热门的现场招聘场所进行招聘，并要求团队用信息轰炸法疯狂地在可能的社交群或媒体轮番进行招聘信息覆盖传播。

没几日，HR团队用当时的快速度招聘了多人的技术团队，其中包括有类似生产线技术基础且英语较好的技术团队负责人张先生。

随着各项配套项目的有效实施和逐步完成，中国区就开始坐等这条新的SMT生产线。集团总部相关负责人也非常给力，不仅在会议上表扬了中国区团队成员的成绩，并且很快就从集团总部调配了两名技术高工来到中国，专门负责培训新入职的技术团队成员，其中的技术团队负责人张先生理所应当地成为被培训的重点对象。

三个月时间很快过去了，技术团队负责人张先生及其团队全部成员均以全"A+"的结业成绩完成了该条生产线的技术培训，集团总部两位高工也在按规划完成了对所有学员的毕业测试及评价后满意而归。

如果该项目到此结束，那么其前期规划工作也算圆满完成。

但当笔者看到了开篇所提到的邮件后五味杂陈。很快，笔者和张先生坐到了会议室内进行了沟通。

"非常遗憾，刚好有一个工作机会在我女朋友工作的城市，我已经答应这家企业尽快过去。"张先生落座后直言不讳，笔者还没来得及开口，这位张先生接着说道，"我已经决定了，所以今天下午我的辞职信已经通过邮件正式发送给了你，并且抄送给了集团总部相关领导。"

沟通的结果就是，张先生没有商量余地。一个月后，张先生正式离职。

多年以后，再次遇到张先生，聊起这段往事，张先生笑道，通过这件事情他本人后来也感悟到了很多道理。当然，笔者的感悟更深，未来和意外不知哪个会先来。

从这家企业离职后，笔者又服务过各种类型的企业，有行业龙头企业，有上市企业等，随着经验的积累以及经历的行业和企业的增多，笔者对于持续优化企业经营管理及人才管理又有了进一步的理解和掌握。

对于人才管理，笔者根据多年的经验总结出了一句话：聚拢有价值的人，共同做有价值的事。

构建自己的人才领先框架思维

"聚才"之路再难，也要一步一个脚印

在一个风和日丽的周日，有一位企业家朋友罗先生约笔者到他的办公室喝茶。

"花钱出去学了很多课程，大部分都是大企业的管理经验，虽然听上去很有道理，但目前对于我们中小微企业而言，确实实用性不大。"这位企业家朋友罗先生在交谈中诉起了苦。

聊到人才，罗先生很有自己的见解。

聊到人才智库，罗先生表示因为自身企业规模不大，所以不适合构建自家企业的人才智库，他认为这样搞效果不明显且时间成本高。

后面聊到如何利用企业自身优势及周边资源吸引人才，这个话题我俩都非常感兴趣，聊了很长时间直到第一次会面结束。

与罗先生第二次见面，笔者约上了自己曾经任职过的一家企业的负责人陈先生，这是一场非常接地气的有关人才管理的"三人沟通畅聊会"。

这场畅聊会，笔者为何会约自己曾经就职过的企业的"老东家"？因为这位"老东家"陈先生关于人才管理思维转换的经历非常典型。

畅聊会开始后，陈先生表示，刚开始他也认为人才管理可有可无，但是直到他的企业经历过一次"叛离"事件后，他才开始逐步转变自己的人才管理思维。

企业家陈先生从建筑小工开始做起，后面干起了包工头，再后来跟几位兄弟一

步一个脚印将企业带上正轨，再一步一步将企业做成了行业内龙头企业。

正当陈先生准备带领核心团队冲刺IPO（首次公开募股）的时候，其中一位联合创始元老却提出了离职，准备自己单干。这位元老负责公司接近30%的业务且对公司各个环节及流程已经非常熟悉，短期内很难找人接替其在公司内的各项工作，在当时的环境下，公司内外部根本就没有合适的人选。

这位元老离职后，企业在半年时间内总业绩下滑20%以上。曾经长期由这位离职的元老维护的一些老客户也纷纷减少订单量，甚至直接取消全部订单，个中原因陈先生知晓但也无能为力。

在陈先生经历过企业的核心骨干人才流失并后继无人的困境后，他开始筹划关键核心人才储备计划以及人才梯队计划，甚至包括他个人的接班计划。

于是多年前，陈先生找到了笔者。他作为项目的总发起人，笔者作为项目的总负责人，在那个项目中，笔者给他梳理了人才智库领先框架思维，跟他讨论了价值导向评价的价值。

项目发起后，陈先生开始在企业内部大力倡导人才智库领先框架思维，并与团队共同建立和推进人才智库、人才梯队计划、AB角等流程和体系。

项目实施三个月后，陈先生在阶段性人才总结会议上表示，他能切身感受到企业的有效人才机制正在变得越来越充盈，自己也从一个对人才管理"不太有感觉"的人变成了一位人才有效管理体系的极力推崇者。

"将'人才'变成'人财'，企业竞争力在原有基础上至少会提升一个档次，而如何在企业内部实施有效的人才智库机制就是关键。"陈先生在畅聊会快结束时，对罗先生讲了这段语重心长的话。

当然，对于企业的人才管理，要想做得有结果确实很难。但"聚才"之路再难，笔者相信只要一步一个脚印，总会有好的结果。

常吃盛宴不如试试家常菜

广州番禺曾经有一家名为飞扬科技的公司，他们在某个细分科技领域赛道拥有一定的研发实力和一支技术团队。

近几年，公司逐渐暴露出一个比较严重的问题：随着企业经营的稳定，人员和技术都开始沉淀，企业很多技术都掌握在老员工手中，但老员工却不太愿意教新人，这导致企业技术传承出现了很大的风险。

公司的创始人李总意识到，公司拥有许多优秀的员工，每个人都具备独特的知识和经验，但这些宝贵的资源并没有得到充分的共享和利用。

为了盘活人才智库，李总决定采取行动。

李总找到了笔者，经过我俩的"促膝长谈"，李总采纳了笔者的"家常才"计划。

为什么叫"家常才"计划？因为我俩认为做事前先想一个不难听又有乐趣的名字本身就是一件乐事。因为该计划围绕人才展开，所以我们的计划就叫"家常才"计划。

我们参照炒菜的分工逻辑进行项目运转。我们先成立了一个跨部门的团队，专门负责人才智库的管理和发展。这个团队由各个部门的代表组成，他们的任务是收集、整理和共享员工的专业知识和经验。

团队搭建了一个在线平台，名为知识分享中心。在这个平台上，员工可以上传自己的专业知识和经验，分享解决问题的方法、技巧和最佳实践。平台还提供了一个问答论坛和讨论区，鼓励员工之间的交流和合作。

为了鼓励员工积极参与，我们还特别建立了一套奖励机制。每当员工在知识分享中心发表有价值的内容或对他人的问题提供有效帮助时，他们将获得奖励积分和荣誉徽章。这种积极参与的企业文化逐渐在公司内部形成，并激发了更多员工的参与和贡献。

另外，为了提高知识分享的质量，我们还定期举办内部培训和研讨会。这些活动由公司内部的专家和资深员工主持，分享他们的专业知识和经验。员工们可以学习最新的技术、行业见解和项目经验，不断提升自己的能力和水平。

随着时间的推移，公司的人才智库得到了盘活和发展。员工们逐渐认识到，分享知识不仅可以帮助他们个人成长，还能够推动整个公司的创新和发展。

项目运行半年后，李总和笔者相约在某个荔枝园内会面。

李总感慨道，之前以为搞这些很难，其实真正开展后也不难。目前由于人才智库的成功运作，公司也取得了一系列重要的成果，李总认为非常值。

"相互竞争，老技术员更有激情了！相互学习，新员工个人发展也踏实了！"李总感慨道。

这个故事告诉我们，盘活人才智库的关键是建立一个共享和协作的文化机制和营造积极参与的氛围。通过建立适当的平台奖励机制，员工自然而然会被推动着主动进行知识分享和交流，这样又会反过来推动整个组织的创新和发展。

我们不否认外来文化对一家企业发展的重要性，但激活和扩展内部员工的智慧肯定也很重要，说不定还是企业持续发展的关键因素。

如何完整定义人才智库

人才智库（Talent Pool）是指与一个组织或团队发展有关的能力和技能的完整资源库，包括人才、知识、经验、技术和技能等。人才智库可以帮助组织或团队在发展中更好地管理和分配其人力资源，提高效率和效益，同时可以帮助人才更好地发挥其作用和实现自我价值。

对企业而言，人才智库的使命就是向企业提供各类人才信息，来自相关行业或领域的人才都可以通过企业自己的人才智库被企业发现和任用。

在建立人才智库之初，企业要提前做好规划，确保可以提供人才筛选、初步面试、背景调查等综合性服务，以节省企业的人力和时间成本。

企业的人才智库对外应配置好开放型的接收端口，便于求职者或其他有意向的人员更好地在企业内找到适合自己的工作。

对于中小微企业的人才智库平台搭建，前期建议零成本测试运行。目前市面上有很多工具可以使用，如微盘、企业邮箱、企业服务器等，企业只需要梳理好相关流程并纳入日常管理即可。后续随着企业规模的扩大，再考虑升级到更加专业的系统中去运行。

不可否认，人才智库在连接企业和人才方面发挥的作用越来越重要，成为企业人力资源管理的重要手段之一。

随着数据库的升级和不同数据库之间的连接打通，企业将拥有经验丰富、技能过硬、知识丰富、熟悉行业和市场的专业人士，以及对组织或团队而言有特殊素质和才能的人才，甚至可以将兼职人员、临时工、博士后和企业顾问等不同层次的人士也纳入人才智库。

经过持续的输入和输出，人才智库将会通过地组织或团队积极地吸纳、培养和留用这些人才，为组织或团队的发展源源不断地提供智慧、创新和动力。

人才智库的建设是一个动态管理的过程，当然也需要有一个系统、科学、目标明确、符合实际需求的规划。

在人才智库建设过程中，需要充分考虑到人才的素质和特点，以及组织或团队的发展需求和战略目标，以便在人才智库中组建一支高效率的团队和形成良性的发展环境。

建人才智库，先要改变人才管理思维的刻板印象

有一次笔者和几位同事出差到山城重庆，其他同事从广州直飞重庆，而笔者由于有其他行程安排，只能从广州飞到成都后，再转机到重庆。

本次差旅时间比较充裕，所以我们几个想借机体验一下山城的人文风情，故特意订了民宿。

笔者这次来到重庆恰好赶在了下班高峰前，所以相对容易地就到达了预订的民宿。这个民宿在一处山坡上，山坡上有许多绿色的树木和草，空气清新，景色宜人。

这家民宿的房东很友好，非常热情地帮笔者办好了住宿手续。

连续奔波了几天，到了房间后，笔者放下行李倒头就睡。

睡得迷糊时，电话铃声将笔者吵醒，我一看窗外，天色已暗淡下来。这个电话是同事打过来的，约笔者到民宿的马路边吃夜宵。

笔者简单地洗漱之后，关上灯、锁上房门就走到了民宿的马路边。

马路上零散地摆着几个地摊，有卖烤红薯的，有卖饰品包包的，笔者绕着马路边来回走了几圈也没见到笔者的那几位同事。

正迷惑着，同事又来电话了！

"你到哪儿了？"打电话的同事显然有些不耐烦了！

"兄弟，咋这么久呀！我们三个正在民宿大门正对面的烧烤摊的摊位上等你呢！"同事继续向笔者"申诉"。

"我也早就到路边了呀！我没看到你们呀！"笔者也非常纳闷，民宿大门正对面哪有什么烧烤摊呀，明明就是一个卖烤红薯的摊位。

笔者在电话上对同事应付式地说道："稍等，我再找找。"

笔者径直走到卖烤红薯的摊位前，开口问道："师傅，除了你旁边的这家烧烤摊，附近哪里还有烧烤摊呀？"笔者用手指指了指旁边的烧烤摊。

问完后笔者又自问自答地说道："一起来了几位同事，他们说在民宿大门正对面的烧烤摊等我，大门正对面不就是师傅你的摊位吗？哪有什么烧烤摊？"

这位烤红薯的师傅咧开嘴笑了笑，一只手拿个铲子翻了几下红薯，另一只手在旁边的抹布上擦了擦，然后反问笔者道："你第一次住这家民宿吧？"

"他们应该在下一层的马路边的烧烤摊上，那个烧烤摊刚好也对着那一层民宿的大门，你要不要下去一层找找？"烤红薯的师傅又笑着说道。

"哦，地下一层吗？"习惯了"北上广"地下商场的笔者立即想到了负一层。

"我们这里没有负一层，你现在站着的是这个山坡的第三条马路，你上面还有一条马路，你下面还有两条马路，这个山坡有共四条马路，这个民宿就是依山而建成的。"烤红薯的师傅说完表现得很习以为常，看来遇到过不少问这类问题的过路人。

"哦哦哦，这样呀，难怪，我明白了！"笔者终于明白"山城"这个称呼是怎么来的了。

在这个时候，笔者也稍微明白了张之洞曾吟咏过的有关山城的名言："名城危踞层岩上，鹰瞵鹗视雄三巴。"

"你认为的马路边上的烧烤摊位置，并不是你同伴认为的位置，因为你们站的楼层不一样！"这位烤红薯的大哥给笔者上了人生当中非常精彩的一课。

站的楼层不一样，理解的位置当然不一样；位置不一样，看到的人物风景自然千差万别。

如果你想看到整个民宿周边的风景，唯有先解析这个民宿的框架。企业人才管理也是如此道理，破局之前要先入局。

FFT的价值在哪里？

从过往企业案例来看，规划人才智库的建设，规划者需要有人才领先框架思维（Forefront Framework Thinking，FFT）。

FFT是指从战略性、全局性的角度去思考问题，借助框架化的方式来快速分析和解决问题。该思维模式能够帮助我们以系统性和包容性的方式，迅速理解信息和思想，并生成智慧和示范方案，驱动商业策略，实现长期增长。

领先框架思维的本质是归类思考，它将大量纷繁复杂但又有一定关联性的事物进行分类，并且通过比较、联系、升华的方式，构建出具有内在结构和内在逻辑的知识框架。

这样的框架思维不仅可以帮助人们系统化地理解事物，还可以帮助人们在复杂的环境中轻松迅速地找到解决问题的路径。

通过持续性的人才筑边活动，激发组织活力，促进模型稳定增值。

人力筑边

人才等腰三角形（isosceles triangle）模型

腰里有才

全员构建人才领先框架思维，积极加强人才智库的输入与供应，确保企业人才战略领先。

腰金衣紫

加强人才全生命周期的管理，促进人才管理战略与企业战略的共同实施。

图4-1　人才等腰三角形模型

领先框架思维非常适用于商业和管理领域。在解决问题的过程中，也需要不断对框架进行修正、完善和补充，以适应不同的环境和需求。

谈了人才领先框架思维，接下来谈谈如何在这种思维模式下进行人才破局。人才等腰三角形模型（图4-1）是人才管理中非常好用的工具模型。

人才等腰三角形模型的由来

在笔者读小学三年级的时候，我们班换了一个数学老师。

第一次上这位数学老师的课，笔者就看到这位数学老师拿着一本教案和一个木质的三角尺进入教室授课。

后面的数学课，这位数学老师上课基本就是这个随身配置，当时我们几个小朋友下课后一起聊天，聊到这个木质的三角尺，就会说这是数学老师上课时雷打不动的"二件套"之一。

有一次，笔者在教室门口不小心撞到了他，他便开玩笑地说道："不要激动哦，小心撞坏我上课的法宝。"

在那个年纪，听到老师这样夸自己的教学工具，笔者突然觉得这位数学老师的教学法宝——木质三角尺好厉害。上课过程中，不论遇到多难的数学题，数学老师只要拿着这个木质的三角尺，东描一下，西画一下，这个难题的解法就立即显现在我们面前了。小小的木质三角尺，将笔者对数学世界的崇拜和探索欲推向了更深的层次。

从那个时候开始，笔者就认为世界上最伟大的智慧之一，就是数学图形和数学公式。数学图形和数学公式积累了前人最宝贵的经验，并用最简单的方式向后人传达了智慧。

我们非常幸运，公开免费继承了数学这个知识财富，并用它创造了诸多财富传奇。在数学这个巨大的知识体系中，三角形是数学图形中最直观和最易于理解的图形知识。

人才等腰三角形模型正是基于数学三角形的研究应运而生，运用它，往往很多看似很难的管理难题都会迎刃而解。

"人力筑边案例"——黄金等腰搭档

John是公司的高级IT工程师，他负责公司的部分IT项目。

John性格有些内向，虽然在企业内部沟通中表现不算太差，但在与客户沟通中却表现得不太自然，客户对其的评价反馈也一般。

接下来，公司将竞标一个重要客户的IT改善项目，这个项目对于公司而言虽然不是非常重要，但这个客户非常重要，除了这个IT项目，公司还承担着这个客户其他的几个重大项目。而这个改善项目所需的技术，恰巧John能够完全掌握。

技术归技术，毕竟这是一个改善项目，与客户的前期调研沟通和后续项目的实施同样重要。在经过与John的多次接触后，管理团队决定给John搭配一位临时搭档。

在公司的一次内部会议中，公司高层正式宣布将Emma从项目部临时调入IT部搭档John。Emma是公司的中级项目经理，性格外向，但历史业绩一般，不过沟通能力还算良好，于是就这样成了John的临时搭档。

宣布两人成为工作搭档后，人力资源部随即组织了恳谈会。

恳谈会上，Emma说平常工作中发现John的技术水平极高，能与John搭档是她的荣幸。而John则说发现Emma的管理能力非常出色，可以轻易地将一个团队协调起来，他相信和Emma的合作会很愉快。

于是，两人开始合作，一起推进项目。在接下来的工作中，公司管理层发现，他们在工作中相互协作，配合得非常好，这有些出乎大家的意料。

Emma负责该改善项目的前期调研工作，发现问题后会第一时间与John沟通，John则通过自己的技术经验帮助Emma解决问题或提供技术解决方案，他们的配合也算默契。

很快，竞标会开始，此项目客户一共选了三家供应商进行方案洽谈。在这次重要的供应商洽谈会议上，Emma和John给出了高质量的项目改善推进计划和技术方案。

在这次竞标中，John与Emma互相支持，最终为公司赢得了本次的竞标项目。这次会议极大地提振了公司领导的信心，也让John与Emma的关系更加紧密。

这是典型的在纵向型组织里，横向生出各个更具活力的"短平快"的临时组织，以适应个性化的市场项目而进行的人才管理项目。

以上我们称之为"等腰三角形"人才管理细分工具，通过匹配及互补人才的特点，调动不同部门的岗位组成强相关的战斗小组，用以解决当前急需推进或改善的项目。

很多管理者在进行人才管理时，往往会陷入一个误区，那就是认为只有纵向型组织才需要"短平快"的临时组织，总认为应该淘汰纵向型组织。这是事实吗？我们一起来分析一下。

何谓纵向型组织？纵向型组织，其实就是一种传统的、上下级制度明确的组织，下属通过向上级报告来传递信息、决策和指导，通常也被称为传统型或功能型组织。

对于实体企业来说，不要急着去否认纵向型组织的存在价值。组织架构没有好坏之分，只是看企业管理者如何使用而已。

纵向型组织架构强调细分和明确的职责与权责分配，员工知道自己的工作职责，上下级之间的关系也明确。因为有明确的上下级关系和决策权责分配，所以决策流程更加简单，并且可以更快地完成。

纵向型组织架构的管理层级变化较少，不易产生灰色地带，每个员工都清楚需要向哪个领导汇报，这种"一条龙"的管理方式使公司管理更加简单。

一句话概述，企业如果使用纵向型组织，则其架构权责分配明确、决策速度较快、管理相对稳定。

当然，纵向型组织也存在一些有待改善的空间。

信息传递不灵通

在纵向型组织架构下，信息需要通过多级领导层级才能传递到下层，会导致信息传递不灵通，决策反应缓慢。

创新能力弱

纵向型组织架构具有清晰的角色和职责，有防止混乱或任务重复之类的优点，但是这种职责划分也容易产生"部门病"，各部门之间可能无法进行良好的协作，不利于创新和创造更高的业绩。

异化动机与绩效奖励效果不佳

纵向型组织架构的权责分配较为固定，容易使员工产生平庸心态，不利于员工间的竞争与提高个人绩效。

纵向型组织架构的这些缺点怎么解决呢？

我们给出的解决方案就是基于纵向型组织横向产生的"短平快"的临时组织，"等腰三角形"人才管理细分工具能优化这些问题点，提高纵向型组织的绩效。

"腰里有才案例"——小张先生的名片

有一次，笔者去参加广州的一个展览会，在那里遇到了一位销售人员叫小张。为什么这位小张先生让笔者记忆犹新呢？

因为与他初次见面时，他递给笔者的名片非常特别，他的名片上印着：湖南长沙人，喜欢钓鱼和徒步。或许笔者被他吸引是因为笔者看到他和自己有相同的爱好，那就是钓鱼和徒步。

小张先生身材高大，初次见面时穿着一身灰色的西装，看起来很有气质。他总是满脸笑容，给人一种非常亲切的感觉。

小张先生的工作态度很好，他总是能够热情地招呼经过他展台的人，并且仔细地向过往行人介绍产品的特点和优势，让人们能够更好地了解产品。

他会耐心地回答各种各样的问题，看得出来小张先生的服务态度很好。

从展览会的人流量来看，小张先生就是这场展览会的一个缩影，同时他也是展览会场上成千上万个销售人员中的一员。或许他没什么特别，但他却给我留下了深刻的印象。

他递给笔者名片后，笔者笑了笑，还主动告诉了他笔者的电话号码和姓名，他快速地记录到他随身携带的小本子上。

笔者看到他在笔者的信息后面备注了一段内容：咨询服务业。

笔者非常惊愕指了指他的小本子问道："你是怎么知道我的职业的？"

> 小张先生微笑地合上了小本子，笑道："猜的！每天与这么多陌生人打交道，习惯了分析每个人从事的工作类型。"
>
> "放心，我不会发信息给您的！"小张先生继续说道，"如果我发消息到您的微信上，您把我设置为'消息免打扰'即可，哪天您想看了或想了解我所在的行业和企业，您打开看看就行了，我一直在！"
>
> 话都说到这个份儿上了！笔者接话道："嗯嗯，随时联系！"
>
> "我这边有一些工业客户的资源，大家可以共享一下，我将您拉到我建的工业客户群，大家一起互相交流学习一下。"小张先生紧接着说道。
>
> 笔者当时心想，好家伙！开始将客户从线下场景转移到线上私域了！
>
> 他用平凡的语言艺术带笔者进入线上私域，目的性很强，但过程很委婉。这种情况下，相信大部分人都不会拒绝。笔者笑了笑并点了点头说道："好！"
>
> "您这边如果需要我发发广告资料，或者有身边的人找工作，都可以随时私信我，我天生就喜欢干这些！"小张先生微笑着继续说道。
>
> 不得不佩服！又是几句话，就将潜在客户的期望值进行了最大化的提高，并同步巩固了潜在客情关系。
>
> 小张先生用真诚的表现，去赢取潜在客户的关注。至少笔者认为小张先生是一位成熟的销售人员。于是笔者大笑了一声，说道："那是必须的！"

从这个案例来看，在展览会上不仅可以挖到潜在的客户和优秀的供应商，事实上，猎挖人才也未尝不可。所以说，展览会不仅是收集客户信息的场所，也是可以收集到更多竞品及行业优秀人才的信息集散地。

笔者有一位企业家朋友是做印刷材料的，他公司好几位销售骨干和技术研发精英就是他在展览会上认识并延伸开始合作的。尝到了甜头之后，每次他的企业去参加展览会时，他都要求去参加展览会的工作人员做一项必须做的核心工作，那就是对各方信息进行有效分析后更新到自己企业的人才智库。

展览会上的名片，只是企业经营中某个场景有效利用的单个工具。

除此之外，企业经营中其实还有很多场景可以开发，比如行业协会、同乡或同学群、培训会或聚会等，这些都可以发展成为企业人才发展的"盛地"！

腰金衣紫案例——"万古良相"李德裕

唐代,有一个名叫李德裕的官员,因其执政期间政绩卓著,被誉为当时的"唐朝贤相"。李商隐在为《会昌一品集》作序时,还将他誉为"万古良相"。

李德裕早年以门荫入仕,据史书记载,其曾历任监察御史、翰林学士、兵部侍郎、兵部尚书、中书侍郎以及多地节度使等职。同时,他历仕宪宗、穆宗、敬宗、文宗四朝,多次被排挤出京,也多次入朝为相。

在那个年代,李德裕鼓励消费,倡导享受美食,受到了不少的争议和质疑。

有人认为他过于奢侈,喜欢享受美食并穿着华丽。尤其是他喜欢"腰金衣紫",引起了许多人的不满和批评。

学历史,观企业。今天,我们只从企业价值导向评价的维度谈一谈李德裕。

目前的职场,并没有过度宣传"腰金衣紫"的习惯,但类似于"吃苦耐劳""任劳任怨"的词语却仍然被大量地用于各类型的企业招聘任职要求说明中。

笔者对这些岗位描述用词感到困惑,这些任职要求,让招聘人员如何有效评价?评价不当会不会给企业带来危害呢?

"吃苦耐劳"和"任劳任怨"是用来评价个人品质和态度的常见词语。它们通常用来描述一个人在面对困难、挑战或艰苦工作时的态度和表现。

从积极的角度来看,这些评价意味着一个人具有较强的毅力、勤奋和坚韧的品质。这样的人通常能够承受压力,克服困难,并在艰苦环境中保持积极的工作态度。他们愿意付出额外的努力,勇于承担责任,乐意完成分配的任务。

但是在企业经营过程中,过度强调"吃苦耐劳"和"任劳任怨",就真的能提升企业竞争力或者带来某些利益吗?

企业发展到如今,这些优良品质该适当地放一放了!如果忽视了员工的权益和合理的工作条件,从而导致员工工作过度劳累、工作与生活失衡,这不仅不会帮到企业,反而可能会影响到员工的身体和心理健康,进而会反噬企业。

因此，我们在评价和使用这些词语时应该保持严谨。

尊重和赞赏那些在困难环境中展现出毅力和努力的人是重要的，但同时要确保他们的权益得到保护，并为他们提供合理的工作条件和机会。

所以，企业不论规模大小，都要向企业员工宣传"腰金衣紫"的精神，至少企业经营者要默许员工在合适的时机去享受美食，在合适的场合去追求穿着华丽。

企业追求"员工每人分一套房"，这样的目标设置有何不可？毕竟企业应该鼓励员工成长和发展，而不是让他们过度吃苦和任劳任怨。

纵观唐朝的李德裕和现代的职场，很多场景都堪称有异曲同工之妙。

唐穆宗的用人策略——李听的马、李德裕的紫衣及金鱼袋

元和十五年（820），唐穆宗李恒继位。

在各种历史书籍记载中，对唐穆宗褒贬不一，历史功绩与过错自有人评价，这里不再赘述。唐朝文化在中华文明历史进程中留下了深深的印痕，这里仅对唐穆宗在用人方面的策略进行讨论。

相传唐穆宗任太子时，看上了羽林将军李听的一匹骏马。

从古籍记载来看，李恒从小就非常喜欢骑马狩猎，一直到继位。当时，李恒为了得到这匹马，使出了浑身解数，包括动员左右的亲随都去劝李听，极度想占有这匹马。

李听当时身为羽林将军，直接拒绝了让马的要求，丝毫没有给这位东宫太子任何颜面。

唐穆宗李恒继位后，镇州、幽州等地反叛。在一众人选中，李恒直接选中了曾担任羽林将军的李听，并任命李听出任河东节度使，统率部队向北征讨幽、镇两州。

唐穆宗给出的理由非常简单："李听昔日在羽林军中，不讲情面，不给我马，他一定能胜任。"

从这个历史典故中可以看出，单纯从唐穆宗任用李听这件事情上看，他还是比较知人善用且不计前嫌的。

> 考究相关史书可知，唐穆宗在东宫时，李德裕应在翰林院充任翰林学士，而李听则在羽林军任职将军。
>
> 李德裕和李听在工作上可能交集不多，但多多少少会有一些交流。
>
> 唐穆宗一直对李德裕非常器重，入主东宫后，经常让他起草朝廷的诏制典册，并经常跟李德裕就相关事宜进行讨论，还经常向其征集建议。
>
> 唐穆宗继位后，有一次特别召见李德裕到思政殿问对。而这一次，因为李德裕不俗的表现，唐穆宗非常开心，当场就赐李德裕紫衣一件，以及金鱼袋一个。紫衣和金鱼袋在当时是非常顶级的荣誉，后人称之为"腰金衣紫"。

从现在的职场来看，唐穆宗对于企业顶层荣誉的设计及表彰现场的安排，都是有一定策略的，会给优秀的人才足够的荣誉。

"大三角"人才增值模式

人才等腰三角形模型是对人才管理活动进行简化的抽象描述，以便更易理解和分析人才管理可能存在的行为和性质，最终赋能在人才管理方面进行预测或决策。

"大三角"人才增值模式（图4-2），指的是提炼人才管理活动中重复出现的规律或特征，以协助制订人才管理活动中特定设计问题的经验性解决方案。

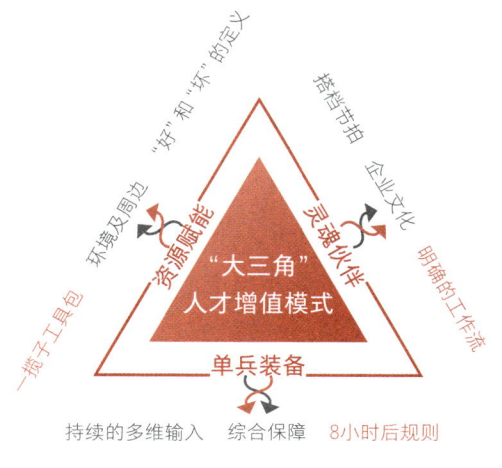

图4-2 "大三角"人才增值模式

灵魂伙伴案例1——乘风破浪的搭档节拍

1995年的鄂尔多斯，一个刚从艺校舞蹈专业毕业的15岁女电器销售员正走在街头。

这位小女生就是杨魏玲花。1998年，18岁初出茅庐的杨魏玲花遇上了25岁的音乐总监曾毅，他们便组成了一个音乐组合，当时应该没人知晓曾毅是这个组合的"当家人"。

时间来到2004年，孔雀唱片打算签约杨魏玲花并为其发行专辑，但已经与曾毅合作多年的杨魏玲花并不愿单飞。在杨魏玲花与孔雀唱片多次沟通并强烈表达意愿后，杨魏玲花与曾毅以组合的形式签入孔雀唱片。

2005年，组合名正式改为"凤凰传奇"，同年发行组合的首张专辑，凭借一首《月亮之上》，开创了民族风音乐与说唱音乐结合的先河，也让"凤凰传奇"开始走红。

杨魏玲花和曾毅之间的搭档能够成功，既有双方互补的才华和能力影响，也因为他们有共同的音乐理念和目标，更因为有"搭档节拍"存在。

什么是搭档节拍呢？一对成功的搭档离不开良好的沟通和合作。

杨魏玲花和曾毅之间建立了良好的合作关系，双方能够充分交流、理解彼此的想法和创意，并通过有效的合作方式将这些想法转化为音乐作品。

搭档节拍既强调双方合作的意愿程度，也要求双方有一定的沟通和合作能力。搭档节拍要建立在相互信任和支持的基础上，双方或多方之间要有一定的信任关系，并相互支持对方的岗位和工作。

搭档节拍的合作关系一定是基于共同的信任和尊重，这样才能给合作带来稳定和持久的动力。而搭档节拍的搭建对于企业方而言，更多的是上下级关系、企业文化以及明确的工作流的输出。

灵魂伙伴案例2——鼓手杰克和吉他手艾米

有一年,笔者出差到德国,朋友带笔者去一个乡村俱乐部听了一场别开生面的音乐会。

这场音乐会是由两位残障人士演奏的,他们分别是鼓手杰克和吉他手艾米。他们是这个乡村俱乐部的"台柱子",也是这个小镇的明星。这一场音乐会,笔者被他们的才华和激情深深吸引,更被他们平凡的故事感动。

杰克是一个出色的鼓手,他可以用他的节奏感让人们跳动起来。无论是快速的爵士乐曲还是激情四溢的摇滚乐,他总是能找到完美的节拍,让人们感受到音乐的力量。

艾米是一位技艺高超的吉他手,她的音乐才华令人惊叹。她的手指在吉他弦上舞动,创造出美妙的旋律和动人的和弦。她的音乐能让人们感受到深深的情感共鸣。

尽管杰克和艾米在音乐风格上有所不同,但他们对音乐的热爱使他们成为最好的朋友。他们互相鼓励、互相学习,帮助对方不断成长。

这一次他们演奏的音乐,就是有一天杰克突发奇想创作出来的,他希望这首曲子能够带领听众进入一个充满活力和激情的音乐世界。

每一场演奏,杰克都能用他的鼓点打破沉寂,艾米则用她的吉他弹奏增添节奏的纹理。他们配合默契,彼此的音乐完美地融合在一起。

杰克的鼓点像是一声声心跳,艾米的吉他声像是一阵阵电流。他们的音乐充满了能量和活力,每个人都被深深吸引。

那一场音乐会,彻底打破了笔者对残障人士表演音乐的刻板印象。杰克和艾米的默契配合让笔者感受到了音乐的魔力,他们的音乐穿透了心灵的壁垒,将现场每个人的情感连接在一起。

没有身在其中,是感受不到现场的那种氛围的。那一次演出结束后,观众爆发

> 出热烈的掌声和欢呼声。杰克和艾米紧紧拥抱在一起，他们知道自己创造了一段音乐历史，将搭档的默契与节拍的力量融入其中。
>
> 从那以后，笔者再也没有听到过如此别具一格的音乐了。或许是杰克和艾米身残志坚的生活态度，再加上他们独特的音乐演出风格，让笔者感受到了音乐的力量和美妙。
>
> 而杰克和艾米也互相成就了对方，他们的搭档节拍成为他们创作灵感的源泉，以及生活相互连接并奔跑的动力。
>
> 或许有人会说，你见到的杰克和艾米是灵魂伙伴多于工作伙伴。
>
> 是的，在多数情况下，工作伙伴只有很小的概率会发展为灵魂伙伴。

工作伙伴之间的关系更多地侧重于共同实现工作目标、合作完成任务以及相互支持和协助。工作伙伴关系通常建立在专业和工作的基础上，目的是提高工作效率和实现组织的目标。

而灵魂伙伴通常被认为是与自己的灵魂相契合的伙伴。双方彼此之间有深厚的情感连接，能够相互理解和支持，能够互补和增进彼此的成长和幸福。

灵魂伙伴关系被认为是一种精神层面上的契合，超越了物质和表面的相似之处，而是在灵魂的层面上产生共鸣。但笔者这样描述，并不是说笔者完全鼓吹所有的工作伙伴都往灵魂伙伴发展或过渡。

灵魂伙伴只是一个类似于灵魂伴侣的工作伙伴。灵魂伙伴不是灵魂伴侣，没有爱情或家庭情感层面上的特殊联系，只是在工作上能够相互补充和合作。这种情况下，他们能够更好地理解彼此的需求、共享相似的价值观，并在工作中更加默契和高效地合作。

灵魂伙伴需要相互信任、理解和沟通。在人际关系中，与他人建立深厚的情感联系可以带来更多的幸福感和满足感，而与工作伙伴建立紧密的合作关系可以促进工作效率的提高和团队的成功，这就是灵魂伙伴。

资源赋能案例——《磨刀不误砍柴工》外传

大部分人知道的《磨刀不误砍柴工》的版本基本是这样的：

一位老人给他的两个儿子每人一把柴刀，让他们上山砍柴。

大儿子叫阿东，阿东拿到柴刀后，心想明天要更早起，天一黑就上床睡觉了。小儿子叫阿财，阿财拿到柴刀后，回家一直磨刀，直到将刀磨得亮晃晃。

第二天，大儿子阿东先到山上，他使尽浑身力气，一刻也不敢歇息。

小儿子阿财上山时，大儿子阿东已经砍了好一会儿柴了。大儿子阿东看着眼前堆成一座小山似的柴火，开心地向刚上山的阿财笑了笑。

很快一天便结束了，这位老父亲却看到小儿子阿财房前的柴火明显要多于大儿子阿东房前的柴火。

大儿子阿东百思不得其解，他想不通为什么自己那么努力，却没有弟弟阿财砍得多。

老人摸了摸自己的花白胡子，笑道："磨刀不误砍柴工，上山前刀没磨锋利，怎么能很快地砍柴呢？"

这个故事伴随大部分人长大，确实也告诉了我们"工欲善其事，必先利其器"的道理，磨刀花费时间，但不耽误砍柴。在农耕时代，这样的思维方式是对的。

但如果从赋能团队的角度出发，或许故事可以这样改：

从前有个村庄，村民们靠伐木为生。有一位年轻的伐木工人叫陈杰，他非常勤奋和聪明，总是能在短时间内砍伐大量的木材。

陈杰每天都会起得很早，准备好他的工具，然后开始工作。但是，他发现自己的工具在使用一段时间后就变钝了，需要经常停下来"磨刀"，这导致他的工作进度变慢。

陈杰很快意识到，虽然磨刀耗费了一些时间，但锋利的工具可以让他更加高效地工作。于是，他决定每天早上在开始工作之前都花一些时间"磨刀"。其他的伐木工人嘲笑他，认为他浪费了时间。

第4章 中小微企业持续赢利的人才观

然而，随着时间的推移，陈杰的工作效率迅速提高。他的锋利工具使他能够轻松地砍倒树木，而其他人的工具则变得钝了，需要花更多的力气和时间。陈杰的木材产量开始超过其他人，他的声誉也逐渐在村里和村外传开。

有一天，邻村的徐虎找到陈杰。徐虎说，自己的家族过几天会举办一场盛大的宴会，担心木材不够，希望陈杰能够提供木材给他。

陈杰接到徐虎给的任务后，迅速召集了五个伙伴，并且向这几个伙伴交代得非常清楚简单：每人带一把柴刀和一个磨刀石，准备好蓑衣斗笠，天一亮就来自己家集合；按天结账付工钱。

第二天，天一亮，几位伙伴就集结到了陈杰家中。正当几位伙伴准备上山砍柴时，陈杰说道："先将刀磨锋利！"

村庄里第一次响起这种奇妙的声音，六把砍柴刀的磨刀声交错、悠扬地飘荡在村落里。路过的村民不太理解，为什么雇人在家里磨刀？为什么不早早上山砍柴？

天还没有完全变黑，陈杰和伙伴们就已经在徐虎家门口堆满了木材。

这个故事告诉我们，陈杰不仅明白"磨刀不误砍柴工"的道理，也明白团队合作的重要性。资源赋能示例如图4-3所示。

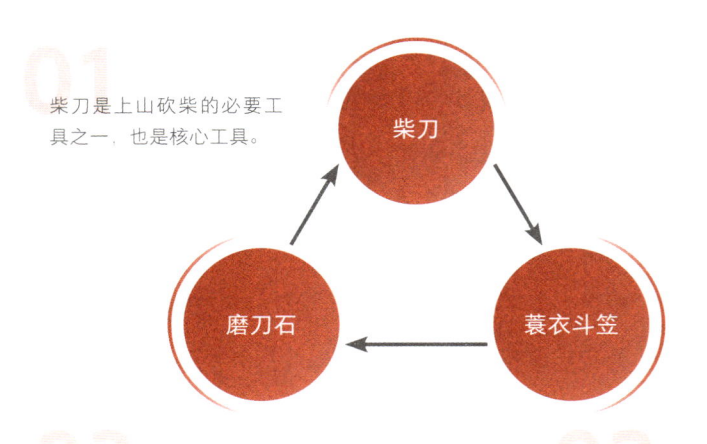

01 柴刀是上山砍柴的必要工具之一，也是核心工具。

02 蓑衣斗笠是上山砍柴的必要个人防护装备。

03 磨刀石是让柴刀保持锋利的配置工具。

图4-3 资源赋能示例

资源赋能有两项关键任务，一项是赋能团队成员，另一项是资源支持。

赋能团队成员是一项关键任务，首先要明确沟通团队的目标和期望，让团队成员清楚地知道他们为何努力和需要取得怎样的成果。这将帮助他们理解他们的角色和责任，并激发他们的动力。

同样，为团队成员提供培训和发展机会，以提升他们的技能和知识水平也是重要的赋能环节。这可以是内部培训、外部培训、研讨会、工作坊或在线学习资源等。定期评估团队成员的培训需求，并制订个人发展计划。

赋能团队成员还有核心的一点，那就是授权和委派。授予团队成员适当的权力和责任，让他们拥有决策的自主权和控制权。这将激发他们的创造力和自信心，并培养他们的领导才能。同时，提供必要的支持和资源，以确保他们能够履行所承担的责任。

团队成员之间的关系应该是一种合作关系。鼓励团队成员之间进行合作和协作，形成相互支持和技能互补的团队文化。促进知识分享，提供团队合作的机会，例如定期召开团队会议、开展跨部门项目和建立知识共享平台。

团队内部之间要建立开放和透明的沟通渠道，鼓励团队成员分享意见、想法和提供反馈。确保团队成员有机会参与讨论和决策，并能够提出问题和寻求支持。

对于团队成员提供的反馈，要积极认可并及时做出回应，以鼓励团队成员的努力和成果。表扬团队成员的成就，赞赏他们的贡献，并根据他们的表现提供具体的建议和指导。

团队负责人要给予团队成员面对挑战和成长的机会，让他们能够在工作中不断学习和发展。为团队成员提供具有挑战性的任务、项目或职责，以促进他们的成长和提升。同时要关注团队成员的个人需求，了解团队成员的目标，支持他们平衡工作和个人生活。

而对于团队的资源支持，要进一步细化，比如物质资源支持，团队成员需要适当的工作场所、设备、工具和技术支持来完成工作。这可能包括计算机、软件、会议室、实验室或其他必要的设施。

另外是人力资源支持，团队成员需要适当的人力资源来完成任务。这包括人员配备、协作支持和人员培训等。团队成员之间的相互合作和沟通也是人力资源的一部分。

再就是知识和信息资源支持，团队成员需要获得必要的知识和信息来完成工作。这可以通过培训、学习资源、内部文档、数据库和其他知识分享渠道来实现。

还有时间资源支持，团队成员需要足够的时间来完成任务，同时需要合理的工作安排和时间管理支持。管理层可以通过设置清晰的工作目标和优先级来帮助团队成员合理规划工作时间。

最后是激励和奖励支持，激励和奖励措施可以激发团队成员工作的积极性和动力，增强他们对工作的投入。这可以包括薪资、晋升机会、奖金、表彰和其他形式的认可。

单兵装备案例——未来战士三三

在过去的几十年里，军事技术的进步推动了单兵作战装备的发展。随着时间的推移，单兵作战装备变得越来越先进和多样化，使士兵在执行任务时具备更高的战斗力和生存能力。

在未来的战争中，单兵作战装备发挥的重要作用将不容忽视。接下来这个故事便以虚构的未来某年某一次军事行动来展开。

在这个故事中，军方部署了最新一代的单兵作战装备，包括智能战术护甲、增强现实头盔和先进的武器系统。这些装备采用了最先进的科技，使士兵们具备了超人般的能力。

主角是一名特种部队机器人士兵，名叫三三。三三经过严格的训练，成为一名顶尖的战士。他的任务是潜入敌方的军事基地，搜集情报并摧毁关键设施。

三三穿上智能战术护甲，这套护甲具有先进的防弹和防爆能力，同时集成了传感器和通信系统。他戴上增强现实头盔，通过头盔上的显示屏可以实时看到战场情况，包括敌人的位置、战术地图和战场指令。

三三手持一把特制的能量武器，这种武器不仅具备高火力和精确打击能力，还能够根据三三的指令进行多种模式切换，比如穿甲、震荡和追踪模式。

当三三进入敌方基地时，他利用装备中的隐身技术和夜视功能，轻松地避开了敌方的巡逻队。他利用增强现实头盔提供的信息，精确地定位了敌方设施的位置。

三三使用能量武器对敌方进行了精准打击,将敌方设施摧毁。在整个行动中,他的装备提供了全面的战场认知和优势,让他能够快速反应和决策,同时最大限度地保护自己的安全。

最终,三三成功地完成了任务,并成功撤离了敌方基地。他的单兵作战装备在这次行动中发挥了关键的作用,使他能够在敌人的重重防守中取得胜利。

因在对敌军事行动中表现突出,三三被表彰并晋升。

一个月后,一支由各国精英士兵组成的联合特种部队被派遣执行一项危险的任务,三三也位列其中。他们需要深入一座偏远山区的敌方基地,消灭敌方高级军官并摧毁敌军的重要设施。为了完成这项任务,每个士兵都配备了最先进的单兵作战装备。

这套单兵作战装备包含一套智能战术服,该服装采用了最新的纳米技术。战术服的材料轻巧且耐用,具有隐身和防弹功能,能够帮助士兵在战场上更好地融入环境,并且保护他们免受敌方火力的攻击。

战术服上还配备了各种传感器和生物监测装置,可以实时收集士兵的生理数据,例如心率、血氧饱和度和体温等。这些数据可以通过无线传输到指挥中心,使指挥官能够实时了解士兵的状态,并做出相应的指示和调整。

此外,士兵们还携带了一套先进的个人护甲系统。这个护甲系统使用了复合材料和能量屏蔽技术,能够提供更好的防护,并增强士兵的力量,提高士兵的速度。护甲系统还配备了智能头盔,内置了增强现实显示技术和全息导航系统,使士兵能够获得实时情报和指令,并进行高效的战术决策。

在武器方面,每个士兵都携带了一套高度定制的个人武器系统。这个武器系统结合了步枪、冲锋枪和火箭筒等的多种功能,采用了先进的能量弹药和智能瞄准系统。士兵们可以通过战术服的界面对武器进行控制和管理,包括选择不同的弹药类型和进行远程精确打击。

为了更好地实现战术协同,还为士兵们配备了无线通信设备,士兵可以实时与指挥官和队友进行沟通和协作。这些设备具有加密和抗干扰功能,保证了通信的安全性和可靠性。

在执行任务的过程中,三三和战士们利用他们的单兵作战装备,利用高超的战

> 术技巧和团队配合，成功地完成了任务。他们在敌人的追捕和火力压制下保持了优势，准确地摧毁了敌方基地，完成了整个任务。

如果现在将这个故事拍成电影或电视剧，我们会认为这个故事的逻辑推理比较合理，因为故事中提到的先进的防护、感知和通信能力在我们现有的认知范围内。试想一下，如果这个故事真实发生在未来，但我们却没有提前进行研究布局和推动相关装备研发，那么未来的战士在战场中该何去何从？

我们都知道单兵作战装备在未来战争中的重要性。通过利用先进的科技和装备，士兵们可以具备更强的战斗能力和战场优势，使任务的执行更加高效和安全。我们经常说，商场如战场，那么职场呢？

反观职场，单兵作战装备也非常重要，且其核心要素之一就是鼓励和倡导个人价值最大化，这是企业与个人最大的双赢目标之一。

如何在职场中让个人价值最大化？我们不妨从以下这些维度思考一下。

"没有金刚钻，别揽瓷器活。"在职场中，不断发展自己的专业技能，不断地学习和提升，这是提高个人价值的关键之一。围绕个人的核心竞争力，持续学习新知识，参加培训课程、研讨会或工作坊，并与行业专家保持联系，不断提升技能，不仅可以增强个人自信心，还能为自己在工作中发挥更大的作用奠定基础。

"先做人，再做事。"中国是一个人情社会，我们不能忽视良好的人际关系的建立。在职场中建立积极、良好的人际关系非常重要。与同事、上级和下属建立良好的合作关系，加强沟通与合作。通过分享经验、相互支持和团队合作，你能够发挥自己的价值并与他人合作实现更大的目标。

"躺在污泥底下的金子，其实跟污泥没多大区别。"在职场中，寻找机会并主动承担责任是个人价值最大化的法宝之一，要鞭策自己时刻保持敏锐的观察力，寻找机会并主动承担更多的责任。积极主动地提出解决问题的方案，展示你的领导能力和主动性。通过参与项目、领导团队或提供创新的解决方案，你可以展现自己的能力并提高个人价值。

"说你所做，写你所说，做你所写。"做好工作记录也是提升个人价值的关键之一。做好工作记录，努力按时完成任务，保持高质量的工作成果。记录个人的成就和贡献，包括项目的成功、解决的问题和获得的荣誉。这些记录可以用来展示你的价值和成就，并在评估绩效或寻找新的机会时发挥作用。

"绿叶配红花，红花也可以配绿叶。"建立个人品牌与发展企业品牌并不冲突，在职场中建立个人品牌可以帮助你凸显个人的专业能力和价值。通过个人网站、博客、社交媒体等平台展示你的专业知识和经验。积极参与行业讨论，发布有价值的内容，并与其他专业人士进行交流。建立个人品牌可以让你在职场中更有影响力，并有助于提高个人价值。

"吾日三省吾身"，出自《论语·学而》，意思是"我每天多次反省自己"。持续自我评估和发展也是个人价值提升的关键。定期进行自我评估，识别自己的优势和发展领域。制订个人发展计划，并寻求反馈和指导，不断提升自己的技能，并寻找新的机会来挑战自己。通过持续的自我评估和发展，你可以不断提高自己的个人价值。

关于个人价值最大化，笔者最后再补充一下：请注意每个人的情况和职业发展道路都不同，因此你需要根据自己的情况和目标来调整这些计划；请注意保持积极性、学习能力和灵活性，不断寻找机会并努力发挥自己的潜力。

钱公鸡打鸣？

组织都是由个体组成的，形式在，组织就在。

我们静下心来认真回想一下，是不是经常会听到这些强调句："这件事情是公司安排的！""员工不服从安排！"

在职场中，我们是不是非常熟悉上面两句话？这两句话其实有个非常大的逻辑问题，比如"这件事情是公司安排的"，到底是公司哪个组织的决策？还是哪个负责人直接的决定？同理，"员工不服从安排"，到底是哪个员工？有没有具体到个人？

这其实就是职场"西瓜语言"，就像西瓜一样：你买的时候看到的外表是绿色的，切开后是红色的，吃到嘴里是甜的。

大部分的职场中人都喜欢做"吃瓜群众"，因为吃到嘴里的西瓜是甜的。

但大部分人却不愿去做抱西瓜的人和切西瓜的人，因为谁都不能保证自己抱过来或切下去的西瓜吃到嘴里是甜的。

职场"西瓜语言"凸显了一个问题，那就是集体利益与个人利益分配和调整的平衡。集体利益最终要落到个人利益上，不然管理就会出现最大的真空。

员工个人利益如何保障和实现呢？用一句打油词可以概括：钱公鸡打鸣。

何谓"钱"？谈钱不伤感情，从入职谈薪、晋升加薪到离职面谈，我们都不要避讳谈钱，谈钱是职场必修课。

谈钱就是企业要提供有竞争力的薪酬和福利，要确保员工的薪酬水平符合市场标准，并提供具有吸引力的福利计划，如医疗保险、养老金、带薪休假等。这样可以满足员工的基本生活需求，也能提高他们的满意度和忠诚度。

何为"公"？"公"就是要营造公正的工作环境，要确保企业内部的工作环境公正、公平，消除歧视和不平等对待，提供平等的机会和晋升通道。

建立开放的沟通渠道，鼓励团队合作、知识分享和互助精神，营造积极、合作和支持的团队文化。鼓励员工提供反馈和参与企业的决策。通过组织员工调查、定期开展一对一谈话、设立员工代表等方式，让员工的声音被听到。

如何促进"机"？"机"就是为员工提供培训和发展机会，帮助他们提升技能，促进职业发展。这可以通过内部培训、外部培训、导师计划和职业规划支持来实现。这能够让员工感受到企业对他们个人成长的关注。

怎么"打"？为了实现员工价值最大化，打造一个企业内部员工工作和生活的平衡生态圈。我们经常讲，"一屋不扫，何以扫天下"。换一种思维想，不就是如果一个员工连觉都睡不好，怎么会有精神工作呢？

企业全力支持员工实现工作和个人生活的平衡，要落到实处。如何落到实处？我们可以称为"如何更好地平衡好工作8小时外的时间"。

工作8小时外的时间，如灵活的工作安排、远程办公政策、带薪休假和家庭支持计划等措施可以帮助员工更好地平衡工作和个人生活。除此之外，提供安全的工作环境和必要的工作装备，制定健康和安全政策也是必不可少的。如鼓励员工参与健康促进活动，如健身计划、健康检查等。

什么是"鸣"？"鸣"就是"百家争鸣"，战国时期儒、墨、法、道等各家学说如雨后春笋般涌现，互相争论、互相批评，适当的竞争有利于社会的发展。

"百家争鸣"的思维用在企业身上也是可行的，企业与员工共同制订职业发展规划，帮助员工了解各自的职业目标，并为他们提供支持和机会实现这些目标。通过提供晋升机会、完成项目任务、跨部门轮岗等方式，员工感受到他们的成长和发展是企业关注的重点，让员工"百家争鸣""百花齐放"，这对于企业来说未尝不是一种竞争力的提升。

"铁公鸡打鸣"计划综合保障员工需要企业在组织结构、文化和政策方面做出努力。重视员工的权益和福利不仅有助于吸引和留住人才，还能提升员工的工作动力和整体绩效。

笔者曾经辅导过一家化工企业，这家企业位于制造名城东莞松山湖。

在笔者接手辅导前，这家企业人才流失严重，一度达到月度10%的人员流失率。接手后，笔者与企业中高层开始推进代号为"四阶人才管理"的流程模式。

一阶："要严"招聘策略

倡导对于求职候选人，不仅要关注应聘者的专业技能，还要注重其创新能力、解决问题的能力以及团队协作能力。在面试过程中，人力资源及部门面试官严格按照结构化面试的要求进行候选人面试，包括电话面试（一面）、现场面试（二面）、试题测试等。此外，也要强调招聘的多样性，力求组建一个多元、包容的团队。

二阶："要成长"员工培养与发展体系

在各个场合都鼓励各个管理层级重视员工的个人成长与职业发展。在笔者极力组织和辅导下，公司组建了丰富的在线课堂，内部称之为"企业学堂"；并创建了各类线下培训课程，用以帮助员工提升技能和知识水平。

同时，公司鼓励员工跨部门、跨领域合作，特别设立"金点子奖"，以促进知识和经验的交流。此外，还实行了导师制度，新员工可以与经验丰富的老员工结对，得到一对一的指导和帮助。

三阶："要前进"激励机制

企业的薪酬和福利制度必然是吸引人才的重要手段。除了提供具有竞争力的薪资和奖金外，公司还为员工提供了丰富的福利，如免费的餐饮服务、健身房会员、健康保险等。此外，还鼓励员工参与公司的创新项目，并为取得成功的项目提供丰厚的奖励。

> 四阶:"要空间"工作环境与文化氛围
>
> 工作要干好,环境也要搞好。在我们多方沟通和协调下,这家企业的办公室设计充满创意,并提供了各种休息和娱乐设施,这样可以更好地缓解员工的工作压力。
>
> 同时,也要注重企业文化的建设。公司强调激情和创新的精神,让员工能够在一个积极向上的氛围中工作,并致力于营造一个轻松、自由的工作环境,让所有人都能够充分发挥自己的创造力。在我们持续地努力后,得到了越来越多管理者和员工的认可。
>
> 企业的人才管理方式不仅有效地吸引了大量优秀人才,还提升了员工的工作满意度和忠诚度,为公司的长期发展奠定了坚实的基础。

有一部分中小微企业管理者认为只有全球知名企业才能吸引和留住高素质员工,这个观念其实是存在误区的。中小微企业也拥有一些独特的优势,使它们在人才竞争方面具备与大企业不同的"资本"。

本地化人才复制能力是中小微企业的一大优势。由于企业规模相对较小,中小微企业通常更加灵活,能够更快地适应市场变化和区域需求,更容易深入了解本地市场和人才资源,从而更有效地复制和培养本地人才。这种能力使得中小微企业能够更快速地填补人才缺口,并建立起稳定的人才储备库。

另外,情感留人和育人的天然氛围也是中小微企业的一大特点。与大企业相比,中小微企业往往具有更加紧密的团队关系和有凝聚力的企业文化。员工之间的交流和合作更加频繁和深入,这使得员工更容易对企业产生深厚的情感和归属感。同时,中小微企业通常更加注重员工的个人成长和发展,为员工提供更多的学习和发展机会。这种氛围使得员工更愿意长期留在企业,并与企业共同成长。

所以,中小微企业更应该充分利用自身的优势,在人才管理方面发挥创造性和灵活性。

对于在上述案例中提到的企业,笔者为其总结出了四点增强人才竞争优势的经验:建立明确的企业愿景和价值观,吸引志同道合的员工;提供具有竞争力的薪酬和福利待遇,以体现对员工价值的认可;建立良好的员工晋升通道和激励机制,激发员工的潜力和工作积极性；加强与高校、培训机构等的合作，开展校企合作和人才培养项目，为企业输送更多优秀人才。

我们要相信，中小微企业在人才竞争方面拥有足够的资本和优势。只要充分发挥自身的特点和优势，采取切实有效的人才管理措施，就能够吸引和留住高素质员工，为企业的长远发展提供有力的人才保障。

纵观我们的很多企业，先不论规模大小，我们的本土化人才战略真正能够落地的又有多少呢？又有多少企业除了基本工资外，提供包括股票期权、奖金、绩效奖励等各种各样的福利待遇呢？

谈到股票期权，有一部分人认为这是在给员工"画饼"，当然也有人说："一个企业，如果连远景规划都不敢制订，那么员工又怎么知道明天该干些什么呢？"那你又如何看待这个问题呢？

推动"钱公鸡打鸣"计划，领导这个计划的人是要有远见和愿景的，即具有卓越的远见和对未来的愿景，这个领导者要能够看到科技发展的潜力和机会。或许我们无法独立解决重大的全球性问题，但助力或围绕解决这些问题又何尝不是将"问题"变成"课题"？这就是科技发展的动力和潜力。

企业方向定下来后，就需要企业领导者进行创新和技术突破。而我们就要思考，围绕我们自己企业的方向，我们要从哪些方面进行创新和技术突破呢？

实施案例：年度领秀计划

目的

首先，贯彻公司发展战略，打造人力资源人才战略，锻造职业化人才梯队队伍。

其次，应届毕业生与社会人员相比较，虽没有工作经验，但有充足的理论基础，是潜力股，可塑性强，经过培养，能够快速成长为企业中坚力量。

最后，每年度结合不同的人才战略，制订不同的相应实施计划。

年度领秀生成长自评表内容可参考表4-1制作。

表4-1 年度领秀生成长自评表

年度领秀生成长自评表			
一、日常行为评价：由直属部门评价及个人自评组成			
序号	项目（由个人与直属上司面谈后填写）	单项积分值（分）	数据来源
1	直属部门提报的项目描述A		
2	直属部门提报的项目描述B		
3	个人项目进展或成果描述C		
4	其他个人认为有价值的事项描述		
二、实习期学积分评价：得分≥50分为达标，超过50分的部分可用于调休或兑换对应的积分礼物			
序号	项目（由个人与直属上司面谈后填写）	单项积分值（分）	数据来源
1	创新提案通过的个数及质量等级		
2	工作分析报告单项评价累计项		
3	实习报告进度评价累计项		
4	组织或协助培训课程次数		
5	参加培训并考试通过次数		

适用范围

适用人员
本制度适用于年度领秀计划人员,其中部分条款有特别说明仅适用于年度青年领军计划人员。

适用时间
从发文日起计算,两年内有效。有效期内考评合格,或者到期后按考评后的岗位对应的制度执行。

任职资格

学制、专业及学历层次
详见各公司的人才引进计划。

届别
应届毕业生。

素质能力要求
- 基本要求:详见人才引进计划。
- 加分项:有相关行业实习或见习经验;有相关核心期刊发表论文或研究成果;曾获得权威机构或社会公共机构相关奖励。

薪酬构成及具体标准

薪酬构成分为年度领秀计划人员薪酬架构及年度青年领军计划人员薪酬架构。本计划为年度领秀计划人员薪酬架构。

年度领秀计划人员薪酬架构包括基本底薪、绩效奖金、技能津贴、餐费补助、住宿补贴、专项奖金及其他可报销费用等。详见各公司自定的《薪酬管理办法》。

🅰 岗位底薪

底薪与出勤相关，加班费另计。

🅰 绩效奖金

包含日常行为评价以及实习期学积分评价，具体细则可参考表4-1。日常行为评价由个人与直属部门负责人面谈确认层级。实习期学积分评价按第五款有关学积分评价内容进行评价。

实习期学积分评价

实习期学积分评价项可通过创新提案、工作分析报告、实习报告等获取积分；得分≥50分为达标。超过50分的部分可用于调休或兑换对应的积分礼物。

- 创新提案每月获取积分不设上限，按创新提案的质量分等级评分，由创新提案小组负责评审及相关组织。
- 实习报告（需学校辅导员认可，并由直属部门负责人批准）或者工作分析报告（只需直属部门负责人批准即可）。
- 在实习期间产生较好的成果或在学习过程中表现突出的，将结合具体的贡献，由直属部门提报奖励积分（5分至50分不等）。

晋级与晋升

本计划的所有成员，入职满三个月可申请晋升或晋级竞聘，竞聘成功将直接享受晋升或晋级后相关的职务津贴及相关福利。具体以公司制度文件为准。

膳食住宿

本计划的所有成员，在各自考核通过前均提供免费的食宿。考核通过后，按各自被分配的岗位的系统文件规定执行。

月度青铜奖/季度白银奖/荣誉黄金奖

- 每个月公司将根据实习生在公司的表现成绩，经评审后颁发"月度青铜奖"证书及对应的奖金。
- 每季度公司将根据实习生在公司的表现成绩，经评审后颁发"季度白银奖"证书及对应的奖金。
- 公司将结合实际情况，结合实际案例颁发"荣誉黄金奖"及奖金若干。

其他内容

其他的奖励项目和活动，具体奖励细则以发布的文件为准。

附则

本制度从发文日起执行，直至通知本制度停止使用为止。

第 5 章

中小微企业持续赢利的组织发展路径

- 企业"长寿"的秘诀在哪里
- 聚焦细分赛道永续经营
- 打破个人对组织依赖的习惯
- 让人效增长形成价值导向评价
- 价值导向评价五张表的经营管理价值

企业"长寿"的秘诀在哪里

早在2014年,中央人民广播电台经济之声《央广财经评论》栏目在题为《国务院扶持小微企业再送"大礼包"》的文章采访中就曾经问过一个问题:"我们国家的中小企业的平均寿命只有3.7年,这是一个统计数字。而相对比的是欧洲、日本中小企业的平均寿命为12.5年,美国竞争相对激烈,中小企业的平均寿命也达8.2年。在中国小微企业的寿命如此之短、生命周期如此之短的原因是什么?仅仅是因为外部环境吗?"

十年之后,我们再问同一维度的问题:"中小微企业如何才能更'长寿'?"

以上数据肯定在持续变动,因为当下我们的经济环境和商业发展正在不断演变,政府也努力支持企业创新和可持续发展。

虽然我国企业的平均寿命在持续延长,但如今放眼望去,别说百年老店,就是经营超过30年的民营企业也是凤毛麟角。

抛开其他因素不谈,从经营的角度,企业的寿命就是一个重要的指标,反映了企业的竞争力、经营管理水平以及市场环境等因素。

那么海外的企业经营数据又怎样呢?

从全球各个国家和地区的企业经营数据来看,不同国家和地区的企业寿命也存在差异,这与各国的经济环境、法律法规、商业文化等因素有关。但在我国,民营企业和中小微企业的平均寿命较短,确实存在一定的挑战。

有人说这与经济的快速发展、市场竞争激烈以及行业变化频繁等因素有关。诚然,以上因素均有一定影响,这些数据可能是一个整体的统计结果,不同行业、不同地区的企业寿命可能会有所差异。但在同一个行业中,不同的企业寿命也不尽相同,这是为何呢?

善于总结和反思者,往往可以得到很多企业"长寿"的秘诀。企业管理者是否善于经验总结和学习他人的成功经验是企业发展的重要因素。通过借鉴他人的经验和教训,企业可以更好地应对挑战、改进管理和运营方式,进而延长企业的寿命。

对于我们来说,持续学习、改进和适应变化是否就是保持竞争力的关键呢?

保持企业竞争力,才能在激烈的市场竞争中保有一席之地,这个道理大家都懂。那么如何保持企业竞争力呢?我们不妨从另一个维度思考一下这个问题,那就是接下来要谈的:凤凰涅槃。

在探讨凤凰涅槃前,我们先来谈谈什么是凤凰。

在商周时期,古人就有关于凤凰的记载,《尚书·虞书·益稷》中写道:"箫韶九成,凤凰来仪。"。

凤凰具体长什么样呢?很多古书都有记载,其中《禽经》是这样描述的:"凤雄凰雌。凤,鸿前,麟后,蛇首,鱼尾,龙纹,龟身,燕颔,鸡喙,骈翼。首载德,顶揭义,背负仁,心抱忠,翼夹信,足履正。小音钟,大音鼓。不啄生草,五采备举。飞,则群鸟从。出,则王政平,国有道。亦曰瑞鶠。"

古书中所写的瑞鶠,其实就是凤凰的别名,寓意吉祥、美好。在我国古代,神话传说中的凤凰都是非常美好的存在。

1919年,郭沫若先生创作了一首长篇抒情叙事诗歌《凤凰涅槃》,诗歌以凤凰的传说为素材,通过凤凰从烈焰中新生的神话传说,呼唤美好的未来,塑造了一只浴火重生的凤凰形象。

郭沫若先生所作诗歌《凤凰涅槃》中的凤凰,其实是指西方传说中的不死鸟(音译名为菲尼克斯)。这是一种神话中的鸟类,每隔五百年左右,不死鸟便会采集各种有香味的树枝或草叶,并将之叠起来后引火自焚,而最后留下来的灰烬中会出现重生的幼鸟。

据传说,凤凰是一种神奇的鸟类,它的羽毛闪烁着美丽的光芒,拥有不朽的力量。凤凰的一生被分为几个阶段，其中涅槃是它的重要转变之一。

当凤凰的寿命接近尽头时，它会选择寻找一个特殊的地方，通常是安静而隐蔽的山谷。凤凰会在那里筑巢，然后点燃巢穴，躺在火焰中，等待巢穴被完全烧毁。

然而，与一般的鸟类不同，凤凰并不会死亡。当巢穴完全燃烧殆尽时，凤凰会从火中涅槃而出，生出更加绚丽的羽毛，焕发出更强大的力量、新的生机和活力。

凤凰的涅槃被视为重生，象征着生命的循环和不朽的精神。它代表着希望、重生和永恒，被视为吉祥和幸福的象征。

凤凰涅槃常常用来比喻一个人或一个事物经历了艰难困苦后的重生和奋发向上。它传递了一个积极的信息，就是无论经历多少挫折和逆境，我们都有能力重新崛起，变得更加强大和美好。

同样的道理，一个企业在激烈的市场竞争中，唯有具有向死而生的勇气、不屈不挠的顽强精神、勇敢奋斗的坚强意志，才能永续生存和发展。

"凤凰涅槃"就是向死而生，只有重生才能得到永生。

国内外有太多这样的企业案例，无不是每隔一段时间就进行服务或产品"凤凰涅槃"似的变革升级，只有这样，方能持续保持在市场上的竞争力。

也有很多企业像"温水煮青蛙"似的销声匿迹，这样的案例同样数不胜数。企业过得一天比一天舒服，越到后面路就越窄；如果企业过得一天比一天充实，那么越到后面路就会越宽。企业和人的生存及发展路径是同一个逻辑思维。

聚焦细分赛道永续经营

多年前的一个周末,笔者来到东北的某个城市。

这里有一家锅炉厂,位于这座工业城市的一个角落。从工厂外面的围墙看,你根本看不出这是一家经营了30年的锅炉厂。

笔者这次走进这家工厂,就是想了解一下这家锅炉厂"三十而立"的经历。

这家锅炉厂刚成立时,只有一间简陋的厂房和少数几台设备。虽然起步艰难,但创始人以及员工们都怀着对工程技术的热情和奋斗的精神。

创始人是一位经验丰富的工程师,他从小就对锅炉技术充满兴趣。他相信通过自己的努力和团队的合作可以打造出优质的锅炉产品,并为客户提供可靠的解决方案。

在锅炉厂的早期发展阶段,他们曾遇到许多挑战和困难。面对竞争激烈的市场和技术上的限制,他们不断努力改进产品质量和工艺流程,最终在市场上站稳了脚跟,并一直生存发展到现在。

聊到市场份额,这位创始人出奇地实在,笑道:"没有统计过,真没有这个数据,但在这个行业,大部分的客户都会优先选择我们家的。"

的确,大部分中小微企业对于市场份额的占比数据确实不太看重,因为市场变化太快,谁能保证数据公布后会不会马上从第一变成第二,抑或第三、第四呢?

在聊到企业长久经营的秘诀时，创始人说道："我让我们的厂长带你们到车间和工厂看看吧！"

创业30年让这家企业的创始人变得更加沉稳，经历的30年风雨或许只有他知道其中的辛酸。

跟着厂长来到厂房内，厂长介绍他们工厂是专门制造和生产锅炉的工厂。厂长说："当时初中毕业后他就在这家企业上班，也快30年了。"

这位厂长从这个锅炉厂成立没多久就加入了，也属于创业老员工了。他在厂里经历了非常多的岗位，如装配安装、原材料采购、制造加工、质量控制工程设计等。

这位厂长还自豪地表示，在厂里他的姓名都快被人们忘记了，因为员工都称其为"老厂长"。

笔者再次问了一个同样的问题，那就是他认为他们企业永续经营的秘诀是什么。

厂长摸了摸头，想了想说道："或许是大家都比较团结吧！"

"那你认为你们工厂员工团结的主要因素是什么？"笔者接着问道。

厂长看了看我们一行人，认真地思考了一下，然后回复道："大家都互相信任，有什么问题就摆在台面上讲，并且立即解决。所以大家在一起工作都很愉快！"

"你们是通过什么方式在台面上解决问题的呢？"笔者继续提问。

厂长这次立即回复道："解决问题的方式有很多种，会议上、饭堂上，包括走在路上，随时都可以反馈问题。"

"我带你们去看一下问题看板。"厂长说完直接带我们来到了一个看板前面。

笔者眼前一亮，觉得或许这就是他们企业的经营秘诀。这个看板跟市面上普通的移动黑板差不多。在这个看板上，他们用最简单的办法处理了很多看似非常复杂的问题。其实很多企业也有企业看板，但他们工厂的看板做到了近乎完美。

第一，他们的看板是可写可擦的。

第二，他们的看板采用"首问制"，任何一个管理者看到看板上的问题都必须写上解决方案或指出该问题的建议负责人，然后拍照上传到管理者微信群。

上传到微信群就结束了吗？不！他们的早会和周例会都会回顾这个问题，直到问题完全解决。

完全解决这个问题就结束了吗？不！他们会分析这个问题的产生及解决方案等资料并形成一个案例，然后上传到案例库。

上传到案例库就大功告成了吗？不！他们会将这个案例库作为企业培训的知识库，不论入职培训还是在岗培训，均可以从这个案例库获取案例内容。

将案例库作为培训案例内容就结束了吗？不！他们所有人员的晋升及加薪都会从这个案例库里抽取不等的案例进行提问。此外还有很多类似这样的管理应用，在这里不再一一列举了。

再回到这个提建议的员工身上，员工提出建议后，无论建议有没有被采纳，车间都会给提建议的人现金红包奖励。

给提建议的人红包奖励后，流程就走完了吗？不！车间会将这个建议换算成个人积分，后续的各种评选（甚至包括年度评优、晋升加薪等）都会积极参考或引用相关的积分。

上述企业将合理化建议活脱脱变成了一种信息传达和可视化管理工具，而且做到了循环往复，闭环管理。

企业看板通过集中展示重要信息，提供了一个有效的沟通渠道。它可以向员工、管理层和其他相关方传达目标、指标、进展和关键信息，帮助大家了解当前的业务状况和优先事项。

企业看板可以帮助团队或部门明确目标，并跟踪绩效和进展情况。通过可视化地展示关键绩效指标、目标达成情况和趋势变化，企业可以更好地了解业务绩效，并及时采取必要的调整和改进措施。

通过在企业看板上明示工作分配、任务进展和团队成员的贡献，可以增强团队合作和沟通，确保各项工作协调一致，减少重复劳动和资源浪费。

企业看板可以激发员工的参与感和积极性，让他们感受到自己对于整体目标实现的重要性。通过看板的信息展示，员工可以更好地了解自己工作的价值和影响，从而提高其工作动力和责任感。

企业看板可以展示个人或团队的出色绩效和成就，提供激励和奖励的机制。这有助于营造一种竞争激烈、积极向上的工作氛围，并激励员工为达成目标而努力工作。

通过在企业看板上展示问题、障碍和改进计划，可以促进持续改进的文化。团队成员可以共享问题和挑战，协同解决问题，并追踪改进的进展和效果。

虽然很多企业都有内部看板，并且看板设计得非常漂亮，但真正的应用或者说使用价值少之又少。

那么问题出在哪里？

问题就在于没有利用企业看板形成一个有经营价值的有效管理体系。

有经营价值的管理体系侧重点在哪里？以企业看板来说，如果没有价值导向，就只是提供了一个清晰的信息展示平台。如果对企业看板这个工具进行价值导向管理，则会促进企业内部沟通、协作和绩效评价，就可以帮助企业实现目标，增强员工的参与感和团队合作，推动持续改进，并营造一个积极、透明和高效的工作环境。

为什么从企业看板就能看出这家企业的价值导向管理体系呢？这就和我们将太阳光持续聚焦到木材的一个点上就可以燃烧起整块木材是一样的道理。价值导向可以引出聚焦的力量。

如何进行企业聚焦？企业聚焦就是集中资源和精力在核心业务、战略目标或关键领域上，以实现更高的专业化和专注度。

目前的市场环境，竞争到底有多"卷"，大家应该非常清楚，所以企业聚焦可以帮助企业在特定领域建立竞争优势。通过将资源集中在核心业务上，企业可以深入研究和了解该领域的市场、竞争对手和客户需求，从而提供更具竞争力的产品和服务。

企业是由人才组成的，而人才的精力是有限的。要将有限的精力用于无限的事业中，就需要企业聚焦，以助于优化资源配置。**企业可以将有限的资源，如资金、人力、时间和技术集中在核心业务上，避免过度分散和浪费。这样可以更有效地利用资源，提高生产效率和运营效果。**

通过聚焦，企业可以在特定领域内进行深入的研究和创新，提升自身的专业化水平。专注于一个领域可以帮助企业积累行业经验和专业知识，从而更好地满足客户需求，提供创新的解决方案。

企业聚焦有助于提高管理和执行效率。当企业的经营范围相对集中时，管理团队可以更好地掌握业务细节和运作情况，更有效地制定决策和执行战略。这有助于提高工作流程的协调性和响应速度。

当我们听到"华为"时，肯定不会联想到这家企业是卖大米的，这是华为品牌给你的认知。所以企业聚焦可以帮助企业塑造品牌形象和提升市场认知度。通过在特定领域建立声誉和专业形象，企业可以在目标市场中建立起差异化的竞争优势，提高品牌价值和知名度。

在这里，笔者要特别说明一下，企业聚焦并不意味着完全放弃其他业务或领域，有时候企业可以通过合作、外包或其他方式管理非核心业务，以便更好地聚焦核心领域。聚焦应该是基于深入的战略规划和市场分析，确保企业能够在特定领域内实现可持续的竞争优势和业绩增长。

打破个人对组织依赖的习惯

"未来三年要有质量地活下去,要把寒气传递给每个人。"

华为内部论坛曾转载了任正非的一篇文章,文章的主题是华为企业的经营方针要从追求规模转向追求利润和现金流。

任正非在文章中提到,全球经济将面临衰退、消费能力下降的情况,华为应改变思路和经营方针,从追求规模转向追求利润和现金流,保证度过未来三年的危机。

这篇文章发布的前几天,华为公司发布了2022年上半年的经营业绩,2022年上半年实现销售收入3016亿元,净利润率为5.0%。以此计算,华为2022年上半年净利润约为150.8亿元。对比上一年数据,2022年上半年营收同比下降了5.9%,净利润率下滑4.8个百分点。

将视点拉到三大核心业务上来看,终端业务收入为1013亿元,同比下滑25.4%。而另外两大主营业务——运营商业务和企业业务收入分别为1427亿元和547亿元,同比增长了4.2%和27.5%。

从以上数据可以看到,华为2022年上半年终端业务营收大幅下滑,而运营商业务和企业业务规模虽然保持上涨但或许不及预期。

华为公司在国内一直是代表性的企业,而这篇文章从某个维度看,正是部分实体企业真实的写照。

组织优化或升级的过程中，有一个不容忽视的组织改善进攻点，那就是打破个人过度依赖组织的习惯。打破的过程，就是重建个人和组织，使其更加灵活、创新和适应变化。

"将寒气传导给每一个人"，就是要让组织里面的每一个人积极主动地思考和行动，而不仅仅依赖组织的指导和安排。

发展自主性意味着能够自我管理和自我激励，主动寻找解决问题的方法，并展示创造性和领导能力。

"未来三年有质量地活下去"，就是鼓励个人在组织中要积极拓展自己的知识和技能，不仅限于组织当前的工作要求。通过学习新的领域和技能，可以增加个人的多样性和适应能力，从而减少对组织的过度依赖。

社会的人，就是组织的魂，每个个体都有社会属性，人的本性改变不了。

组织要想永续经营和发展，需要提前规划好利益分配。和在农村秋收请人打稻谷一样，虽然大家都是乡亲，但打稻谷前要提前将工钱谈好，免得后面互相扯皮伤和气。

在组织中，个人与不同领域的人建立联系和合作，可以获得新的观点和资源。通过与他人交流和合作，个人可以扩大自己的影响范围，获得支持和反馈，并共同解决问题和创造机会。

发展创新思维和解决问题的能力，可以帮助个人更好地应对挑战和变化。这包括主动提出新想法、寻找改进机会，以及勇于尝试新方法和解决方案。

建立组织的自我驱动目标，要设定组织内个人的目标和愿景，并积极追求实现。个人应该对自己的职业发展和成长负责，而不仅仅依赖组织提供的机会和发展路径。

面对变化和不确定性，组织及个人均应该具备适应性和灵活性，应快速适应新的环境和要求，调整思维和行为方式，并持续学习和发展。

但是，打破个人对组织依赖的习惯并不是要与组织完全脱离，而是要建立个人的独立性和主动性，以更好地适应和应对变化。个人与组织之间应该形成一种互补和共生的关系，共同实现双方的成功。

让人效增长形成价值导向评价

2500多年前的中国，孔子带领他的学生们踏上了一次远行之旅。孔子深知旅行可以开拓思想、增长见识，因此希望通过旅行来深化学生们的学问和修养。

然而，在一段崎岖的山路上，其中一名学生子路因为走得太慢而掉队了。后来他努力追赶队伍，走到一个村庄时，疲惫不堪的子路看见一位老农正用手杖挑着竹筐走过来，于是上前询问道："您是否看到我的老师孔夫子？"

老农听了子路的问题，停下脚步，仔细观察了一下这个年轻人，回答道："四肢不劳动，五谷分不清，谁是夫子？"

是的，谁是夫子？谁是孔夫子？

当时非常年轻的子路跟随孔子学习，自然对孔子非常熟悉。但这位老农根本没有与孔子打过交道，他怎么可能知道哪位是孔子呢？

子路和老农对于孔子的认知不一样，注定他俩对于孔子的关注度也不一样。假设孔子从他俩眼前走过，子路会马上认出孔子并及时跟上孔子的队伍，因为子路追寻的夫子并不仅仅是一个外在的身份或形象，而是夫子内在的智慧和道德品质。

而老农呢？他只会将路过的孔子，当作一个普通的过客。

企业与个人，像不像这个故事中的子路和老农？子路就像企业，有些企业会堆积起各种各样的企业光环和荣誉，口口声声说要让员工将企业当家一样看待，理所当然地认为员工没有理由不与公司一起呕心沥血共同经营好企业。

但现实可能是，大部分员工就像这位老农一样，只顾自己的"一日三餐"，而无暇顾及其他。

如果我们想让老农追随孔夫子，有没有办法呢？

办法当然有，而且非常简单，比如出钱聘用老农，让老农给子路带路。

或许有人会感叹：聘用容易，但用人却难，子路和老农是两个完全不同的个体，不同的背景，不同的技能，不同的学历，年龄更是悬殊，如何用？

事实上这就是用人的误区，用人应该用人所长而避其所短。想象一下，你们公司只有研发工程师吗？没有厨师、保安或清洁工等岗位人员？应该不会，企业在发展的过程中，规模越大分工会越细。

不论企业大小，我们考虑的不是用子路还是老农的问题，而是子路和老农背后价值的问题，也就是人效（人力资源效能）的问题。

如何提升人效？我们可以采取闭环思维，先规范再优化，优化后再规范，以此形成闭环。提升人效是组织管理和个人发展的关键目标。除了给"子路"和"老农"设定明确的个人发展目标并提供培训和发展机会外，优化工作流程、鼓励团队合作和促进团队沟通，设计完善的激励和奖励机制，建立积极的工作文化，都是提升人效的关键动作。

为了让人效增长形成价值导向评价，需要定期评估员工的绩效和团队整体的工作效能，并根据评估结果制订改进计划。只有持续地进行评估和改进，才会发现问题和机会，并推动组织和员工持续发展。

价值导向评价五张表的经营管理价值

四体不勤，五谷不分，如何分辨商业机会？

"迈开腿，管好嘴"，这是对组织和个人的基础管理。为了更好地理解价值导向评价，我们用"五谷分析法"去描述价值导向评价并总结成五张表。

先简单说说什么叫五谷。

笔者查阅了很多书籍，"五谷"这个词最早应该出现于《论语·微子篇》中。

后人的解释主要有两种：一种说法是稻、黍、稷、麦、菽；另一种说法是麻、黍、稷、麦、菽。本书中采用第一种说法：稻、黍、稷、麦、菽。我们用"五谷"来命名以下五张表，即稻表、黍表、稷表、麦表和菽表。五张表的模版可扫描下方二维码获取，并可比对每张表做进一步学习。

稻表：过程与结果的经营价值

稻，就是水稻，我国南方普遍种植。

记得小时候会跟着家里人一起去插秧，之后不定期地去守田看水，再慢慢等着它成长，直到最终稻香满田。

设计稻表的原动力就是将其用于价值导向评价中，有关人才价值导向评价流程中的其中一个节点。设计稻表，就是要突出各个维度的颗粒饱满度，用于价值导向评价中数据的闭环。

稻表主要用来描述各个部门的职能体系，主要包含部门职能工作内容、执行频率、对应文件和表单、对应责任岗位名称及其他相关信息等。

稻表中的一级工作大类主要描述部门的关键或核心工作内容，解决"为什么设立这个部门"的问题。为什么设立这个部门，将想法列出来然后进行共同讨论，你会发现各个部门的岗位职责还有很多进步的空间。

> 苏州有一家比较知名的家具生产企业，企业规模在千人左右，全国多地设有多家分（子）公司和办事处。有一次，这位企业的负责人找到我，跟笔者共同讨论解决企业人效低的问题。
>
> 这位企业负责人说，年营业额跟企业的总人数相比，人均销售额过低。各地门店租金及运营费用、差旅费用等就占了非常大的比重。他认为企业略显臃肿，想提质增效。
>
> 笔者明白他的意思，他想提升净利润。提升净利润有最直接的两条路，一条路就是在保持现有销售规模的前提下降低成本，另一条路就是扩大有利润的销售额。当然，还有另一个选择，那就是第一条路和第二条路同步走。

要不要降成本？降成本对任何企业来说都是一条看似简单实则艰难的路。如果简单地削减成本，直接关门店或裁员即可。但这样可取吗？

从大环境而言，这个行业并没有出现灾难级别的事故或极具转折点的事件；从个体来看，这家企业虽然当前经营利润不高但也算平稳。我们组织讨论后，大家否决了这种巨婴似的降成本的想法。

成本到底还要不要降？当然要降，但不是这种方法。我们提出了一个观点，那就是要优化成本架构，撬动市场份额。

我们拿出了三年的各个模块成本和销售数据，用稻表的思维去剖析它，将看似繁杂的问题用最直接的思维去解决。

当看到多个城市办事处经营成本过高，但人均销售额过低时，笔者反问道：

"为什么要设立这些办事处？"

"这些办事处已经设立很久了，前面几年的销售额非常不错，同时考虑到我们不能放弃这些城市的市场，所以一直保留这些办事处。另外，这些办事处的设立也是对企业品牌价值的延伸。"负责销售的高管若有所思地回答道。

多一个办事处就是多一个有力的宣传站点，这个观点有一定的道理，但问题也出在这里！这个所谓"品牌延伸"的价值如何评价？这些办事处的存在，现阶段符不符合企业的战略？

当"为了哪些工作开展而设立了这些办事处？"这个问题抛出后，这一次的讨论达到了高潮，所有参会者开始激烈地讨论起来。刚开始不怎么讲话的两个代表处的负责人也开始主动沟通起来。

广州办事处的负责人坦言，他大部分的时间被会议安排占用了，他在日常工作中可能会参加各种类型的会议，例如团队会议、管理会议、项目会议等。此外，他们还需要与同事、客户、供应商等进行沟通和协调。

深圳办事处的负责人则表示，除了会议安排，他还有一部分时间被项目管理占用了，因为同一个时间段会参与多个项目的管理和执行。这包括制订项目计划、分配资源、跟踪进展、解决问题等。

会议讨论中，也有人提出来办事处人员需要编写各种报告、文档和文件，例如工作汇报、市场分析、业绩评估等，这些文件需要定期更新和提交。

也有人说办事处人员还需要处理一些日常的行政事务，例如文件管理、行程安排、预算管理等。

我们记录了很多项，最终从中挑选出最具价值的四项并列了出来：大客户开发与维护、展览及展厅维护、现场客户成交、品牌营销。

"到底在这些核心事项上占用了多少时间？"

一谈到这个话题，参会的人员又安静了下来。每个办事处因规模、工作负荷和优先级等因素，在核心工作的处理时间和频率上有一些差异，但讨论的结果却惊人的相似。那就是一线城市的办事处对于大客户开发与维护，不论是时间还是频率上都不尽如人意，而且理由都是上下班拥堵、客户难预约、去周边的城市路途遥远等这些看起来非常"正确"的道理。

不论再多的理由或借口，核心工作事项的处理频率及时间还是要写下来。我们摘抄了其中某个办事处的内容，于是就有了以下的描述：大客户开发与维护，上门拜访约每次2小时，两天左右一个大客户（维护主要还是通过电话、微信等方式）；展览及展厅维护，每天1小时；现场客户成交，每天4小时，成交项目平均3天一单；品牌营销，每天1小时，转发公司信息、日常拍短视频等。

通过"问""理""算"三个逻辑，发现办事处现存的很多问题。

有问题就是我们研究的课题，运用才会更好地吸收。稻表中的一级工作大类就是指部门的核心工作，二级工作事项就是分解一级工作大类，以此类推，三级就是工作内容及工作标准说明。

稻表中的执行频率就是按月、半月、周、日或次计算。后面对应的就是核心工作所依据的文件和表单，以及此项工作是由哪个岗位负责、哪个岗位辅助。

黍表：经营是算出来的基础逻辑

黍，又称黄米，一年生草本植物，可酿酒。

黍表就是五张表中的月度绩效及费用汇总表，当不确定性因素太多的时候，我们要以最大的确定性去确定组织中的各个部门以及各个岗位的投入成本与价值产出。

黍表主要包括部门绩效评价项目、单位成本以及效益、部门增收项目、固定费用、变动费用。黍表如何填写呢？接下来我们一一说明。

部门绩效评价项目

部门绩效评价项目关于评价项目的具体内容，可以参考稻表中的二级和三级内容提炼出来。这是一种连贯承续的逻辑。

评价项目中的目标可以参考如下公式进行核算，即：

月度目标=最近半年的历史月度平均值+企业战略增长值

从发展的角度看问题，企业唯有持续发展才能在各种各样的不确定性中找到最大的可能去挖掘商业机会。

为什么要加上"企业战略增长值"呢？

绩效评价既要纵向评价，也要横向评价。假设企业今年销售额拟增加30%，则各个模块和各个岗位需要围绕这个战略增长做加法。如供应链部门在去年基础上应该增加多少合格供应商及产能，品质部门对于来料、出货要进行哪些调整，等等。

绩效评价项目及目标是绩效评价体系中非常核心的部分。我们要走出绩效考核就是扣分或者扣奖金的偏见，基于共同成长的思维，对个人、团队或组织在工作中的表现和成果进行评估和衡量。

基于预先设定的目标和标准，旨在确定工作绩效的好坏，并提供反馈和指导以改进绩效。

绩效评价应该是一个持续的过程，而不是一次性的活动。定期进行绩效评价可以帮助员工和团队持续发展和提升工作绩效，同时能为组织提供有关绩效管理和决策的重要依据。

我们可以通过"五步法"来进行绩效评价。

第一步：设定目标和标准。在绩效评价开始之前，需要明确目标和衡量标准，以便评估工作绩效。这些目标和标准应该与工作职责和组织的战略目标相一致。

> 思考：如何设定目标和标准？（每次记录下你的思考内容，看看前后有什么变化。）

第二步：收集绩效数据。通过观察、记录、问卷调查、360度反馈等方式，收集与绩效相关的数据和信息（包括工作成果、客户满意度、工作质量等方面的数据）。

> 思考：如何收集绩效数据？（每次记录下你的思考内容，看看前后有什么变化。）

第三步：评估和分析。根据设定的目标和标准，对收集到的绩效数据进行评估和分析。可以通过比较实际绩效与预期目标、对比不同员工或团队之间的表现等方式来进行。

> 思考：如何评估和分析？（每次记录下你的思考内容，看看前后有什么变化。）

第四步：提供反馈和指导。根据评估结果，向员工或团队提供具体的反馈和指导（包括表扬优点、指出改进空间、制订发展计划等）。

> 思考：如何提供反馈和指导？（每次记录下你的思考内容，看看前后有什么变化。）

第五步：记录和跟踪。将绩效评价的结果记录在档案中，并进行跟踪和监督，以确保改进措施的实施和绩效的持续提高。

> 思考：如何记录和跟踪？（每次记录下你的思考内容，看看前后有什么变化。）

绩效评价可以帮助管理者了解员工或团队在工作中的表现情况，包括工作质量、效率、创新能力等方面，也可以确定员工或团队的优点和潜在改进的领域。这有助于制订发展计划和提供培训支持，以进一步提升员工或团队的工作表现。

绩效评价结果可以用作决策的依据，例如晋升、奖励和薪资调整等，还可以激励员工努力工作，追求更好的绩效和成果。

基于"五步法"的思维去制订绩效评价项目和标准，可以更好地完成价值导向评价，以及促进战略循环。

单位成本及效益

"这个部门投入了多少？产出又如何？"

与其过度纠结人员编制，不如想想投入了多少成本。部门在生产及提供产品或服务的过程中，所需的成本与产出之间的比率是怎样的？这就要求部门负责人思考单位成本（Unit Cost）的概念。

单位成本的计算，就是数据化投入，比如人工成本、办公设备成本等。那么投入成本后，单位效益（Unit Benefit）又如何呢？这个也需要计算。

单位效益的计算可以根据具体情况而有所不同，可以用经济效益、社会效益或其他度量标准来衡量。

经营是算出来的。如果有些项目成本算不出来，那就换一种方式把它算出来。

单位成本和单位效益是两个关键的指标，可以用来评估组织或项目的经济效益和效率。各个组织单元负责人，都要核算经营的过程。

- 如何有效降低单位成本？

  各个组织可以考虑一下，是否可以通过提高生产效率、减少浪费、优化供应链和采购、降低人力成本等方式来降低单位成本。降低单位成本可以帮助组织提高盈利能力和竞争力。

- 如何提高单位效益？

  各个单位可以积极思考一下，是否可以通过提高产品或服务的质量、增加附加值、满足客户需求、提供创新解决方案等方式来提高单位效益。提高单位效益可以增加客户满意度和市场份额。

- 如何增强经济规模效益？

  各个部门可以用心规划一下，随着产出数量的增加，组织是否可以享受到经济规模效益？经济规模效益会不会随着单位成本和产量的增加而逐渐降低？通过扩大产能和增加销售规模，组织能否增强经济规模效益？

决策人员在做出管理决策时，单位成本和单位效益是重要的考虑因素之一。我们需要综合考虑成本和效益，确保在追求效益的同时控制成本。

单位成本和单位效益可以用作绩效评估的指标。组织可以通过与同行业竞争对手或类似项目的比较，评估其单位成本和单位效益的优劣，并找到改进的方法。

在实践过程中，单位成本和单位效益是在经济和管理领域中常用的指标，用于评估和衡量组织或项目的经济效益和效率。通过降低单位成本和提高单位效益，组织可以实现更好的经济表现和业务成果。

部门增收项目

"经常开展头脑风暴，如何让组织更有活力，更能增收？"

为什么要增收？应该鲜有人会怀疑这个问题的初心，或许如何增收才是大部分人会思考的问题，以下提供"十大增收思维"框架供参考。

框架一：新产品或服务推出。开发和推出新的产品或服务，以满足市场需求并吸引新的客户，可以带来额外的销售收入和利润。

> 思考：结合企业实际，想一想有哪些新产品或服务可以推出。

框架二：市场拓展。寻找新的市场机会，扩大产品或服务的销售范围，包括进入新的地理市场、开辟新的客户群体或开发新的销售渠道。

> 思考：结合企业实际，想一想有哪些市场拓展机会。

框架三：客户增值服务。为现有客户提供增值服务，以提升客户的忠诚度和满意度。这可以包括提供额外的支持和咨询服务、定制化解决方案或增加售后服务。

> 思考：结合企业实际，想一想有哪些客户增值服务机会。

框架四：产品线扩展。在现有产品线上推出新的产品或扩展产品的范围，增加客户的选择，促进跨界销售，提升客户满意度。

> 思考：结合企业实际，想一想有哪些产品线扩展机会。

框架五：营销和推广活动。加强营销和推广活动，以提升品牌知名度和吸引更多的潜在客户，可以通过广告、促销活动、社交媒体营销等方式。

> 思考：结合企业实际，想一想有哪些营销和推广活动机会。

框架六：联盟和合作伙伴关系。建立战略联盟和合作伙伴关系，与其他组织合作开展联合营销、共同研发或共享资源，以实现互利共赢。

> 思考：结合企业实际，想一想有可以与哪些联盟和合作伙伴建立关系机会。

框架七：资产利用。充分利用现有的资产和资源，例如出租空闲设备或办公空间，以获取额外的收入。

> 思考：结合企业实际，想一想有哪些资产利用机会。

框架八：提供培训和咨询服务。利用组织内部的专业知识和经验，提供培训和咨询服务，以获取额外的收入。这可以针对外部客户或其他组织内部的部门和员工。

> 思考：结合企业实际，想一想有哪些培训和咨询服务机会。

框架九：版权和知识产权的利用。将知识产权、版权或专利转让、授权或出售给其他组织，以获取授权费或版税收入。

> 思考：结合企业实际，想一想有哪些版权和知识产权利用的机会。

框架十：创新商业模式。思考和实施新的商业模式，包括订阅模式、共享经济模式、租赁模式等，通过创新的方式获取收入。

> 思考：结合企业实际，想一想有哪些创新商业模式。

在考虑和选择增收项目时，不要一窝蜂似的"倾巢而出"。组织需要评估项目的可行性、市场需求、竞争环境以及所需的资源和风险。同时，应保证与组织的核心业务和战略目标相一致，以确保项目的成功和可持续性。

● 固定费用

"即使销售额为零，那些费用仍然存在。"

要想企业保持稳定且良好的赢利，需要确保收入能够覆盖企业的固定费用。因为即使销售额下降或产量减少，固定费用仍然存在。固定费用对企业经营的稳定性和可持续性具有重要影响。

如何界定企业固定费用？固定费用就是指在一定时间范围内不受产量或销售数量变化影响的费用。这些费用与企业的经营规模和生产水平无关，无论产量多少，固定费用都保持不变。

下面列举七个常见的固定费用项目。

项目一：租金费用。企业租赁办公场所或生产设施所需支付的费用是固定的，无论企业的生产量或销售额如何变化，租金费用都保持不变。

> 思考：你们企业有哪些租金费用？

项目二：工资和人力资源费用。某些员工的工资、薪酬福利和其他人力资源费用，如人力资源部门的支出、培训费用等，通常都是固定的。

> 思考：你们企业有哪些工资和人力资源费用？

项目三：抵押贷款或租赁费用。如果企业有抵押贷款或租赁合同，每月支付的固定金额将是固定费用的一部分。

> 思考：你们企业有哪些抵押贷款或租赁费用？

项目四：**基础设施费用**。如电力、水费、网络和通信费用等，这些费用通常以固定金额或月度固定费率的形式存在。

> 思考：你们企业有哪些基础设施费用？

项目五：**保险费用**。企业支付的保险费用，如社会保险、住房公积金、财产保险、责任保险等通常是固定的。

> 思考：你们企业有哪些保险费用？

项目六：**软件许可费用**。企业购买的软件许可或订阅服务的费用通常以固定金额或固定期限的形式存在。

> 思考：你们企业有哪些软件许可费用？

项目七：**管理和行政费用**。管理团队的薪酬、办公用品、办公设备和其他行政支出通常是固定费用。

> 思考：你们企业有哪些管理和行政费用？

大部分时候，企业日常管理就是管人和管钱。经营管理者在预算和财务规划中需要合理评估和控制固定费用，并与变动费用相互配合，以实现企业的财务健康和长期可持续发展。

● 变动费用

"降本增效，哪些费用可以控制和优化？"

产品和服务的市场生命周期越来越短，产品和服务的升级迭代是宿命，唯一确定的就是不确定性。降本增效永远不过时，而控制及优化变动费用就是核心的环节之一，避无可避。

我们要关注这些变动费用，这些费用是与企业生产量或销售数量成比例变化的费用，要熟悉这里面的节拍，并进行相应优化。

总结变动费用规律并加以控制和优化，以下七个环节可加以思考和规划。

环节一：原材料成本。原材料是生产产品所必需的，其成本与生产量成正比。当生产量增加时，原材料的采购成本也会相应增加。

> 思考：你们企业的原材料成本有哪些变动的规律？

环节二：直接劳动力成本。直接劳动力是指直接参与产品制造的人力资源，其成本与生产量成正比。随着生产量的增加，直接劳动力的成本也会相应增加。

> 思考：你们企业的直接劳动力成本有哪些变动的规律？

环节三：包装和运输成本。产品包装和运输所需的费用通常会随着销售数量的增加而变动。随着销售数量的增加，包装和运输的成本一般也会相应增加。

> 思考：你们企业的包装和运输成本有哪些变动的规律？

环节四：销售和市场营销费用。销售和市场营销活动所需的费用通常与销售数量成正比。当销售数量增加时，销售和市场营销费用也会相应增加。

> 思考：你们企业的销售和市场营销费用有哪些变动的规律？

环节五：运营设备的使用和维护费用。随着生产量的增加，运营设备的使用和维护费用也会相应增加，包括能源费用、设备维修和保养费用等。

> 思考：你们企业运营设备的使用和维护费用有哪些变动的规律？

环节六：物流和仓储成本。随着生产量或销售数量的增加，物流和仓储成本也会相应增加，包括运输费用、仓库租金和库存管理费用等。

> 思考：你们企业的物流和仓储成本有哪些变动的规律？

环节七：咨询和外包服务费用。企业在特定项目或活动中可能需要外部咨询或外包服务，这些费用通常与项目规模或活动量相关。

> 思考：你们企业的咨询和外包服务费用有哪些变动的规律？

如果以上问题你都写出来了，那么恭喜，你前进了一大步。因为在各行各业中，唯有掌控好变动费用，企业赢利才会更持久。

变动费用与企业经营活动的扩张或收缩密切相关。在预算和财务规划中，企业需要合理估计和控制变动费用，以确保生产和销售的可持续性，并在经济效益上保持合理的成本管理。

在经营企业的过程中，只有通过有效的成本控制和经营规划来管理变动费用，才能更好地实现企业的盈利目标和长期发展。

设计黍表，考验的是经营者的计算能力，因为经营利润就是算出来的。

稷表：个体与组织的经营价值

稷，一种粮食作物，有谷子、高粱、不黏的黍三种叫法。稷在古代被当作百谷之长。稷由百谷之长演变为五谷之神，和土神合称"社稷"，后成为国家的代称。

组织是由人组成的，观察某个组织就是要观察组织中所有的成员。

以数学中的极限思维来看，组织中的某一个个体在逐渐变化的过程中向组织设定的目标不断地逼近，我们观察并引导这个过程就是用极限思维来掌握和发展组织。

稷表由"岗位价值""岗位基本信息""任职资格要求""职责分类与工作内容""月度评价关键指标"等部分组成，接下来我们来进行拆解。

岗位价值：树立成就感

每个人都渴望被认可，被家庭认可，被社会认可，被组织认可……岗位价值就是要明确这个岗位设立的初始目标，鼓励超越。

如何评价岗位价值呢？

岗位价值，就是在组织内对组织的贡献和重要性的评价。岗位价值评价，可以基于多个因素，包括岗位职责、技能要求、专业知识、责任程度、工作条件和市场需求等。以下维度均可参考。

维度一：岗位职责和责任。 岗位的职责和责任程度是评估岗位价值的重要因素。高度负责的岗位通常需要更高级别的技能和决策能力，对组织运营和目标的影响也更为重要。

> 思考：列举一个岗位，说明其岗位职责和责任。

维度二：技能和专业知识要求。 岗位所需的技能和专业知识水平也会影响岗位的价值。对于需要高度专业知识和技能的岗位，通常对组织的核心业务和关键活动有更大的影响。

> 思考：列举一个岗位，说明其技能和专业知识要求。

维度三：工作条件和环境。 工作条件和环境对岗位价值的评估也具有影响。例如，涉及高风险或特殊工作环境的岗位可能会被认为具有更高的价值。

> 思考：列举一个岗位，说明其工作条件和环境？

维度四：**市场需求和供需关系**。岗位的市场需求和供需关系也会影响其价值。如果某个岗位在市场上的需求量较大，供应相对稀缺，那么该岗位的价值通常会相应提高。

> 思考：列举一个岗位，说明其市场需求和供需关系。

维度五：**组织发展和战略重要性**。岗位对于组织发展和实现战略目标的重要性也是评估岗位价值的因素之一。岗位在组织中的角色和影响力，以及其对组织战略执行的贡献，会影响其价值的评估。

> 思考：列举一个岗位，说明其组织发展和战略重要性？

对个人而言，岗位价值评价是为了树立成就感和目标感。对组织而言，是为了建立公平和合理的评价体系，以便更好地制订晋升和职位发展计划、进行组织设计和人力资源规划等。

岗位价值目标细化实施后，组织可以结合具体实施细则来确定适当的薪酬水平、培训和发展需求、激励措施，以便吸引、留住和激励优秀的员工。

稷表中只要求写目标，用一句话来进行概括填写即可。这就相当于行船，我们先喊口号，再开船。

● 任职资格要求：明确进入组织的标准

"这个岗位，什么样的人匹配？"

人来人往中，有些人在骑驴找马，而有些企业这山望着那山高。人岗匹配没有最好，只有"刚好"。

将企业用人部门的欲望关进笼子里，固化在招聘和选择过程中企业或组织对候选人的技能、经验、教育背景等所期望的要求上。同时，我们也要保证这些要求与特定岗位或职位的职责和需求相关，这样才可以确保候选人胜任该职位。

有些硬件条件是可以规范的，如学历要求。某些职位可能对特定的学历有要求，这通常与职位的专业性和复杂性相关。

有些硬件条件是常见的，如工作经验。可以要求候选人在相关领域或类似职位上具有一定的工作经验，以确保其熟悉相关的业务环境和工作要求。

有些任职条件会因职位不同而有所不同，如技能和专业知识。比如特定的编程语言、软件应用、销售技巧、领导能力等，都可能是某些职位所要求的技能和专业知识。

有些任职条件可能是必要的要求，比如语言能力。对于需要在多语言环境中与人打交道的职位，如国际销售或客户服务，语言能力可能是必要的要求。

有些任职条件的软实力是需要测评的，如沟通能力和团队合作能力，以及解决问题和决策能力等。许多职位都需要良好的沟通能力和团队合作能力，以有效地与他人合作、协调和交流；某些职位可能要求候选人具备解决问题和做出决策的能力，包括分析能力、判断力和创新思维。

有些任职条件可能是必需的，比如认证和资格证书。某些职位需要特定的认证或资格证书，如注册会计师、律师执照、项目管理专业认证等。

关于行业知识和背景是否纳入任职条件，需要根据具体职位判断。如要求候选人对特定行业有一定的了解和背景，以便更好地适应行业特点和工作环境。

任职资格要求要尽可能量化和可测评化，不然只会浪费时间且不会取得好的效果。

任职资格岗位设立前要规范，应用过后还要持续进行价值导向评价，以及持续优化和更新。我们要根据岗位需求和组织的目标来评估和确定候选人的符合程度。

评价项目及依据："做好"和"做坏"要有标准

"凭什么？依据什么评价我？"

有时候被考核的人会质疑，做了这么多事，凭什么要这样考核我？考核的依据是什么？

诚然，每个岗位的价值及工作内容均不一样，但目标导向及评价依据可以总结出一些规则来，我们以此进行评价会精准很多。

第一个共性的规则是目标完成情况。这个是评价员工在特定时间段内是否完成设定的目标和任务。这些目标可以是个人目标、团队目标或组织目标，依据可以是目标设定的文件或协议。

这个共性的规则比较好设计，如销售目标达成率、经营分析报表准确完成日期、品质异常投诉处理达成率等。

第二个共性的规则是工作质量。这个可以评价员工在工作中的表现质量和标准，包括工作成果的准确性、创新性、及时性和一致性等方面的评估，依据可以是工作报告、项目成果、客户反馈等。

第三个共性的规则是专业知识和技能。这个维度可以评价员工在特定领域的专业知识和技能水平，包括员工的教育背景、培训记录、证书和资格认证等方面的评估，依据可以是教育记录、培训记录、考试成绩等。

第四个共性的规则是工作态度和行为。这个维度可以评价员工在工作中的态度，包括员工在合作性、自主性、积极性和职业道德等方面的表现。依据可以是同事评价、领导评价、客户反馈、行为规范等。

第五个共性的规则是沟通和协作能力。这个维度可以评价员工在团队合作、沟通交流和协调协作方面的能力，包括员工与同事、上级、下级和客户之间的沟通和合作情况，依据可以是团队评估、日常投诉、沟通记录等。

第六个共性的规则是问题解决能力。这个维度可以评价员工在面对问题和挑战时的解决能力和创新思维，包括员工对困难情况的应对方式、解决方案的质量和效果等方面的评估，依据可以是问题解决报告、项目成果、反馈记录等。

第七个共性的规则是自我发展和学习能力。这个维度可以评价员工的自我发展意愿和能力，包括学习新知识、提升技能和职业发展规划等方面的表现，依据可以是培训记录、自我评估报告、学习计划等。

以上七个共性规则，适用于大部分岗位解决"凭什么"的问题。

其实绩效评价项目的依据可以是多方面的，如上级评价、同事评价、客户评价、自我评价等。另外也可以采用定量指标和绩效指标来量化评估结果，如工作产出量、销售额、客户满意度等。

进行评价时，所采用的依据应该是客观、可衡量和具有可信度的，要避免使用形容词。如评价一个IT运维岗，用"完美地解决内部投诉次数"去描述，是不是没有用"四小时响应内部投诉次数"去描述更妥当一些呢？

我们在进行绩效评价时，需要与员工进行定期的绩效沟通和反馈，以便共同讨论和确立绩效目标，并提供发展建议和改进措施。绩效评价应该是一个持续的过程，要能够帮助员工理解他们的工作表现，提供激励和发展机会，并为组织决策和人力资源管理提供参考依据。

那么在绩效沟通和反馈过程中，我们需要注意哪些方面呢？

其实，绩效沟通的过程就是解决"什么是好？什么是不好"的问题，即稷表中所提到的四个标准：不合格标准、合格标准、优秀标准、卓越标准。

讨论这四个标准前，先不要急着去下定义。我们以批评与自我批评的方式进入这个主题，先解决思想统一的问题。

批评与自我批评是建设性的，我们最终是在提供反馈和帮助对方改进。不要使批评与自我批评过于消极，同时切记不要带有攻击性和贬低性的意图。

建设性的批评应该专注于问题本身，提供具体的观点和建议，以促进对方的成长和改进。在给予他人批评时，我们应该尊重对方的尊严和权利，避免使用侮辱性的语言或态度。

让员工进行自我批评，是让对方对自己的行为、决策或表现进行评估和反思的过程。我们应告诉员工，自我批评需要诚实地审视自己的优点和缺点，认识到自己的错误和改进的空间，这样可以帮助自己认识到自己的盲点和弱点，并为个人成长和发展提供机会。

我们在组织批评与自我批评时，应该保持客观和公正，不要过分自责或否定自己的价值。建议将以下原则写入绩效面谈的操作手册中，即建设性、尊重和理解、公正和客观、自我反省、沟通和反馈等。

通过批评与自我批评的组织方式，完成"不合格标准、合格标准、优秀标准、卓越标准"的讨论并成型。

麦表：个人自检与组织复盘的经营价值

麦，籽实可用来做粮食或酿酒等，秆还可用于编织或造纸。

麦表就是五张表中的工作内容自检表，日检、周检、月检就是让个人定期复盘自己的工作内容，让每一次"回头看"都产生价值，"百尺竿头须进步，十方世界是全身"。

通过持续的个人复盘让员工不断地产生工作印记，而这种工作印记能让所有流程更有效地衔接，也能将复杂的流程通过持续的输出变得简单化。

麦表主要包括工作内容自检和月度专项事项复盘。主要工作内容检查又分为个人自行日检、周检和月检。月度专项事项主要是月度重要的或有价值的大事。以上的报告呈现，要形成一种自驱检查机制，比如建立一个沟通日报群及每月举办一次月度绩效会议等，接下来我们拆解麦表。

● 主要工作内容自检表：对内打破是重生

如果用外力将一个鸡蛋打开，无疑它将变成一个碎鸡蛋。如果将这个鸡蛋用心孵化，给予合适的温度，那么这个鸡蛋就可能变成一个小鸡，这就是项目孵化的基本原理。

同样，要想员工快速地成长和自我突破，我们就需要设计一种自我成长的机制，这种机制就叫自驱自检。

自驱自检是一种自我成长的机制，它涉及个人的内在动力和主动性，以及对自身表现和进步的反思和评估。这种机制可以帮助员工快速成长和实现自我突破。

自驱指的是个人内在的动力和渴望，推动自己主动地追求成长和发展。这种动力源于个人的目标、价值观、兴趣和热情，让个人自发地学习和改进自己的技能。

自检是指个人对自己的表现和进步进行反思和评估。这包括对自己的行为、技能、知识和态度进行审视，发现自己的优点和不足，并制订相应的行动计划来改进和提升自己。

为了让自检表更加有效，我们要定期让员工明确自己的发展目标和期望，并告诉所有人，只有这样才可以更好地帮助他们保持动力并衡量自己的进展。

自检表反馈出来的问题，我们要及时反馈并提供资源和支持。只有为员工提供必要的资源和支持，包括培训、导师指导、学习机会和反馈渠道等，才能真正帮助员工实现自我成长。

我们要相信，通过设计和实施自驱自检机制，员工将能够更好地管理和推动自己的成长。这种机制能够激发员工的潜力，促使他们不断突破自我，并为组织的发展和创新做出更大的贡献。

● MBO（Management By Objective）事项：企业目标管理

一根筷子容易断，一把筷子呢？一个人难成事，那么一群齐心协力的人呢？

同样的道理，企业目标要想实现，就需要全体伙伴的积极参与。只是积极参与就可以吗？我们经常听到会议上很多人喜欢讲的一句话："我们一起努力！"

一起努力没错，但如果没有自上而下地将企业目标进行分解并且做到责任到人，那么这就成了一句看似很对的"无用真话"。所以，每个岗位应该树立一种思想，那就是围绕企业目标，我的岗位应该进行的核心重要工作是什么？

从岗位价值而言，就是用岗位价值的最大化去影响该岗位的核心价值动作。比如营销岗，最大的MBO事项应该是围绕客户展开，如何展开？上门与客户谈解决方案，还是将营销方案推送给潜在客户？或许这些都需要，但关键是每个月要结合客户经营的现状，分析研究后再去落地执行，而落地执行的这些事项就是当月的MBO事项。

菽表：绩效评价周期的经营价值

菽为豆类的总称，有一个成语叫"布帛菽粟"。这个成语出自《论贵粟疏》，比喻极平常而又不可缺少的东西。菽指生活必需品，就相当于衣食住行、柴米油盐。

菽表就相当于企业中的必需品，每个月召开一次会议来检讨企业中的菽表是否合适？菽表也称为个人绩效评价周期评价表，内容主要包括评价周期、KPI（关键绩效指标）和MBO指标内容、加减分等。

● 评价周期：评价转起来，绩效才能动起来

风力发电如今已经成为全球范围内重要的电力来源之一，被广泛应用于电力产

业和可持续能源发展中。许多国家都在积极推动风力发电技术的发展和应用，以实现能源转型和减少碳排放的目标。

风力为什么能发电呢？风力发电是一种将风能转化为电能的可再生能源技术，它利用风力使风轮或风力发电机转动，产生机械能，再经由发电机将机械能转化为电能。

我们的绩效评价也是一样的，要让其转起来！转得越快，能量就越大！刚开始时我们可以先从月度或季度开始运转，然后慢慢地调整为周转，再到日转，这样就会越转越快。

评价周期是指在特定时间间隔内进行评估、审查和反馈的循环过程。评价周期的长度可以根据具体的评价对象和目的而有所不同，可以是每天、每周、每月、每季度、每年或更长的时间段。

通过定期评价，可以监控和评估目标的实现情况、工作进展、绩效表现等，并提供反馈和改进机会。

借助短周期的评价，可以及时了解工作或项目的进展和问题，及时进行调整和纠正，确保目标的实现和问题的解决。

定期评价，可以对个人或团队的绩效进行评估和反馈，为绩效管理和激励提供基础，并为奖惩、晋升、培训等决策提供依据。

持续评价，可以使工作和项目以明确的目标为导向，并在每个周期结束时对目标的实现情况进行评估，有助于保持工作的聚焦和结果的达成。

评价周期也为组织和个人提供了持续改进的机会。通过周期性的评价和反馈，可以识别和解决问题、改进流程和方法，提高工作效率和质量。

不论定期评价还是非定期评价，都存在一些挑战和限制。相对而言，定期的评价周期在组织和个人的工作和发展中的作用更明显。建议使用定期的评价周期，以便及时反馈、推动目标实现和持续改进。

合理设计和应用评价周期可以促进工作的有效管理和个人的成长发展。

🔴 加减分：经营要有加法，也要有减法

"人有悲欢离合，月有阴晴圆缺，此事古难全。"这句出自宋代文学家苏轼的《水调歌头》的诗，写出了人生的变化无常，强调了无法预测和掌控的命运之道。

同样的道理，不能用无条件的信任关系去经营企业。不论一个人有多优秀，也难免出现情绪波动的时刻，也不能确保百分之百不会犯错。

从人性的角度看，如果一个人在企业里没有约束就会逐渐变得没有动力，也会因为没有负激励而变得懒惰。

我们要有底线思维，也要做到奖罚分明。奖罚体系不能单独存在，要与绩效、晋升、降级及各类评价综合起来应用，这样才能形成基本的价值导向评价。

基于以上价值结果导向逻辑，菝表中的加减分就应运而生了。

第 6 章

中小微企业持续赢利的实用法则

- 榴梿法则：向组织要人效
- 抢滩地图：向市场要效益

榴梿法则：向组织要人效

管理者会组织各种各样的活动或会议，有些活动让我们兴奋，有些会议让我们感到疲惫。如何让活动或会议更有价值呢？

能否在活动或会议中获得实际的成果和启发？很多会议正如"水果之王"榴梿的存在，爱之者赞其香，厌之者怨其臭。

观察榴梿的外观，我们会发现它一般是由三瓣至五瓣组成，每瓣占整个榴梿的20%～40%。受此启发，我们可以将会议的管理规划形象地比喻为榴梿法则，用数字表示就是334法则。

所谓榴梿法则，就是将会议的全链条管理分为三个模块并使其有机地结合在一起。会议前的筹备占整个会议管理的30%，即3；会议中的组织占整个会议管理的30%，即3；会议后的转化及跟进占整个会议管理的40%，即4。这就是榴梿法则（图6-1），即334法则。

有准备，有过程，有转化，这样的会议会更有价值。很多时候，我们会将讨论、培训或分享全部归结为会议，这样就导致会议缺乏严肃性和有效性。

为了让会议更有价值，我们要赋予会议一定的仪式感。凡是列入战略或经营规划的会议，就应该完全按照榴梿法则去操作。

● 会议前的筹备
明确方向和焦点

● 会议中的组织
让组织更高效

● 会议后的转化
让付出有产出

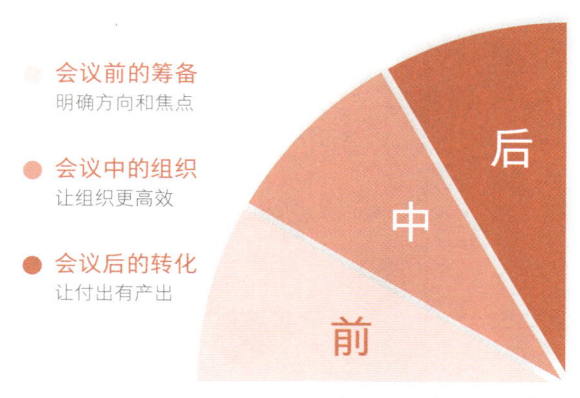

图6-1　榴梿法则示意图

你会发现，这样不仅可以提升会议的转化价值，也可以让组织提高工作效率。

会议前的筹备：明确方向和焦点

在召开会议之前，会议召集人应该明确会议的目的和预期结果。这有助于确保会议的议程明确，使参与者知道他们需要达到什么样的目标。

目标可以是讨论一个具体的问题、制定决策、分享最佳实践或者推动项目进展等。无论目标是什么，它都应该为会议提供一个明确的方向和焦点。

这次会议准备安排哪些人参与？要确保邀请那些与会议主题相关并能为讨论做出有意义的贡献的人员。

参与者过多或过少都可能影响会议的效果。小组讨论可以促进更深入的交流和思考，而参与者过多可能导致意见分散和决策困难。因此，选择适当人数的参与者是确保会议成功的关键一步。

这次会议由谁来组织？会议发起者和会议组织者需共同按"人机料法环"提前筹备好会议，根据会议规模的大小，会议发起者和会议组织者可以是同一人。会议前筹备要点如图6-2所示。

- 筹备"人"：会议主持人、助理主持人、计时员、书记员等会议现场组织和后勤等人员安排。
- 筹备"机"：会议所需要的话筒、音响、电脑等设备提前检点。
- 筹备"料"：提前准备会议所需的材料、数据和背景信息。
- 筹备"法"：制订会议的规则，并将其与参与者共享。
- 筹备"环"：检查会议场地是否能顺利运作，以免因为各类问题而浪费时间。

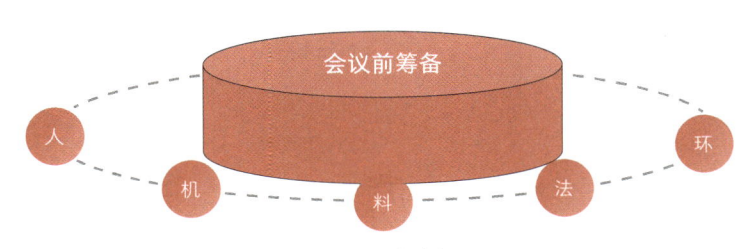

图6-2 会议前筹备要点

一场精心组织的会议，如果同时具备正确的引导和积极的参与，可以成为一个激发创意、推动决策的强大平台。

会议组织者在起草议程时必须着眼于整体目标。如果会议参与者比较多，可以在会议前组织碰头会。

会前碰头会是指在正式会议之前，组织者与关键参与者或团队成员之间进行的小范围会议。这个碰头会的目的是在正式会议之前就议题进行初步讨论，明确议程、目标和期望，并为会议的顺利进行做好准备。

会前碰头会就是让组织者和关键参与者相聚一堂，共同探讨即将召开的会议的议题，要求每个人都表达自己的观点和想法，最终达成共识，为正式会议的顺利进行奠定基础。

会前碰头会的发起者或组织者可以先向大家介绍会议的背景和目标，明确会议的议程和期望结果，也可以适当强调一下团队合作和开放的沟通氛围的重要性，鼓励每个人都充分发表自己的意见和建议。

在会前碰头会中，每个人都有机会分享自己对议题的看法，用自己的语言和经验描述问题，并提出解决问题的方法或建议。可以从理论的角度出发，也可以从实际操作的角度出发，各抒己见。

组织者组织会前碰头会的目标，是聚焦于整合这些不同的观点和建议，倾听每个人的发言，并及时提出问题以促进更深入的讨论，找到共性和共识，帮助大家聚焦于核心问题，并寻找解决方案。

会前碰头会要确认正式会议的议程，一个明确的议程能够使与会者集中注意力，确保会议的目标清晰明了。

议程中应列明各个议题及其时间安排，以便在有限的时间内高效讨论。这样的组织可以使每个与会者都有清晰的方向，并预先准备相关的资料和观点。

有些人喜欢突击开会，事实上这样的效果不会太好。

一个效果良好的会议，组织者要提前与参与者沟通，鼓励他们在会议前准备好相关议题的观点和材料。

提前准备能够帮助与会者做出更有根据的决策，并促进深入地讨论。每个人都能够以理性的态度参与，展现自己的专业知识和独特观点。

会前碰头会是正式会议前筹备的一个可选项，要根据会议的规模及重要性进行灵活安排。会前碰头会组织的形式可以多样化，不一定全部都是组织现场讨论，也可以是电话讨论或面对面沟通，只要能达到目的即可。

会议中的组织：让组织更高效

某个周末，笔者去参加了某机械厂的一次半年度总结会议。会议安排在一个温泉酒店，时间为两天，刚好是周六和周日。

笔者问组织方，为什么将会议安排在周末？组织方回复，因为周末大家都比较空闲，既不会影响工作也不会有太多的人打搅。

笔者试着去理解这个组织方的用意，那就是将会议安排在周末可以避免对正常工作的干扰。在平时工作繁忙的日子里，如果会议占用了工作日，可能会对业务运营产生一定的影响，因为参会人员需要腾出时间参加会议，会导致工作流程中断或推迟。而周末大家通常没有正式工作，能够全身心地专注于会议议程和讨论，不会对工作产生不利影响。

此外，周末是大部分人放松休息的时间，大家通常没有太多与工作相关的事务需要处理，因此能够更好地投入会议中。不会受到其他工作任务和紧急事务的干扰，参与者更有可能全身心投入，参与讨论、提出建议，从而使会议达到更好的效果。

事实真的是这样的吗？这次会议，笔者切身感受了一下，结果是参会人员私底下满腹牢骚。大部分参会人本以为选择温泉酒店作为会议举办地点，可以在舒适和宽松的环境下放松放松，结果会议安排从周六早上8点一直到周日晚上8点，中途除了吃饭、午休和睡觉，不是在写PPT就是在开会。

会议的过程呢？报告环节，台上的人在报告，台下的人在"梦游"！讨论环节，各说各话，毫无章节和要点。两天的会议过去了，问题还是那些问题，牢骚还是那些牢骚，战略布局也没有明确执行路径。

会议结束后，笔者询问了组织方："温泉酒店能提供轻松的氛围和丰富的休闲设施，但这样的会议安排，参会者可能在繁忙的会议之余享受到放松和愉悦的时刻吗？"组织方说，这么贵的酒店，行程不排满一些太浪费钱了！

> 这种组织的形式和方式，事实上在不同的企业均有不同程度的体现，我们在组织会议的时候总想面面俱到，但结局却很狼狈！想将会议价值最大化，于是行程排得满满当当，结果会议结束后却没有任何产出！想在会议空暇之余组织大家放松放松，结果却没有时间享受！花了钱，受了罪，却没有结果。

这家企业的总裁也看出了这次会议没有得到想要的结果，于是让笔者辅导企业下次战略会议的安排。

这次战略会议也安排在周末，对于正式会议的时间，笔者只规划了半天的时间，并确保能完成所有的会议议程且达成规划的会议目标，笔者将各个模块分解战略执行的路径及所需的资源等一并呈现给企业总裁。

会议前，笔者给报告的团队提前下发了"五张表"，并且规定只准在这五张表里进行内容报告（关于五张表的内容，详细讲解请阅读第5章"价值导向评价五张表的经营管理价值"）。

对于这两天的会议，笔者的安排是：周六上午按顺序汇报及提建议，下午各自结队泡温泉、打台球等，周日上午自由安排，周日下午返程回公司。

经常有人问我，如何高效组织会议？笔者认为，会议的组织就像是去山上放羊，目标是使羊群围在一起吃草。会议组织还需要一定的策略和技巧，以确保参与者能够围绕议题集中讨论，并达成共识。

会议后的转化：让付出有产出

一场重要会议开完了，事情就全部结束了吗？

并没有！从中小微企业持续赢利的角度出发，会议后的转化才是真正的开始，

01 会议记录共享
02 会议过程复盘
03 建立会议决议追踪机制

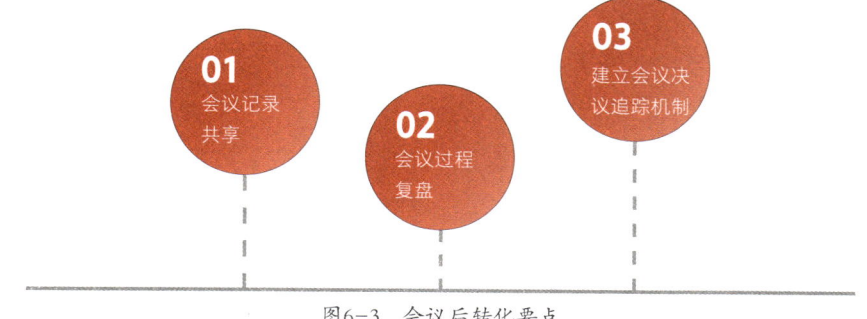

图6-3 会议后转化要点

会议前的筹备和会议中的组织都是为了会议后各项决议能有效落地。

会议只是一个起点，真正的工作才刚刚开始。会议后的转化要点可以提炼为三个方面，即会议记录共享、会议过程复盘及建立会议决议追踪机制（如图6-3所示）。

● 会议记录共享

会议结束后，必须将会议的结果和讨论内容形成一份会议记录，及时共享给相关人员，特别是那些未能参加会议的人。通过适当的沟通和信息共享，可以确保所有相关人员都了解会议的决策和行动计划，以便他们在自己的工作中做出相应的调整和贡献。

缺少会议记录的会议是无效的，缺少共享会议记录的会议是盲目的。会议记录及共享会议记录这两件事情要连在一起完成，这样才能确保会议的信息和决策被有效地传达和落实。

共享会议记录可以促进透明度、加强团队协作，并确保相关人员都了解会议的讨论和决策结果。

对于会议记录的格式，建议企业规范模板。会议记录至少应该包含会议的要点、讨论的议题、决策结果以及行动计划。确保记录员或秘书在会议期间对重要内容进行准确的记录，以便后续共享和参考。

会议记录起草后，要经过审核或批准，这样可以确保会议记录的完整性。确认好了会议记录内容，接下来就是确定共享会议记录的范围和受众。根据会议的性质和内容，决定是只与参与者共享还是与整个组织或团队共享，有时候会议记录还可能需要与外部利益相关者共享。

关于选择何种合适的共享方式，我们可以根据组织的工作流程和信息共享平台，选择适当的共享方式。可以是通过电子邮件、内部通信工具、在线协作平台或共享文件夹来共享会议记录。确保共享的方式方便易用，并且所有相关人员都能够方便地访问和阅读记录。

无论是建立即时通信组共享会议记录，还是通过共享文档等方式共享会议记录，我们确定并建立好共享会议记录后，都要及时知会相关人员并鼓励其反馈和讨论。

及时共享会议记录给相关人员，可以确保信息的时效性，并让参与者及时了解会议的决策和行动计划；而鼓励反馈和讨论共享会议记录，则有助于澄清问题、解决疑虑，并推动决策的进一步完善和实施。

最后必须强调，要维护共享会议记录的机密性。不能因为是共享文件，就对机密性没有要求。共享是有指定范围的，共享并不等于公开，对于涉及敏感信息或保密性较高的会议记录，需要采取相应的措施确保信息的安全和保密。确保只有授权人员能够访问和查看这些记录。

通过共享会议记录表（表6-1），组织能够促进信息的流动和沟通，提高团队的协作效率，确保会议的决策和行动计划能够得到落实。这有助于构建一个开放、透明的工作环境，推动组织的发展和成功。

表6-1 会议记录表

会议记录					
会议主题				会议发起人	
会议地点		会议日期	开始时间	结束时间	
会议主持人		会议记录人	会议计时员	会务人员	
出席人员					
列席人员				缺席人员	
会议行动清单					
序号	主题内容	提报单位	决议内容与改善对策	责任单位及人员	计划完成时间	奖罚标准	状态（OK/NG）

会议过程复盘

会议结束后为什么要复盘？因为要持续改善会议的质量，收集与会者的反馈意见，了解他们对会议的看法和建议，这有助于改进未来的会议组织和提升效果。

会议过程复盘要对整个会议过程进行回顾和评估，以便提取经验教训、改进会议组织和提高效率。对于复盘，我们要明确目的和期望结果，对会议进行复盘就是去识别会议的成功因素和问题点，以改进会议组织流程，提升参与者满意度，增强会议的效果和成果。

组织复盘时，可以通过匿名问卷调查、面对面讨论或电子邮件等方式收集参与者的反馈，询问参与者对会议组织、议程安排、参与程度、决策过程和沟通效果等方面的看法，然后分析收集到的反馈意见，总结出会议的优点、问题和改进点。将反馈意见按照主题或议程项进行分类，找出常见的问题和改进建议。

会议复盘从两个维度出发（图6-4），第一个维度就是识别成功因素，确定会议中的成功因素和良好的实践，比如良好的沟通、有效的议程管理、积极的参与氛围等。识别成功因素可以帮助保持和加强这些有益的方面。

第二个维度就是进行后续会议的改进，基于分析和总结的结果提出具体的改进建议，比如会议组织流程的调整、议程安排的优化、沟通方式的改进等。确保改进建议具体、可操作且能够有效提升下一次会议的质量和效果。

基于以上两个维度的分析，我们再将改进的建议转化为实际行动。确定责任人，建立时间表，并跟进改进建议的执行情况。持续监测和评估改进措施的有效性，并做出必要的调整。

将会议过程复盘作为一个持续的过程，反复进行。每次复盘都能够提供新的经验和教训，进一步优化会议组织，提高效率和效果，这才是我们希望看到的。

成功因素　　　　**改进建议**

识别成功因素可以帮助保持和加强这些有益的方面。

确保改进建议具体、可操作且能够有效提升下一次会议的质量和效果。

图6-4　会议复盘

建立会议决议追踪机制

建立会议决议追踪机制就像开车踩油门，开会并确定了会议决议事项就相当于坐上驾驶位并定好了目的地，但如果你不踩油门，你，以及这辆车上的其他人永远到不了目的地。

选择合适的追踪机制来跟踪决议的执行情况。如你要去往远方，可以选择的车辆类型很多，新能源汽车或燃油车，手动挡或自动挡，以及不同品牌的汽车等。所以我们可以选择一辆自己团队喜爱的车辆进行驾驶。

会议决议追踪机制如图6-5所示，可以包括使用项目管理工具、任务管理工具、电子表格或共享文档等。要确保追踪机制方便易用，并且能够提供清晰的视觉展示和进度跟踪。

- 电子表格：使用Office、WPS表格，你可以创建自定义的追踪表格来记录决议和相关的执行情况。你可以通过设置列表来记录任务名称、责任人、截止日期、进度状态和备注等信息，并使用图表或条件格式设置来提供清晰的视觉展示和进度跟踪。
- 共享文档：使用在线共享文档工具（如企业微信共享文档），你可以创建一个共享的文档来记录决议和其执行情况。你可以为每个决议创建一个部分，并在其中记录相关的信息，包括责任人、进度更新和备注。团队成员可以随时访问文档并更新执行情况。
- 项目管理工具：使用专门的项目管理工具，如Microsoft Project等。这些工具提供了任务分配、进度追踪、提醒通知和团队协作等功能，可以轻松管理和跟踪决议的执行情况。你可以创建项目模板、任务列表、检查清单和里程碑，以便清晰地跟踪进度并与团队共享。
- 任务管理工具：任务管理工具如共享文档等可用于组织和追踪决议的执行，你可以创建任务、设置截止日期、添加备注和标签，并随时检查任务的完成情况。这些工具通常会提供移动应用程序，方便你随时追踪任务进展。

选择何种追踪机制取决于团队规模、工作流程和偏好。要确保选择的工具易于使用，并且能够提供清晰的视觉展示和进度跟踪，以便管理者和团队能够方便地监督和评估决议的执行情况。

电子表格
视觉展示和进度跟踪

共享文档
责任人和进度更新

项目管理工具
管理和跟踪决议

任务管理工具
追踪任务进展

图6-5 会议决议追踪机制

定期跟进和沟通。就像驾驶车辆的过程中一定要握紧方向盘，看向路的前方，同时时刻了解路况以及整车人的现状，以防开到莫名其妙的地方而不自知。

我们要定期与责任人进行跟进和沟通，了解决议的执行情况，可以通过会议、电子邮件、即时通信工具等方式进行。确保沟通及时有效，并提供必要的支持和资源，以促进决议的顺利实施。

沟通方式有很多种，但目的都是向责任人了解决议的执行情况。

- 会议：安排定期的会议，与责任人面对面或通过视频会议进行沟通。在会议中，可以讨论决议的进展情况、遇到的问题、需要的支持和资源等。确保会议有明确的议程，并记录重要的讨论和决策。
- 电子邮件：通过电子邮件与责任人进行定期的沟通。你可以向责任人发送更新请求，要求他们提供决议执行情况的进展报告。确保邮件明确清晰，包含必要的细节，并设定截止日期以便他们回复。
- 即时通信工具：使用即时通信工具或企业内部通信工具，与责任人进行实时沟通。你可以通过私聊或频道讨论的方式，了解决议的执行情况并提供支持。确保使用的工具方便快捷，并建立适当的频道或群组以组织沟通内容。

无论选择哪种沟通方式,都要确保与责任人的沟通及时、有效。为了支持决议的顺利实施,要提供必要的支持和资源,解决可能出现的问题,并在需要时进行适当的调整和优化。

监督和评估。在驾驶车辆的过程中,你肯定会保持对导航的关注,并及时检查有没有走错道路。同样,在重要的会议决议上,没有检查就没有执行力。

定期监督和评估决议的执行情况。可以通过例行会议、进展报告、执行评估等方式进行。检查决议的进展情况,识别潜在的问题和障碍,并采取适当的措施加以解决。

- 例行会议:安排定期的例行会议,与相关团队成员和责任人一起讨论决议的执行情况。在会议中可以分享进展报告、讨论遇到的问题和障碍,并制订解决方案。确保会议有明确的议程,并记录重要的讨论和决策。
- 进展报告:要求责任人定期提交决议执行的进展报告。报告应包括任务的完成情况、遇到的挑战、已采取的措施以及需要的支持和资源。通过这些报告,你可以了解决议的整体进展情况,及时识别潜在的问题。
- 执行评估:进行定期的执行评估,以评估决议的执行情况。可以使用评估工具、问卷调查或召开专门的评估会议来收集相关信息。通过评估,可以识别执行中的问题、成功因素和改进机会,并采取相应的措施。
- KPI:定义关键绩效指标,用于跟踪决议的执行情况。这些指标可以是任务完成率、进度达成率、质量标准等。定期收集和分析这些指标,以了解决议的整体执行情况并及时采取纠正措施。

无论选择哪种方式,定期监督和评估决议的执行情况都至关重要。这将帮助你及时发现和解决问题,并确保决议能够按计划顺利实施。

归档和总结。车辆到达目的地后,大家都知道要熄火,同时检查车辆的油量和电量,看是否需要加油或充电,以便下次发车更快捷和安全。

在决议得到执行并完成后,进行归档和总结,将决议的执行情况和结果记录下来,以便将来进行参考和复盘。这有助于组织学习和知识管理,提供对会议决议追踪机制的改进和优化的经验依据。

- 归档决议文件：将所有与决议相关的文件进行归档，包括会议纪要、决议文档、执行报告和相关的沟通记录。确保这些文件易于访问和检索，可以按照时间、项目或主题进行组织。
- 总结执行情况：对决议的执行情况进行总结。记录关键的里程碑和里程碑达成情况，任务的完成情况，以及执行过程中的成功因素和挑战。这将提供对决议执行的整体概述，并为后续复盘和学习奠定基础。
- 记录结果和成果：记录决议执行的具体结果和成果，包括项目的交付物、达成的目标、效益或改进的情况等。确保记录结果的具体细节，以便将来能够清楚地了解决议的影响和价值。
- 反思和复盘：定期进行反思和复盘，以评估决议的执行过程并吸取经验教训。回顾决议的执行情况、结果和学习点，以识别成功的做法和改进的机会。将这些经验应用于未来的决策和决议追踪机制的改进。
- 知识管理和分享：将决议的执行情况和经验纳入组织的知识管理系统，包括内部文档库、项目管理工具、团队协作平台等。通过分享决议的执行经验和学习，促进组织的知识共享和学习文化。

通过归档和总结决议的执行情况，我们可以建立有价值的知识库，并为将来的决策和追踪机制的改进提供宝贵的经验依据。这将有助于组织的学习和持续改进，提高决策和执行的效能。

榴梿法则更匹配于讨论决策型的会议，其他类型的会议可以以此为蓝本进行适当的调整。比如会议前的筹备，主持人、助理主持人、计时员、书记员可以合并由1人或2人完成；会议中的组织可以更加优化和简单一些；关于建立会议决议追踪机制，很多会议可以让某一个部门或成员定期集中跟进，等等。

总结一句话：以榴梿法则的思维让会议变得更有价值。

月度论坛：组织的自我反省

形式在，组织就在。形式基于组织，源于规律。

形式并不等同于形式主义，组织必须通过各种形式加以强化。如同两人相爱后以婚礼固化组建家庭后的感情；生日当天举办生日会来强调这一天值得纪念和分享；此外还有很多的节假日都是为了怀念或纪念，以达到强化某个团体或某种思想的作用。

组织是由单个的个体组成的，每个个体都有自己的感情和某些形式的存在，组织也应该有感情和倡导某些形式的存在。

组织的形式确实在很大程度上起到了加强凝聚力的作用。通过各种形式的庆祝、纪念等活动，组织能够加强成员之间的联系，增进彼此的了解和认同，营造积极的团队氛围。

形式的存在可以传达组织的价值观和文化，让成员感受到组织的凝聚力和共同目标。例如，组织举办定期的会议、座谈会或团队建设活动，可以提供一个共同的平台，促进成员之间的交流和合作。这种形式化的活动可以加强团队的凝聚力，提升团队的工作效率和成果。

组织形式的存在还可以激发成员的参与感和归属感。例如，在组织中设立固定的角色和职责，明确各个成员的责任和权利，可以使每个人都感觉到自己的重要性和价值。通过形式化的组织结构和层级，可以建立清晰的工作关系和沟通渠道，提高工作的协调性和效率。

如果组织的形式过多或过滥就会变成一种形式主义，那时候形式呈现出来的结果注定会与开始时想的成果"南辕北辙"。

当我们在谈形式带给组织的结果的时候，不要忘掉组织的形式不应该成为一种僵化的形式主义。形式应该与实质相结合，以实际行动和成果为导向。形式只是为了更好地支持组织的目标和使命，而不应成为目的。

因此，在组织中使用形式时，我们应该确保它们具有实质性的意义和价值。形式应该与组织的核心价值观和目标相一致，并能够促进成员的积极参与和发展。同时，我们也应该保持灵活性，根据实际情况和需求进行调整和改进。

> 形式 ≠ 形式主义

通过合理的形式化安排，组织能够更好地凝聚成员，促进协作和共同进步。但是在利用形式的同时，我们也要保持灵活性和创新性，让形式能够真正发挥作用，为组织的发展和成功做出贡献。

有次在公司吃午餐时，新上任的某独立事业部总经理与笔者坐在一个饭桌上吃饭。那天中午近一个小时的时间他都在滔滔不绝地向我"倒苦水"，笔者知道，他新上任觉得工作很难开展，刚好遇到了我就向我"倾诉"。

他说自己之前是业务岗，一个人做好就"全家不饿了"，现在不仅要做好业务，而且还有很多其他问题，他觉得自己现在负责的事业部的组织结构有很多问题，决策流程不畅，工作分工不清，与各个部门沟通也有障碍。上任一个月，感觉自己效率低、决策滞后和工作协调困难。

上任前制订的战略规划在上任后也暴露出很多问题，事业部目前的战略规划适应不了市场环境的变化。因缺乏清晰的目标和规划，接下来预判将导致资源分配不当、市场定位模糊等问题。

另外，之前事业部的某些核心骨干表露出一些不满，已经有骨干提出离职，事业部面临招聘和留住优秀人才的挑战。现有的员工激励和绩效管理存在很多问题，团队合作和文化建设也是千疮百孔。还有事业部财务管理也存在很多历史遗留问题，包括预算和资金管理、成本控制、财务报告准确性等方面。他非常担心会影响事业部的经济健康和可持续发展。

除了上面已经暴露出来的问题点，笔者更担心的是市场竞争问题。目前事业部的产品面临激烈的市场竞争，包括来自竞争对手的压力、新兴技术和市场趋势的变化等。如果事业部不能及时应对和适应市场变化，可能会失去竞争优势。

还有创新和变革问题，事业部需要不断创新和变革以保持竞争力，但这也可能面临内部和外部的阻力。作为事业部的主要负责人，要引导组织适应变革并鼓励创新，同时平衡风险和收益也是接下来重大的考验。

笔者会先从加强沟通和协作开始，刚上任不久，内部部门之间或上下级之间的沟通障碍和协作问题，会导致信息不畅、决策不一致等，所以加强沟通和协作非常重要。

作为独立事业部，总经办将会增加一个法务岗，要审核现有文件的合规情况以避免面临法律风险和声誉损失，并能及时应对法律变化。

他说了很多话，最后还补充道："这些问题还只是事业部现有的或可能遇到的一部分。"他表示上任以来基本上每晚都辗转反侧，很担心这个独立事业部在他手上运营会越来越糟。

问题导向的思维没错，笔者可以理解为解决问题就是产生利润。笔者不怀疑这个独立事业部总经理的敬业精神，他提的很多问题都非常实在，但如果没有一系列的有效解决方案，事业部想高质量发展恐怕只是一个梦。

给自己送刺，让别人送鲜花

"你叫不醒一个装睡的人！"

你可能会想，为什么他们要装睡？是因为害怕面对现实的困难，还是因为内心冷漠和无动于衷？

或许，他们装睡是为了保护自己。面对工作的挑战和压力，有时候装睡成了一种自我保护的方式。一个装睡的人，无论你怎样努力，怎样呼唤，都无法触动他内心深处的琴弦。

一个人的改变最终还是需要自我觉醒，有一位部门经理曾经用相互批评的方式去帮助团队改善绩效，但是经过几次这样的会议之后，最终团队成员变成了互相抱怨，直至互相攻击。这样的会议真的会有作用吗？

无论装睡的人还是醒着的人，每个人都有自己的节奏和方式。或许，我们可以共同努力，创造一个宽容和理解的职场环境，让每个人都能找到自己的位置和平衡。

在一家跨国公司的办公室里，每个月都会举行一次盛大的月度论坛。这个论坛是为了促进员工之间的交流和分享，让大家共同学习、成长和激励。这个月度论坛的主题就是：给自己送刺，让别人送鲜花。

论坛的规则比较简单，先是公司层级的月度论坛，然后是各部门级的月度论坛。论坛必须包含一项议程，那就是上月绩效排名落后及靠前的团队负责人或团队成员上台分享绩效差的原因以及接下来改善的计划，要求只讲问题点。相关联的其他同事则负责找其亮点，给这位同事鼓励加油。

比如某次公司级月度论坛上，肖志带领的团队在绩效评价中排名落后，所以首先上台发言，他分析了为什么业绩垫底，以及接下来的改善计划。

肖志讲完话后，他的同事针对他的改善计划提出了一些修正建议，然后再去找肖志团队的亮点，如某个团队成员在服务某家客户时表现出来的敬业精神值得学习或某项服务流程的改善值得借鉴等。

接着，绩效评价靠前的李凯上台分享了部门的绩效成绩及下一阶段的工作计划。在过去一个月里他们面临了许多挑战，但他们部门用坚持和努力克服了每一个困难。他说："在职场上，我们会遇到各种挑战和困难，但只要我们保持积极的心态和持续努力，就能够战胜一切。"

紧接着，论坛进入了互动环节。与会者们分成小组，每个小组提出自己的问题，然后其他人找亮点的框架展开讨论和分享。

论坛的最后，企业负责人上台发表了总结讲话。他感谢了每个人的辛勤工作和奉献，他认为团队的凝聚力和奉献精神是公司成功的关键因素，鼓励大家继续努力，保持团结和进取的精神，为公司的发展贡献更多的力量。

月度论坛结束后，笔者随机访问了几位现场的同事，得到的回复如下。

"自我批评是一种积极的自我反省和成长的方式。通过自我批评，我能够识别自己的不足和错误，并寻找改进的方法。它是一种自我提升的过程，有助于我在个人和职业发展中取得更好的结果。"

"有时候我可能会过于自信，而忽视他人的意见和建议。这可能导致我无法从他人的经验和知识中学习，并且错过了与他人或团队合作的机会。我认识到，虚心倾听和接受反馈是自我发展的重要一环。"

"在职场要想持续成长，我会尽力寻找个人成就和完美主义之间的平衡。我意识到失败和错误是成长的一部分，而不是终点。我鼓励自己接受失败，并从中学习和成长。"

"这样的场合，会促使我努力保持开放的心态，虚心倾听他人的建议和反馈。我深知他人的观点和意见可以帮助我更全面地看待问题，并提供新的思路和解决方案。"

> "我愿意参加这样的论坛，因为它可以促使我更好地树立团队合作意识，尊重和珍惜团队成员的贡献。我的收获也很多，我现在开始喜欢上阅读，也期待能参加培训和寻求导师指导来扩展我的知识和技能。我相信学习一个是终身的过程，不断进步和成长是实现个人目标的关键。"
>
> "通过自我批评和持续改进，我相信我可以成为一个更好的自己。我将继续努力，并在事业和个人生活中取得更大的进步和成功。"

别期望职场中的其他人能给到除自己之外更好的建议，因为这是事物的本性。但自我批评则可以，就是本章节提到的"给自己送刺，让别人送鲜花"。

组织，如同一台庞大而复杂的机器，每天都在运转。它由众多的个体组成，各司其职，为实现共同的目标而努力。然而，在忙碌的日常事务中，我们是否有时间停下来，审视组织的运作方式和效果呢？组织的自我反省是一种宝贵的实践，它能够帮助我们洞察问题、发现机遇，并不断提高组织的运作水平。

组织的自我反省是一种有意识的思考和评估过程，旨在了解组织的强项、薄弱环节和潜在改进点。

这需要我们跳出日常的琐碎事务，从更宏观的角度审视整个组织。我们可以回顾过去的决策和行动，分析其结果和影响；仔细观察组织的文化和价值观，以及它们对员工的影响；还可以对组织的沟通、团队合作和决策过程进行评估，识别出效率和效果上的"瓶颈"。

在很多时候，组织的负责人其实不愿意带头组织反省，因为担心会影响到自身权威或认为组织的反省意义不大。原因在哪里呢？

那是因为组织的自我反省，首先需要组织的高管有开放的心态和勇气，去面对现实和可能的不足。它需要我们追问自己，是否有更好的方式来做事，是否有更高效的流程，是否有更好的沟通方式。通过自我反省，我们可以发现一些问题的根源，而不只是应付表象。这样，我们可以有针对性地提出改进建议，并着手解决根本问题。

组织的自我反省不是某一位领导者的个人任务，而是一个团队共同努力的过程。每个人都应该被鼓励分享自己的观点和想法，因为每个人都拥有独特的经验和见解。只有通过集思广益，才能得到更全面的认识和解决方案。

在组织的自我反省中，我们也应该关注组织的成功和进步。它不仅是寻找问题和挑战的过程，还应该激发和表扬组织的优势和卓越之处。我们可以回顾过去的成功案例，分析其原因和成功要素，庆祝和分享组织的成就，以激励团队继续努力。

组织的自我反省是一次不断学习和成长的旅程。

月度论坛可以作为组织自我反省和持续改进的重要机制。它提供了一个开放的平台，鼓励员工分享他们的观点和建议，帮助组织发现和解决问题，并推动组织的发展和进步。月度论坛要点如图6-6所示。

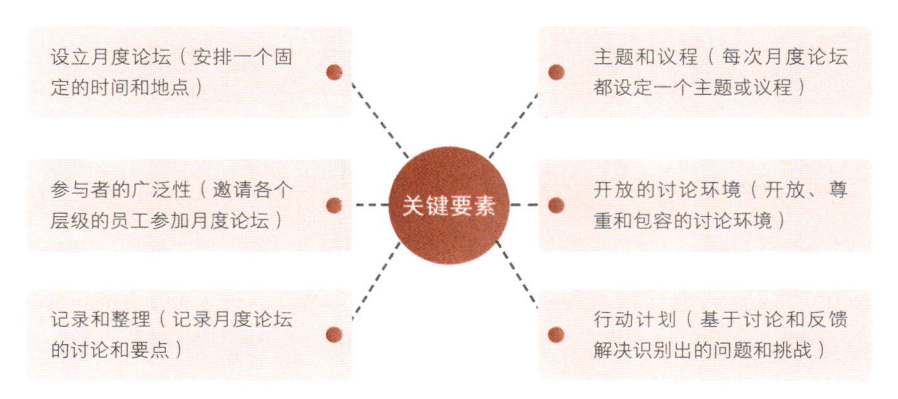

图6-6 月度论坛要点

抢滩地图：向市场要效益

商业环境中，变化和竞争是永恒的主旋律，没有企业能破解这个规则。

从历史数据观察，没有哪一年的生意特别好做，没有哪一年没有企业倒闭，没有哪个行业永远暴利，没有哪个企业可以轻松获取效益。

商业环境是不断变化和竞争的，不同的行业始终都面临着各自的挑战和机遇。一些年份可能对某些行业来说比较有利，但同时可能有其他行业面临困难。而企业倒闭是商业世界中常见的现象，无论是因为市场变化、管理不善还是因为竞争压力等，都可能导致企业无法继续运营下去。

某些行业在某个时间段内可能获得高额利润，但这并不意味着它们能永远保持暴利。市场竞争和其他因素可能会改变行业的赢利模式。类似地，没有哪个企业可以轻松获取效益。即使一个企业在某个时间段内获得了成功，也需要不断努力来适应变化的市场和不断出现的挑战。

在商业世界中，企业需要持续地努力，提高适应性和创新能力，需要不断地监测市场动态，调整经营策略，并不断改进产品或服务，以保持竞争力并获取效益。我们的效益在哪里？向市场要效益。

某家小型科技公司，专注于开发智能家居周边设备。该公司一直面临激烈的竞争，市场份额有限。为了实现增长和突破，他们决定制订一项抢滩计划。

该公司进行了市场调研，发现智能家居市场正呈现快速增长的趋势，特别是针对健康和安全领域的产品需求旺盛。于是他们将目光聚焦在开发一种智能安防设备上。

公司砍掉了与该项业务不相关的其他研发项目，加大了这一领域的投入，并与专业安防公司合作，共同开发出一款集安防、监控、报警和智能控制于一体的智能家居安防系统。这个系统不仅具备高效的安全保护功能，还能通过智能化技术实现远程监控和智能控制，为用户带来更便捷和舒适的生活体验。

为了迅速抢占市场份额，该公司采取了多项策略。他们与知名家居建材连锁店建立合作伙伴关系，将产品陈列在其店内，提供专业的展示和销售支持。此外，他们还利用社交媒体和在线广告进行市场推广，针对潜在客户群体进行精准定位和营销。

为了吸引用户，公司还提供了价格优惠和安装服务的套餐，为客户提供全方位的支持和服务。他们还建立了一支快速响应的客户服务团队，以确保用户在使用过程中的满意度。

这项抢滩计划经实践取得了成功。公司的智能家居安防系统在市场上迅速获得认可和口碑，吸引了用户关注和购买。随着市场份额不断增长，这家企业变得越来越自信，并表示要成为智能家居安防领域的领军企业。

通过砍掉非必要项目，公司可以更集中资源去进攻某一个项目。而资源集中到某个项目后，该项目的质量和技术攻关又会加强，用创新的产品和服务去执行新的抢滩计划。

执行新的抢滩计划，公司通过创新和战略合作实现了业务的快速扩张。

这个商业故事告诉我们，面对竞争激烈的市场时，通过制订和实施抢滩计划，准确洞察市场需求并快速行动，可以帮助企业实现增长和成功。关键在于创新、合作和持续关注客户的需求，以确保企业在竞争中保持优势。

抢滩地图的三大核心如图6-7所示。

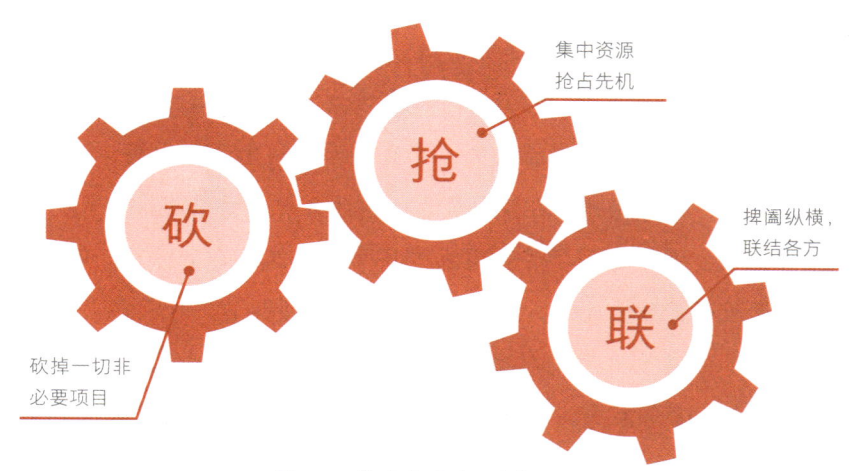

图6-7 抢滩地图的三大核心

砍：砍掉一切非必要项目

相传在塔克拉玛干沙漠附近的边缘地带，有一个几乎与世隔绝的村庄，据说这个村庄已经存在数百年之久，然而没有一个人能够成功地穿越沙漠，到达这个村庄或者离开这个村庄。

有一年大旱，村庄的粮食产量急剧减少。由于长时间没有降雨，庄稼枯萎，水源枯竭，村民们面临着严重的粮食危机。

村里的长老们组织召开了村民大会，商讨解决方案。经过集体讨论，他们决定派人走出沙漠去寻找粮食，因为老人们听祖辈口口相传下来的箴言道：如遇大旱，可到外面的世界寻找救星。

但是这么多年，村里从来没有人走出过沙漠。这时有一位年轻人自告奋勇，他决定踏上一段穿越大沙漠的旅程，以寻找外面的世界。时间紧迫，而沙漠广袤无垠，没有明确的道路和标志，对他来说这是一次极具挑战性的旅行。

这位年轻人只凭借着口口相传的故事和指南针开始了他的旅程。然而，很快他发现，沙漠中的风沙不断扰乱指南针的指针，使其无法提供准确的导航。他感到迷茫和无助。

在此困境中，他遇到了一位智者。智者告诉他，沙漠中没有明确的地标，但有一颗恒定不变的星星，那就是北极星。智者解释说，只要他能找到北极星，就可以

> 根据它的位置来确定自己的方向，走出沙漠。
>
> 　　年轻人细心聆听智者的话，然后仔细观察夜空。其他星星在漆黑的夜空中闪烁着，但北极星高挂在天顶，稳定而明亮。年轻人因此认出了北极星，将其作为自己的向导。从那时起，他每晚都会仰望北极星，然后跟着北极星的指引走。
>
> 　　尽管年轻人在沙漠中遇到了种种困难和艰险，但他始终坚持着。他用北极星作为向导，通过漫长而艰难的跋涉，终于成功地走出了沙漠。
>
> 　　经过与沙漠外的其他村庄交换物品，他不仅给自己的村庄带回了粮食，更重要的是，他学会了如何带领村民走出沙漠。从此，他的村庄多了一条康庄大道。

　　砍掉非必要的项目是一种常见的管理战略，旨在集中资源和精力，以提高企业的效率和赢利能力。这个战略通常涉及评估和优先级排序现有项目，并决定哪些项目对实现企业目标最为重要，哪些项目可以暂停或取消。

　　为什么要砍掉非必要项目？

● 资源聚焦

　　通过减少项目数量，企业可以将资源集中在最重要和最有潜力的项目上，以提高效率和生产力。

● 降低成本

　　取消或暂停非必要项目可以减少开支和资源浪费，从而降低企业的成本，减轻企业的负担。

● 提高决策速度

　　减少项目数量可以减少管理层需要做出的决策，加快决策过程，使企业更具敏捷性和灵活性。

● 简化组织结构

　　通过砍掉非必要项目，企业可以简化组织结构，减少层级和复杂性，提高组织的运作效率。

● 提高战略执行力

　　专注于核心项目可以提高企业在这些领域的执行力和市场竞争力，为企业的长期发展打下基础。

执行砍掉项目的决策时，我们需要谨慎权衡各种因素。确保仔细评估项目的贡献、潜在风险和长期影响，以避免短视的决策。此外还要与利益相关者进行充分的沟通和交流，以减少可能的负面影响和不确定性。

最重要的是，我们需要在砍掉非必要项目的同时保持战略上的敏锐性，持续监测市场变化和新机遇，以确保企业能够灵活应对市场环境变化，并及时调整战略和项目组合。

抢：集中资源抢占先机

商业环境中，何谓"抢"？

"抢"即抢先，在某个领域或市场中，通过迅速行动、快速反应或提前准备可以在竞争对手之前占据领先地位或获取某种优势，包括抢占市场份额、抢先发布新产品、抢购有限资源等。

集中资源抢占先机是在竞争激烈的市场中快速行动的一种策略。随着人工智能等技术的深入发展，当市场发生快速变化时，我们需要及时调整战略并采取行动，以适应新的趋势和需求。

> 多年前阿里系在移动支付领域开展的抢先争夺战，值得我们回顾学习并借鉴。
>
> 早在2003年10月，马云就带领当时的创始团队在淘宝网首次推出了支付宝服务。2004年，支付宝从淘宝网分拆独立，从此开始了支付宝开拓市场的长河。当时的支付宝主动开放给第三方提供支付服务，但收获甚微。在那个信用卡消费仍未普及的年代想跨越到移动支付领域极其艰难，甚至有些异想天开。
>
> 后面的事实证明，正因为信用卡没有普及，反而促进我国移动支付一步到位，支付宝团队在这个方面的贡献是有目共睹的。为刺激移动支付消费并打消使用者的顾虑，支付宝在2005年推出"全额赔付"支付服务项目，提出"你敢用，我敢赔"的承诺。
>
> 2008年2月27日，支付宝发布移动电子商务战略，推出手机支付业务。

2011年5月26日，支付宝获得央行颁发的国内第一张《支付业务许可证》（业内称之为"支付牌照"）。

支付宝创造出的商业故事，离不开创始人马云的"天马行空"和抢先战略。马云看到互联网，就坚定地认为互联网将会带来巨大的商业机会；看到B2C（Business-to-Consumer，商对客电子商务模式）模式利好后，就义无反顾地创建了淘宝、天猫等购物平台；看到移动支付的生态链优势后，就全力运营支付宝。

很多基于互联网生态的商业模式，马云及其团队都不是第一个介入的，但众多互联网的新生态，阿里巴巴集团都是抢先进入的。从阿里巴巴投资的一众企业就可以看出来，如饿了么、滴滴、菜鸟、苏宁、高鑫零售、Samyama、分众传媒、中国联通、居然之家……

或许有些人认为阿里系并不掌控互联网的流量，所以大部分的投资目前并不见效。但从互联网的生态去观察，阿里系投资的众多企业不正是在布局阿里系生态产业吗？比如阿里系投资的高德地图，你觉得是让高德地图更多地赢利好，还是让高德地图优先服务好更多的用户好？

经过全面的资源整合和生态布局，支付宝已经发展成为一个独立的支付平台、个人金融管理平台，以及包括城市及个人生活服务等内容的综合平台。

支付宝的"攻城拔寨"离不开其持续的创新和投入资源的"抢先"策略，并且最终也回馈变现到技术创新和用户体验的提升。

对于主要服务于C端的企业，抢占市场需要快速行动、创新思维和合理利用资源的能力。 我们可以从以下方面考虑，采取一些策略和措施。

敏捷开发和迭代

采用敏捷开发方法，将产品和服务的开发周期缩短，快速推出新版本，并根据市场反馈不断迭代改进。这样可以更快地满足用户需求，并保持竞争优势。

数据驱动决策

通过收集和分析市场数据、用户反馈和竞争情报等信息，及时获取市场动态并基于数据做决策。这有助于发现市场机会和趋势，并优化产品和服务。

灵活配置资源

企业需要灵活配置资源，以便快速调整和满足市场需求。这可能包括人力资源、技术资源和资金等方面的调配，以确保能够及时响应市场变化。

保持创新与独特性

在快速变化的市场中，创新是关键。企业应不断寻求创新的方式，提供独特的产品或服务，以区别于竞争对手并满足市场的新需求。

与合作伙伴合作

建立合作伙伴关系可以加快产品开发和推出的速度。与技术提供商、合作伙伴和供应商合作，共同研发和推广新产品，可以更有效地利用资源并迅速进入市场。

服务于C端市场的企业想要追上市场迅速变化的节奏，需要采取快速行动和集中资源的策略，以抢占先机。

通过敏捷开发和迭代、数据驱动决策、灵活配置资源、保持创新与独特性以及与合作伙伴合作，企业可以更好地应对市场挑战，并保持竞争优势。

那么服务于B端市场或同时服务于B端和C端市场的企业，有哪些可以借鉴的策略与措施呢？

我们可以学习和借鉴一下华为的"群狼"抢先战术。华为的成功确实在很大程度上得益于其采取的战略和执行方法。其中，"集中优势兵力打歼灭战"的抢先战术是华为在市场竞争中常用的一种策略。

该战术的核心是集中资源和能力，在关键领域或市场上以强大的实力展开攻势，以达到击败竞争对手、占领市场的目标。

自称"开会时坐不住两个小时"的任正非，大学毕业后应征入伍，成为一名基建工程兵。任正非入伍后参与的第一个工程，是法国德布尼斯·斯贝西姆公司在我国辽宁省辽阳市向中国出售的一套化纤成套设备的工程建设。

这个工程是中法合作的项目，目的是将法国成套的化纤设备引进中国，为中国的化纤工业提供支持。参与这样的工程建设，可以让任正非接触到国际先进的技术和设备，积累工程管理和合作经验。这一经历对他未来创办华为并拓展国际市场具有一定的影响和启示。

军旅经历培养了任正非的纪律性、组织能力和团队合作精神。在军队中，他接受了严格的训练，这些经验对他后来创办华为和带领团队发展产生了积极的影响。

军旅经历还锻炼了任正非的毅力。在军队中，他面对各种困难和挑战，学会了克服困难和保持冷静。这些品质在他后来的创业和管理过程中发挥了重要作用。

任正非作为华为的创始人，以其坚韧的性格、敏锐的洞察力和创新的思维，将华为从一个小公司发展成为全球领先的科技巨头。他的个人经历和背景为他带来了独特的视角，对他的领导风格和管理方式也产生了影响。

虽然任正非的经历和参与的工程项目是他个人的经历，华为的成功也并不仅仅依赖于他的个人经历和某项工程项目，但华为现有的攻占市场的打法肯定受其创始人经历和管理性格的影响。

企业的成功是一个集体的努力，需要团队的协作、技术的创新和市场的拓展等多个方面的因素共同作用。

华为与竞争对手竞争的过程中，会根据对手的不同特点制订不同的策略，将资源和优势集中起来，通过布局、产品优势和技术创新等来满足客户需求并建立竞争优势。

在商业竞争中，每个企业都有自己的战略选择和执行方式。其他企业的成功经验可以为我们提供借鉴和启示，但要根据自身的情况和市场需求来制订适合自己的战略和执行方法。重要的是，在竞争中保持灵活性和创新能力，持续适应市场变化和客户需求，才能在激烈的竞争环境中取得成功。

对于客户主要来源于B端的企业，可以从确定关键资源、快速决策、敏捷调配资源、优先级管理、强化团队协作、监测竞争对手和寻求合作伙伴关系七个方面考虑采取一些策略和措施。

确定关键资源

明确需要集中的关键资源，包括人力资源、资金、技术、市场份额或其他竞争优势。了解自己的资源优势并确保它们得到充分利用。

快速决策

在竞争过程中，快速做出决策至关重要。确保有一个高效的决策层级和决策流程，以便能够迅速评估情况并做出决策。

敏捷调配资源

建立一个灵活的资源管理系统，可以根据需要迅速调配资源。这可能涉及将资源从一个项目或领域转移到另一个，以使效益最大化。

优先级管理

确定资源的优先级，并将它们分配给最具战略意义和最具潜力的项目或机会。确保资源投入与组织的长期目标和战略相一致。

强化团队协作

建立一个高效的团队合作机制，促进信息共享、协作决策和快速执行。确保团队成员之间的沟通顺畅，并鼓励创新和合作。

监测竞争对手

密切关注竞争对手的动态，了解他们的资源投入和策略。这有助于快速做出反应，并采取相应的行动，以保持竞争优势。

寻求合作伙伴关系

在资源紧张的情况下，寻找可能的合作伙伴关系，共享资源或互补优势。这可以通过联盟或战略合作等方式实现。

集中资源抢占先机需要敏锐的市场洞察力、灵活性和执行力。它需要在快速变化的环境中敏捷地行动，以使资源的效用最大化并赢得竞争优势。

联：捭阖纵横，联结各方

为什么很多人喜欢亲近大自然？因为在大自然的怀抱中，万物相互联结构成了这个世界的美丽和奇迹。联，是一种力量，一种纽带，将一切事物连接在一起。

山川河流相互联结，形成壮丽的景色。高耸入云的群山，山峰之间的山谷和峡谷，连成了一幅壮丽的画卷。河流蜿蜒穿越山脉和平原，汇聚成湖泊和大海，它们的联结赋予了大地生命的活力和灵性。

花重金组织团队成员去豪华酒店聚一次餐，不如号召所有成员携家人朋友一起去爬个山。人类世界充满了各种联结：家庭是爱的联结，亲情和温暖在其中交织；朋友是心灵的联结，相互支持和陪伴；社区是共同体的联结，团结协作，共同建设美好家园；国家和民族则是历史和文化的联结，凝聚着共同的价值观和认同感。

"联"战术的预热，是先培养团队的氛围感，继而培养团队对于市场的敏锐性。科技的发展使得世界更加紧密相连，人与人之间的联结变得更加便捷和广泛。互联网将信息传递与交流推向了一个前所未有的高度，我们可以迅速地获取知识、分享经验和联系彼此。社交媒体和网络平台让人们能够跨越时空和地域的限制，展开对话和合作。

科技的发展，让我们陷入了可以随时联系很多人但却不再联系任何人的怪圈。别让团队成员的手机通电两分钟后，却找不到可以畅谈半小时的人！

这一节为何谈"捭阖纵横"呢？因为这是非常值得借鉴的古人的智慧，我们可以尝试将其用在商业活动中。

> 捭阖者，天地之道。捭阖者，以变动阴阳，四时开闭，以化万物。纵横反出，反覆反忤，必由此矣。
> ——先秦·王诩《鬼谷子·捭阖》

鬼谷子就是战国时期的王诩，因隐居淇县云梦山鬼谷，所以自称"鬼谷子"。鬼谷子作为纵横家的鼻祖，是中国古代著名的谋略家、兵家代表。他的才智可以称为商业上的导师。

他的学说包含了对兵法、政治、策略和人性的深刻理解，对后世的影响深远。他不仅注重理论研究，也注重实践和培养人才。他周游四方，广交朋友，结交了许多志同道合的人，并通过他的教导和指导，培养了一批杰出的政治家和军事家，如苏秦、张仪、孙膑、庞涓、毛遂等。他的军事学校成为中国古代第一座培养人才的军事机构，为国家的政治和军事事业做出了巨大贡献。

鬼谷子的思想和学说对于后世的军事策略和政治智慧产生了深远的影响，并成为后来许多著名军事家和政治家的学习对象。

站在商业角度，我们可以借鉴的知识有哪些呢？在竞争如此激烈的商场，没有企业敢说自己没有竞争对手。商业"连横"之法的核心之一，就是调研和分析竞争对手与竞品。

竞争对手和竞品分析以及市场调研是制定商业战略和发展规划的重要步骤。下面我们以"连横"之法谈谈如何进行竞争对手和竞品分析以及市场调研。

确定竞争对手和竞品

首先，确定你所在行业或市场的主要竞争对手和竞品。这可以是直接竞争对手，即提供类似产品或服务的公司，也可以是间接竞争对手，即满足相同客户需求但使用不同方法的公司。

收集信息

通过各种渠道和资源收集关于竞争对手和竞品的信息，包括查阅官方网站、行业报告、新闻报道、社交媒体、客户评论等。关注他们的产品特点、定价策略、目标市场、品牌形象、市场份额以及市场反应等方面的信息。

分析竞争对手和竞品

对收集到的信息进行分析，比较他们与你的企业在产品特点、价格、品质、定位、市场覆盖等方面的差异和优势。了解他们的强项和弱点，以及他们可能采取的市场策略和行动。

进行SWOT分析

在对竞争对手和竞品分析的基础上，进行SWOT分析（图6-8）。评估你的企业在竞争环境中的优势和劣势，并确定可能的机会和威胁，以便制订正确的战略和决策。

图6-8　SWOT分析

进行市场调研

进行市场调研是为了更好地了解目标市场、目标客户和市场需求。通过调查问卷、访谈、焦点小组等方式，收集关于目标市场的数据和见解。了解目标客户的需求、偏好、行为模式以及市场趋势和变化。

分析市场数据

对收集到的市场数据进行分析，包括目标市场的规模、增长率、竞争情况以及消费者洞察等。通过数据分析，了解市场的潜力、趋势和机会，以便制订相应的市场营销策略。

制订策略和计划

根据竞争对手和竞品分析以及市场调研的结果，制订相应的策略和计划。确定目标市场、定位策略、差异化竞争优势，并制订推广、定价、产品开发等方面的具体策略。

竞争对手和竞品分析以及市场调研是帮助企业了解市场环境、优化商业战略和决策的重要工具。通过深入了解竞争对手和竞品以及市场需求，我们可以更好地把握市场机会，提升竞争力，并制订出有效的营销策略。

定：定好地位乘风破浪

定位定天下，定位就是找好自己的地位。

无论初始创业还是开疆拓土，选择什么样的行业、部门，或拓展哪些市场和项目，选择和定位都是最不容忽视的起点。开弓没有回头箭，如果中途退场你会元气大伤，如果结果失败你会进退两难。

抢滩计划是工具，也是一种战略性行动，旨在迅速占领市场或抓住机会，通过快速行动和创新，以先发优势抢占市场份额或获得竞争优势。

抢滩计划可以有多种形式和策略，具体取决于所处的行业和市场环境。下面介绍一些常见的抢滩计划策略。

❀ "推新"抢滩

通过快速开发和推出新产品或服务，企业可以迅速占领市场空白或满足消费者的新需求。这需要高效的研发和生产能力，以及灵活的市场推广策略。那么如何"推新"抢滩呢？以下关键要素不可忽视。

- 敏捷开发方法。采用敏捷开发方法可以缩短产品或服务的开发周期。敏捷方法强调迭代开发、跨职能团队合作和及时反馈。通过将开发过程拆分成小的可交付部分，企业可以更快地推出初始版本，并根据市场反馈进行调整和改进。
- 聚焦关键功能。为了快速推出新产品或服务，需要重点关注满足核心需求的关键功能，而不是过度追求完美。这样可以缩短开发时间，并在产品或服务推出后更快地收集用户反馈，以指导后续改进。
- 最小可行产品（MVP）。采用最小可行产品的概念，即通过提供仅包含最基本功能的产品或服务来满足市场需求。这样可以快速将产品或服务推向市场，并在实际使用的过程中获取用户反馈，以进一步优化产品或服务。
- 合作伙伴关系。与供应商、合作伙伴或外部资源合作，可以加快产品或服务的开发和推出速度。寻找合适的合作伙伴可以通过共享资源和专业知识来增强研发和生产能力，从而加速新产品或服务的上市。
- 效率生产。建立高效的生产流程和供应链管理，以确保能够快速生产和交付产品或服务。优化生产过程,采用自动化技术和优化资源分配,可以减少生产时间和成本,提高产能和效率。

- 市场推广策略。制订灵活的市场推广策略,以快速宣传和推广新产品或服务。运用数字营销技术和社交媒体平台,与目标受众建立有效的沟通和推广渠道。针对快速推出的特点,可以采用快闪活动、折扣促销或限时优惠等策略来吸引消费者的注意力。
- 用户反馈和迭代改进。推出新产品或服务后,积极收集用户反馈,并将其纳入产品或服务的改进计划中。不断迭代改进可以帮助企业更好地满足市场需求,提高产品或服务的质量和竞争力。

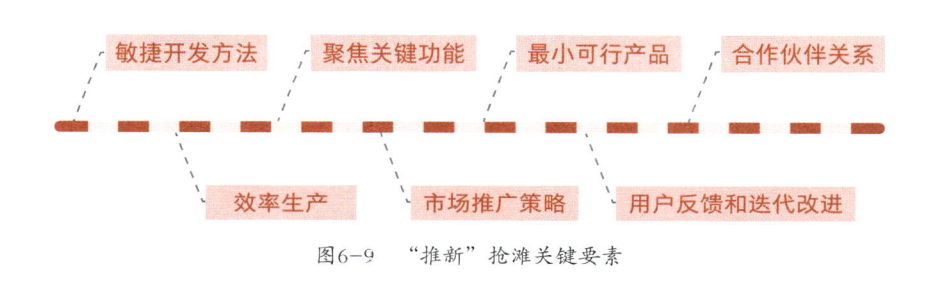

图6-9 "推新"抢滩关键要素

通过以上方法和策略,我们可以加快新产品或服务的开发和推出速度,并在市场中迅速占领空白或满足新需求。然而需要注意的是,在追求快速推出的同时仍然要保持产品或服务的质量和用户体验,以确保长期的商业成功。"推新"抢滩关键要素如图6-9所示。

"价格"抢滩

通过提供具有竞争力的价格,企业可以吸引顾客并抢占市场份额。这可能涉及降低成本、提高效率以及与供应链合作伙伴进行谈判以获取更有竞争力的价格。

价格的设计是一把双刃剑,定好了可以变成一把利刃工具,定不好反而会伤到自己。所以定价方面一定要小心。本节提供一些关于定价策略的要点,供参考使用。

- 成本控制和效率提升。通过降低成本和提高效率，企业可以在产品或服务定价上获得竞争优势。这可能涉及生产供应链，减少生产和运营成本，采用自动化技术以提高生产效率，并优化资源分配。
- 供应链管理和谈判。与供应链合作伙伴进行有效的谈判，可以获得更有竞争力的价格或优惠条件。建立良好的供应链关系，与供应商建立合作伙伴关系，并共同寻求降低成本、提高效率的方法，可以为企业提供价格优势。
- 定价策略。选择适当的定价策略是关键。企业可以采用市场导向的定价策略，即根据市场需求和竞争情况来确定定价。这可能包括定价与竞争对手相匹配或稍低，以吸引顾客，并通过规模经济效应实现利润增长。
- 促销和折扣。通过定期促销活动和折扣优惠，企业可以吸引顾客，提高销售量，并在竞争激烈的市场中占据优势地位。这可以包括打折销售、送优惠券等促销策略，吸引顾客购买和试用产品或服务。
- 差异化定价。企业可以考虑差异化定价策略，根据不同的市场细分或顾客群体，制订不同的定价方案。根据顾客的需求、购买习惯或付费能力来定价，可以更好地满足不同顾客群体的需求，并获得更高的市场份额。

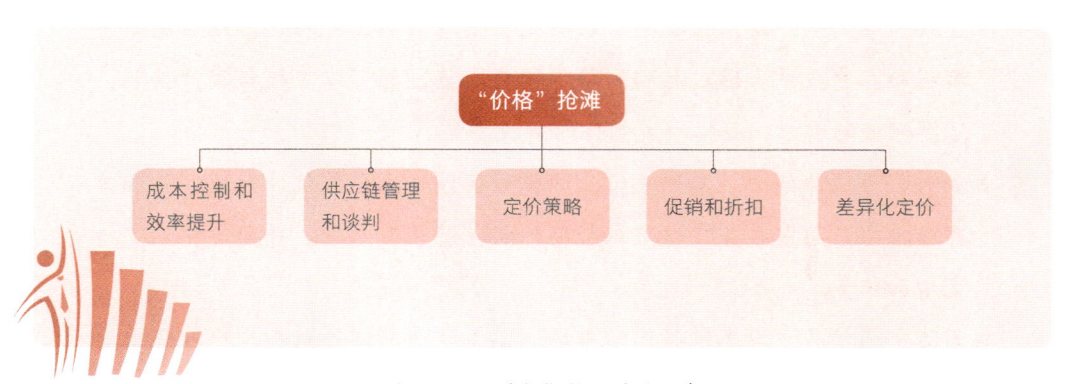

图6-10 "价格"抢滩关键要素

价格策略虽然可以吸引顾客并抢占市场份额，但也需要在赢利能力和长期可持续发展方面保持平衡。我们应仔细评估市场需求、成本结构和竞争环境，以制订适当的价格策略，并与其他策略（如产品差异化、品牌建设等）相结合，以获得更好的商业效果。"价格"抢滩关键要素如图6-10所示。

❸ "渠道"抢滩

通过扩大销售渠道和渗透新市场，企业可以迅速提高市场覆盖率并获得更多的客户。这可能包括与分销商合作、开拓新的销售渠道、进军国际市场等。

渠道扩展是一种有效的商业策略，关于卖货或卖服务，30年前你只要将产品制作出来就可以了，20年前你只要敢在电视台"砸广告"就行，10年前你只要搭上互联网的东风就好，而今天的你该怎么做呢？

下面我们汇总一下关于现有的渠道扩展的思路以供参考。

- **分销合作。** 与分销商建立合作伙伴关系，让其在特定地区或市场推广和销售你的产品或服务。通过利用分销商的网络和资源，你可以迅速进入新市场，并获得广泛的市场覆盖。
- **新的销售渠道。** 考虑开拓新的销售渠道，以增加产品或服务的可见性和销售机会。这可能包括在线销售平台、电子商务网站、移动应用程序等。通过利用数字化和在线销售渠道，你可以更广泛地触达潜在客户，并提供更便捷的购买体验。
- **直接销售团队。** 建立或扩大自己的直接销售团队，可以更好地控制销售流程和客户关系。通过招聘和培训销售人员，你可以直接与客户接触，了解他们的需求，并提供定制化的解决方案。
- **加入合作伙伴计划。** 与相关行业的合作伙伴建立合作伙伴计划，互相推荐和推广产品或服务。这可以帮助你扩大潜在客户群，并通过相互支持来增加销量。
- **国际市场扩展。** 考虑进军国际市场，以寻找新的增长机会。这可能需要研究目标市场的文化、法规和竞争环境，并适应当地需求和偏好。与当地合作伙伴合作或建立自己的分支机构，可以帮助你更好地理解和进入国际市场。
- **品牌建设和市场推广。** 无论你选择哪种渠道拓展策略，都需要重视品牌建设和市场推广。确保你的品牌形象和价值主张在目标市场中得到传达和认知，可以通过广告、营销活动和公关来提高品牌知名度和吸引力。

```
渠道 —— 渠道 —— 渠道 —— 渠道 —— 渠道 —— 渠道
分销合作   新的销售    直接销售   加入合作   国际市场   品牌建设和
           渠道        团队       伙伴计划   扩展       市场推广
```

图6-11 "渠道"抢滩关键要素

在渠道拓展过程中，应与合作伙伴保持良好的沟通与合作，以确保品牌传播和销售策略统一。此外还要及时评估和监测各个销售渠道的绩效，以便做出调整和优化。渠道拓展需要在资源和能力范围内进行，并与整体战略目标相一致，以实现可持续的增长和商业成功。"渠道"抢滩关键要素如图6-11所示。

"品宣"抢滩

通过积极的品牌营销和宣传活动，企业可以提高品牌知名度，在竞争激烈的市场中脱颖而出。

品牌营销和宣传是一门艺术，也是一种情感的传递。在如今人人都是自媒体的时代，品牌的影响力更是无处不在。一段短视频，一个小作文，都可能瞬间引爆网络，品牌被正面宣传还是负面宣传都极有可能。

品牌只有通过传播才有品牌影响力，以下是一些常见的品牌营销手段和宣传活动。

- 广告。通过广告媒体（如电视、广播、印刷媒体等）发布品牌广告，向广大受众传递品牌价值以及产品或服务的优势。广告可以采用创意或情感化的方式，吸引目标客户的注意力，促进销售和品牌认知。
- 数字营销。借助互联网和数字技术，通过搜索引擎优化和营销、社交媒体营销、内容营销等手段，将品牌信息传达给目标受众。数字营销具有定位精准、互动性高、成本较低等优势，可以有效推广品牌和吸引潜在客户。

- 社交媒体宣传。通过各种社交媒体平台（如抖音、快手、小红书、百度、视频号，以及海外的Facebook、Instagram、Twitter、LinkedIn等），与目标客户进行互动和沟通，发布品牌信息、产品或服务的更新。社交媒体是一种强大的宣传工具，能够扩大品牌影响力并与受众建立紧密联系。
- 口碑营销。通过积极管理客户口碑，提供优质的产品或服务，并激励客户分享正面的品牌体验，以扩大品牌的口碑效应。口碑营销可以通过在线评论、用户推荐、品牌大使等方式来实现。
- 赞助和合作活动。通过赞助相关活动、合作伙伴关系和品牌合作，提高品牌曝光度和形象认可度。这可以包括赞助体育赛事、文化活动、慈善事业等，与目标受众建立情感联系和共鸣。
- 创意营销活动。通过独特和有创意的营销活动，吸引目标客户的注意力。这可能包括促销活动、推出有趣的广告宣传片、举办线下活动或比赛等，以增加品牌的亮点和提升吸引力。

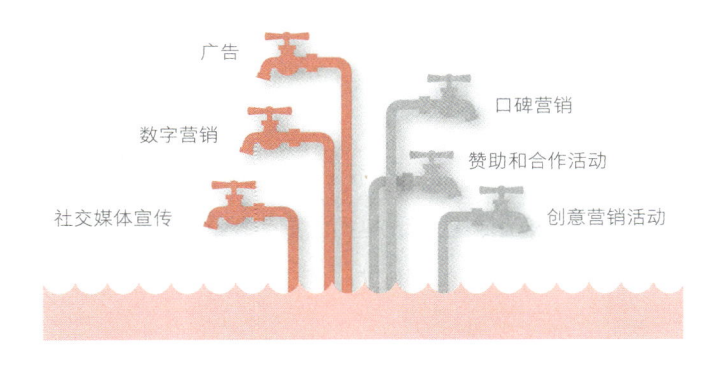

图6-12 "品宣"抢滩关键要素

品牌营销和宣传需要根据目标市场、受众特点和品牌定位来制订策略。同时，需要定期评估和监测宣传活动的效果，并根据反馈进行调整和优化，以确保营销活动的最佳效果。"品宣"抢滩关键要素如图6-12所示。

"技术领先"抢滩

通过不断创新和引领技术发展，企业可以在市场中保持竞争优势。这可能涉及研发新技术、提供独特的解决方案、与创新公司合作等。

创新是智慧的结晶，是对传统的打破。技术领先是企业持续前进的动力。创新和技术领先是一对孪生兄弟，相互依存、相辅相成。创新引领了技术的发展，而技术则为创新提供了更广阔的舞台。但创新和技术领先并非易事。

创新和技术领先是企业保持竞争优势和满足不断变化的市场需求的重要因素，你可以从以下六个方面进行考虑。

- 研发新技术。将研发投资用于开发新技术和新解决方案。这可以包括探索新的科学领域、投入研发资源、与科研机构合作等。通过推动前沿技术的发展，企业可以创造出独特的竞争优势，并满足市场对创新解决方案的需求。
- 差异化解决方案。基于市场洞察力和消费者需求，开发独特的产品或服务解决方案。通过深入了解目标客户的需求和痛点，企业可以创造出满足特定需求的解决方案，从而赢得竞争优势。
- "纳新"合作。与创新型企业或初创公司合作，共同开发新产品或服务。这种合作可以带来新的创意和技术，提高企业的创新能力，并将先进技术引入自己的业务中。
- 投资研发。建立强大的研发团队和实验室，投资技术研究和开发。通过持续的研究和实验，企业可以不断改进现有产品或服务，并探索新的技术和领域，以满足市场的不断变化和创新需求。
- 跟随市场。紧密关注行业的发展趋势和市场需求，及时调整战略和投资重点。了解新兴技术、市场趋势和竞争动态，可以帮助企业保持技术领先地位，并在市场中抓住机会。
- 内部创新。创建鼓励创新和尝试的企业文化。鼓励员工提出新想法、实验新方法，并提供支持和资源来推动创新。营造团队合作和知识共享的氛围，激发员工的创造力和创新能力。

- 研发新技术
- 差异化解决方案
- "纳新"合作
- 投资研发
- 跟随市场
- 内部创新

图6-13 "技术领先"抢滩关键要素

创新和技术领先需要持续的投资和承诺,并与企业的战略目标和市场需求相一致。我们要向那些勇于创新、敢于挑战的企业致敬!它们是创新的探险家,技术的引领者。未来它们将继续展现出创新和技术领先的无限可能。

"技术领先"抢滩关键要素如图6-13所示。

结合前面4种抢滩计划,即"推新""价格""渠道""品宣",再加上"技术领先"抢滩计划,本章介绍了5种常见的抢滩计划。那么,哪一种抢滩计划更符合你的定位呢?赶快行动起来,定好你的抢滩计划,就可以乘风破浪了!

抢滩计划需要我们具有快速决策能力和执行能力。同时,我们不要忘记对企业风险进行评估和管理,以确保所采取的行动是可持续和可控的。

没有进行充分的市场调查,或者内部还没有完全消化时,不要贸然制订和执行抢滩计划。记住,不打无准备的仗。

第 7 章

中小微企业持续赢利的六个黄金技巧

- 观察:"CYGS 思路"让问题有解
- 记录:"记录绩效法"规划未来的路
- 反馈:"正向反馈"让组织积极发展
- 评价:"五维评价"让全员目标正解
- 对话:"对话课堂"让谈话变得有益
- 认可:"荣耀地图"开启成就的征程

观察:"CYGS思路"让问题有解

如何有效观察?这是一个从古至今一直在讨论的问题。

孔子有一个学生名叫子张,是春秋末期陈国人。子张多次向孔子请教官场应对及升迁之法。

孔子曾告诉他:"你要学会审视和观察你听到的各种信息,不要轻易下结论,你只对你能够确认的部分发表见解,这样就能减少错误的发生。同样地,对于所见到的东西,也要保持谨慎的态度,你只对你有把握的事情去付诸实践,这样就能减少懊悔。谨言慎行,会有更多的机会。"

有一次,子张问孔子:"士怎样才可以通达?"孔子说:"你说的通达是什么意思?"

子张答道:"在朝廷里有名望,在封地里有名声。"孔子回:"这只是虚名,不是通达。所谓'通达',那是要正直善良,遵从礼义,察言观色,谦恭待人。这样的人,才可以在朝廷和封地里通达。至于徒有虚名的人,满口仁义道德,实则违背仁义且不知悔改。这样的人,无论是在朝廷还是在封地都是徒有虚名。"

观察是一项重要的思维技能,可以帮助我们理解问题、发现解决方案和做出明智的决策。我们在观察思维的基础上,转换一下解决问题的思维,即用"察言观色"的思维来让问题迎刃而解。

从基本常识来看,察言观色是一种通过观察他人的言语和非言语表达来获取信息和洞察他人心理状态的思维方法。通过运用察言观色的思维,我们可以更好地理解他人的需求、意图和情感,从而更好地解决问题。

在交谈时,针对对方的措辞、语气、重点和说话速度等进行仔细观察,可以收获很多信息,因为大部分人在语言中表达了他们的需求、困惑或问题,通过仔细聆听和解读这些细节，我们可以更好地理解问题的本质。

通过观察对方的身体语言也可以看出许多信息，比如他人的姿态、手势、面部表情和眼神。这些非言语信号可以帮助我们理解对方的情感状态和意图。例如，紧张、不满或兴奋等情感可以通过身体语言得到体现。

> 胤每听辞讼，断罪法，察言观色，务尽情理。
> ——南朝宋·裴松之《裴注·三国志》

除此之外，我们还可以观察交谈时周围的情感和氛围，包括团队会议、面试或重要谈判等场合。情感和氛围的变化可能揭示出潜在的问题或挑战，帮助我们采取相应的解决方案。

通过察言观色，我们可以更好地理解他人的立场和观点，以便更好地进行沟通和协调。有效的沟通可以帮助解决问题，并促进合作和共识的达成。

基于企业和员工共同提升的目标，运用"察言观色"思维可以让很多问题聚焦，然后一并解决。我们以"察言观色"每个字拼音的第一个字母，组成一个首字母组合，即"CYGS"。

从解决问题的维度，我们可以将"察言观色"拆分成"察（C）""言（Y）""观（G）""色（S）"四个字并引申为四个部分，再将这四个部分组成一个以"深察"为起点的循环解决问题法。我们将察言观色训练成一种技巧和思维方法，再通过实践和经验来提高与之相关的能力。"CYGS"思路如图7-1所示。

深察——细致问题
客观收集信息并分析问题

讨论——解决方案
创造性思考
多维度解决方案

上色——新的计划
新的改进措施纳入新的计划

统观——行动方案
监管及辅导
行动方案直至结果呈现

图7-1 "CYGS思路"

用这个思路设计了一张"CYGS"问题解决公式表（表7-1）。

表7-1 "CYGS"问题解决公式表

代码	名称	思路描述	思路成型路径	结果呈现
C	察（深察-细致问题）	全面问题描述 如何改善计划	☐数字化 ☐自动化 ☐标准化 ☐流程化 ☐其他	×××行动方案
Y	言（讨论-解决方案）	说明需求和期望 协调与共享信息	☐数字化 ☐自动化 ☐标准化 ☐流程化 ☐其他	×××会议记录或SOP（标准操作程序）
G	观（统观-行动方案）	监管及辅导执行过程 如何赋能执行人员	☐数字化 ☐自动化 ☐标准化 ☐流程化 ☐其他	过程反馈建议及资源对照表
S	色（上色-新的计划）	新的改善措施 新的资源需求	☐数字化 ☐自动化 ☐标准化 ☐流程化 ☐其他：	×××（N次）行动优化方案
总结		达标—固化—新目标—新方案—再达标—再固化，以此循环		

某家跨国公司供应链部门的陈经理发现了一个持续存在的问题：供应商交货准时率低于预期，导致生产线停工和交货延误。为了解决这个问题，陈经理决定运用"察言观色"思路进行改进。

● 察（深察——细致问题）

针对该问题，陈经理组织团队收集并分析了交货准时率的数据，经过分析发现供应商管理和物流协调是主要问题。于是他们决定制订计划，包括与供应商加强沟通、改进物流流程和建立绩效指标等。

● 言（讨论——解决方案）

根据计划，陈经理与供应商进行了面对面的会议，详细说明了他们的需求和期望，与之共同讨论了供应链流程的改进措施，并制订了具体的行动计划。此外，陈经理还与内部团队合作，改进物流协调和信息共享的方式。

观（统观——行动方案）

在执行行动方案的过程中，陈经理定期与供应商进行沟通和协调，确保他们按时交付产品。他们还监测交货准时率的数据，并与之前的数据进行比较。通过数据分析，他们发现交货准时率有了显著的改善。

色（上色——新的计划）

基于统观的结果，陈冲决定继续优化供应链流程和改进物流协调。他与团队成员共同分析问题的根本原因，并提出了进一步的改进措施，如加强供应商评估、加强内部沟通和流程标准化等。他们将这些改进措施纳入新的计划，并继续执行和监测。

在这个案例中，陈经理和他的团队成功改进了供应链的运作，提高了交货准时率并减少了生产线停工的情况。他们的努力得到公司高层的认可和表彰，为公司的运作效率和客户满意度做出了贡献。

CYGS思路能让问题迎刃而解！通过全面了解问题，我们可以更好地理解问题的本质并找到相应解决方案。观察时要尽量保持客观，避免陷入主观偏见或过早下结论。尽可能多地收集事实和证据，并从多个角度考虑问题，以确保我们的观察更全面和准确。

从多种角度细致观察问题，可以帮助我们获取更多的见解和理解。尝试站在他人的角度思考问题，或者运用不同的框架和模型来分析问题，这样可以拓宽思路，找到更多解决问题的可能性。

读到这里，或许会有读者提出疑问，本书提到的"察言观色"的工作思路与戴明提出的PDCA循环工作法有何异同呢？

戴明，即威廉·爱德华兹·戴明，1900年生于美国，1928年取得耶鲁大学的物理博士学位。

戴明博士在美国政府服务期间，将统计的质量管理应用到工业以外的美国社会各个层面，对美国SQC（统计质量控制）的推广做出了积极的贡献。而后又赴日本去指导质量管理，戴明对提升日本质量管理做出的贡献得到了日本企业界崇高的敬佩，他被称为"日本质量管理之父"，1960年他被日本天皇授予"神圣财富"银质勋章。

直到1980年，美国的企业普遍遇到竞争的旋涡急需攻坚力量时，美国全国广播公司（NBC）为突出戴明的地位播放了90分钟的专题片《如果日本能，为什么我们不能？》。这个专题片奠定了戴明在美国社会质量管理"教父"的地位。以戴明博士的品质管理原则为基础的TQM（全面质量管理），从1980年开始盛行至今。

从戴明博士的故事中可以看到，所有的管理模式和方法都是持续迭代的，PDCA循环工作法也是这样的逻辑。PDCA循环工作法是全面质量管理的思想基础和方法依据，由美国质量管理专家沃特·阿曼德·休哈特首先提出，再由戴明进行宣传并获得普及。

PDCA循环工作法在质量管理活动中将质量管理分为四个阶段，即Plan（计划）、Do（执行）、Check（检查）和Act（处理），然后再将成功的部分纳入新的标准中，不成功的留待下一循环去解决。

一样的逻辑，经过这么多年的发展，PDCA循环工作法本身也需要持续迭代，这样才能适应社会持续的发展，帮助我们不断进步和提升绩效。方法和工具没有完全优劣之分，只能说更适用于哪个群体或哪个场景。但经过这么多年的实践，在执行PDCA循环工作法的过程中，有些问题已经非常明显。

- 不充分的计划。如果计划不够详细或不太充分，可能会导致执行阶段的困惑和不确定性。不完善的计划可能没有清晰的目标、缺乏具体的行动步骤或未充分考虑相关因素，这可能影响到后续的执行和结果。
- 不完整的执行。在执行阶段可能出现执行不完整或不符合计划的情况，这可能是由于缺乏资源、时间不足、沟通不畅或团队合作问题等造成。如果执行不到位，就无法获得准确的反馈和数据，影响后续的检查和行动阶段。

- 不准确的检查。检查阶段的质量和准确性对于问题分析和改进决策至关重要。如果在检查阶段收集的数据不准确或不完整，就无法得到真实的问题情况和趋势分析，可能导致错误的结论和不恰当的行动计划。
- 缺乏持续改进。PDCA循环工作法的核心在于持续改进，如果在行动阶段没有实施有针对性的改进措施，或者没有设立明确的行动计划并跟进执行，就无法实现真正的改进效果。持续改进需要团队的积极参与和领导层的支持。
- 没有有效的沟通和协作。PDCA循环工作法的成功依赖于团队成员之间的有效沟通和协作，如果缺乏良好的沟通渠道、共享信息和有效的协作机制，团队成员之间的理解和合作可能会受到影响，从而影响到PDCA循环工作法的执行和结果。

以上这些问题，或多或少存在于PDCA循环工作法的运用中。不充分的计划、不完整的执行、不准确的检查、缺乏持续改进以及没有有效的沟通和协作，是不是大部分问题可以理解为没有深察细致问题、没有全面讨论解决方案、不去统观行动方案及不聚焦下一轮新的改善计划呢？笔者在工作中，经常会问团队如下问题。

- 是全面发现问题容易还是制订计划容易？
- 是设计方法或方案简单还是直接执行方案简单？
- 是检查和分析执行计划的结果轻松还是赋能和辅导执行过程轻松？
- 是对总结检查的结果进行处理简易还是继续执行下一轮新的计划简易？
- 在发现问题时，你面临的主要挑战是什么？是找到问题本身还是理解问题的根本原因？
- 制订计划时，你通常会面临哪些困难？是缺乏信息还是难以预测未来的变化？
- 当涉及设计方法或方案时，你更倾向于采用哪种方法？是创新和风险较高的方法还是经过验证和稳定的方法？
- 在执行方案时，你最常遇到的难题是什么？是资源限制还是团队合作的挑战？
- 在检查和分析执行计划结果时，你主要关注哪些方面？是结果的有效性还是执行过程中的问题？
- 在赋能和辅导执行过程时，你认为最重要的因素是什么？是激发团队动力还是提供资源支持？
- 对于总结检查的结果，你如何确定哪些信息是关键的？是通过数据分析还是借鉴经验教训？
- 当决定是否继续执行下一轮新的计划时，你通常会依据什么因素？是当前计划的成功与否还是环境变化的需要？

经过这样的问答，你会发现，项目的改善核心是要学会发现问题，学会集思广益，学会沟通及处理人际关系，学会管过程和要结果，而不是简单地做计划，做执行，做检查，做处理。

做计划重不重要？当然重要，但目前这项工作已经变得非常简单，在资讯如此发达的今天，你要获取一份项目改善计划的样板相对戴明博士所处的19世纪80年代不知要容易多少倍！

现阶段，很多企业的问题不是缺乏方法论或工具的问题，而是没有足够的发现问题的能力，也就是本文提到的要深察细致问题。

全面发现问题后，再组织相关方一起讨论形成一套标准的"打法"，应用到企业的方方面面。为什么要讨论？讨论一方面是集思广益，另一方面是思想统一和互相学习。俗话说"一个篱笆三个桩，一个好汉三个帮"，大抵就是这个意思。

20年前，电脑的普及程度还不高，由于许多人对电脑和互联网的使用并不熟练，培训班和学习机构开始提供教授电脑基础知识和技能的课程，并收取相应的学费。这是因为许多人需要学习如何使用电脑上网、发送电子邮件等基本操作。

然而，随着时间的推移，科技发展迅猛，电脑等电子设备变得更加智能化、易

> 于使用。同时，互联网的普及使得获取相关信息和学习资源更加便捷。这就导致培训班教学的需求逐渐减少，因为许多人能够通过自学、在线教程、视频教学和应用程序的用户界面进行学习和掌握相关技能。
>
> 此外，许多学校和教育机构也将电脑和信息技术纳入课程中，使学生在学校就能接触到电脑和互联网，提高了整体的数字素养水平。这也减少了人们对专门的电脑培训班的需求。
>
> 随着科技的进步和人们对数字技术的熟悉程度的提高，传统的电脑培训班的需求逐渐减少。但新的技能和领域不断涌现，人们可能会转向学习其他相关的技术和知识。

逐渐消失的电脑培训班，说明电子设备的智能化发展使得使用电脑变得更加简单和普及，许多基础的电脑技能已经不再需要专门的培训。这意味着现代电子设备对于用户来说越来越友好，人们能够更容易地掌握并应用它们。

这种变化还暗示了进入社会的就业人员的技能水平在逐渐提高。随着科技的不断进步和普及，越来越多的人在学校或工作中接触到电脑和相关技术，并获得了一定的基本技能。这种普遍的技能提升使得专门的电脑培训班的需求减少。

对于企业管理的变化趋势而言，数字化及数据驱动决策，自动化、智能化及弹性和远程工作等这些方面也已经早早就到来了。

随着企业逐渐向数字化转型，企业越来越依赖电子设备和数字技术来进行业务管理和决策。随着技术的普及，员工需要具备一定的数字技能来适应数字化工作环境。

数字化转型也推动了更多的企业用数据驱动决策。企业管理越来越重视数据的收集、分析和应用。员工需要具备数据解读和数据驱动决策的能力，以提供战略性的建议和指导。

同样，随着人工智能和自动化技术的发展，许多重复性和烦琐的任务可以由机器人或计算机系统完成。企业管理将更加注重人力资源的战略规划、创新和决策等高级能力，而不仅仅是执行性的任务。

在全球化和科技进步的推动下，越来越多的企业采用弹性工作制度和远程工作模式。这种趋势要求员工具备自律性、协作性和远程协作工具的使用能力。

企业需要适应改变，适应数字化、自动化、智能化和弹性化的发展。员工也需要不断提升自己的技能，以适应这些变化并为企业创造更大的价值。

观察问题时，我们要保持一种开放、创造性的思维方式。思考可能的解决方案和方法，不要被固有的思维模式限制。尝试新的方法和思维方式，以发现独特的解决方案。

观察是一个反复迭代的过程。实践解决方案，并根据结果进行反馈，然后通过实践和反馈，不断完善解决方案。

记录："记录绩效法"规划未来的路

网友调侃说："学某企业管理课程之前，企业经营还算稳健，学完并应用后企业现状每况愈下！"

企业经营得好与坏，与学不学某些课程有没有绝对的因果关系呢？其实，这有一定程度的影响。

部分企业家朋友，尤其是一些中小微企业的负责人在学习完某些课程后，就头脑发热地照搬到自己企业上。比如，动不动就套用苹果、特斯拉等企业的管理体系，或者不假思索地大量引进某些管理项目。笔者认为，这些巨头企业一个ERP（企业资源规划）或某个管理软件一年的运营费用也许就盖过很多中小微企业一年的利润，甚至超过其一年的营销额，还有人力配置，也许单单一个人力资源部门的人数就是很多中小微企业全体员工的总数了。

规模及效益如此悬殊，我们怎能照搬或全盘吸收其他企业的管理体系呢？企业管理课程可以提供一定的知识和技能，帮助企业家和管理者更好地理解和应对经营挑战。适当地应用这些知识和技能，可以促进企业的发展和改进管理效率。

我们必须清楚，企业管理课程的应用并不是简单地照搬或全盘吸收巨头企业的管理体系或项目。每个企业都有其独特的情况、规模、行业和资源限制。因此，应该将所学的理论与企业实际情况相结合，进行适度的调整和定制。企业需要根据自身的特点和目标，选择适合自己的管理方法和工具。

在如此激烈的竞争环境中，企业经营质量受到多种因素影响，包括市场环境、竞争压力、管理团队的能力、产品质量等。学习某些课程本身并不能保证企业经营的成功，成功还需要实践、经验和灵活的应对策略。

如何应用和整合这些知识并使其与实际情况相符，是企业自身的责任和挑战。企业管理者应该审慎选择适合自己企业的管理方法，并结合实践经验，逐步改进和优化企业的经营状况。

本节我们就用所有企业均可使用的简单方法"记录绩效法"，研究如何提升企业人效。这就好比用最简单的食材去做出一道体现原味的美食。

先谈企业经营活动中的"记录"这个关键动作，记录可以采用多种方式，具体选择的记录方式取决于不同的应用场景。以下是一些常见的记录方式。

笔记本和纸质记录

使用笔记本、备忘录或便笺纸来记录想法、任务、关键信息和重要细节。这种方法简单方便，可以随时随地记录。

电子文档和表格

使用软件（如WPS Office、Microsoft Word等）或文本编辑器等来创建和保存记录，记录数据、计划和创建图表、图形等。

任务管理工具

使用任务管理工具来记录和跟踪任务、项目和日程安排。这些工具通常具有提醒、进度追踪和团队协作功能。

手机应用程序

使用记录类手机应用程序来记录想法、笔记、图片和语音等。这些应用程序通常具有跨设备同步功能，可以随时访问记录。

语音录音

使用录音设备或手机应用程序来进行语音录音，记录会议、讲座、想法和灵感。后续可以将录音转成文字或摘要，以便更好地整理和回顾。

企业问答社区和个人社交账号

利用企业问答社区和个人社交账号记录个人思考、体验和观察。这是一种反思和成长的方式，并且可以与他人分享自己的想法和见解。

我们可以自由选择一种常用的适合自己的记录方法，并保持一定的连贯性和一致性。无论选择何种方式，都要确保记录准确、清晰，并根据需要进行整理和回顾。

为什么要在企业内强调个人记录问题？

"好记性不如烂笔头"，人类记忆有限，容易忘记细节和重要信息。记录可以帮助我们保存和回顾需要的信息，避免遗忘和丢失重要的细节。

记录可以促使我们整理和梳理思维。将想法和信息写下来，可以帮助我们更清晰地理解和组织这些内容，进而更好地处理和解决问题。企业中，有一些问题就是因为没有记录而产生的，记录可以提高信息的准确性和可靠性。将信息写下来时，我们可以更仔细地思考和核实，减少错误和误解的可能性。

在企业里，讲话的人太多，但记录的人相对少，记录可以帮助我们进行复盘和学习。通过回顾记录的信息和经验，我们可以识别成功和失败的因素，从中吸取教训，并改进我们的做法。

很多年前的一个夏天，当时笔者还是一名在校大学生，到一家生产汽车零部件的外资企业实习，担任市场营销部实习助理的职位。

说是实习，其实笔者觉得就是打暑假工，去企业打两个月工，既增长了见识，又可以拿两个月的薪水给自己添置一些"装备"。

实习的第一天就是办理入职手续并接受入职培训。入职培训完成后，我们实习的几位小伙伴每人得到了企业发的一个本子和一支笔。

"将你会的和不会的，将你理解的和不理解的，重点是将你计划要做的和做过的，都写下来！"市场营销总监在给我们讲完话后留下了这样一句话。后来HR告诉笔者说企业管理层都非常注重细节和记录工作中的重要信息。

每天，笔者都会在工作开始之前花一些时间整理和规划当天的任务。当年，电脑、电脑软件及互联网并不像今天这样发达，电脑的使用频率更低。不像我们现在可以随心所欲地使用电子日历和待办事项列表来跟踪工作进度，当时笔者就用本子记录下来所有的琐事，并在每个任务完成后及时勾选。

笔者还保留了一本笔记本，用来记录会议、电话谈话和重要决策的要点。这些记录不仅让笔者能够随时回顾和查找信息，还充当了自己的工作参考和备忘录。

一次，公司决定启动一项重要的市场调研项目。作为市场营销实习助理，笔者负责收集竞争对手的信息、分析市场趋势和撰写报告。因为这项任务需要大量的数据和信息，所以笔者又向公司申请了一个专门的记事本，用来记载收集到的资料，记录下每个步骤和结果，确保数据的准确性和完整性。

在项目进行过程中，笔者不可避免地遇到了一些挑战和困难，但是非常幸运的是，笔者通过回顾之前的记录和笔记，都能找到解决问题的线索和方法。笔者发现以往的培训、学习、交谈、会议记录对自己的工作都非常有帮助，能够让自己更加高效和自信地解决问题。

两个月的实习很快结束，笔者负责的工作也接近尾声。在交接工作时，笔者准备了一份详细的报告，其中包括市场调研的过程、结果和建议。当年在这家企业实习的所有实习生中，笔者是唯一一个获得书面表扬信的实习生，这个经历让笔者终生难忘。临走时，这家企业的市场营销总监特意把笔者叫到办公室，当着众人的面夸赞了一番，不仅报告准确、清晰，而且有充分的数据支持，对笔者的工作非常满意，给予了高度的赞扬和认可。

随着时间的推移，笔者记录的习惯成为职业生涯中的一项重要工具。通过记录工作中的关键信息，笔者能更好地管理时间、提高效率，并且更有信心面对挑战。

记录，不仅能帮助我们回顾和学习经验教训，还能提高工作效率、提供便捷的参考，使我们更加专注和自信地处理工作任务。无论使用电子工具还是采用传统纸笔方式，建立记录习惯都将对我们的职业发展产生积极影响。

在职场，有效的记录是沟通和交流的得力工具。通过书面记录，我们可以更清晰地表达和传达想法，确保信息的准确传递，并促进更有效的沟通和交流。

对于个人成长而言，记录是个人绩效评估和回顾的基础。记录提供了客观的个人数据和信息，用于评估个人或团队的工作表现，从而更准确地做出评价和决策。

将记录视作个人成长中的一项重要技能，能够帮助我们避免遗忘、提高准确性、支持学习、促进沟通和支持绩效评估。无论在个人生活中还是在工作环境中，记录都是一项有价值的习惯。

从企业经营的层面看，"记录绩效法"可以给企业带来显而易见的益处。"记录绩效法"不仅是一种管理思路，更是一种工作态度。它告诉我们，每一分努力都具有价值，每一次进步都值得被铭记。从每一个细微的改变到重大的突破，都应该被记录下来，留下成长的足迹。

下面让我们静下心来，抛开"高大上"的巨头企业管理论，努力超越自己既定的想法、特定的立场，站在企业低成本高效发展的维度，看看"记录绩效法"能给企业带来什么。

更具逻辑的绩效评估和反馈信息

记录员工的工作表现和成就是进行绩效评估和提供有效反馈的基础。通过记录员工的工作成果、目标达成情况、成就和里程碑，可以为绩效评估提供客观的数据和证据，帮助管理层做出准确的评估和决策。

记录绩效的目的不仅是积累数据，更重要的是根据这些数据进行定期的绩效评估和反馈。定期的评估和反馈可以帮助员工了解自己的优点和不足，并提供改进和发展的机会。同时，也能够让员工感受到管理层的关注和支持，增强员工的工作动力和参与感。

对于员工而言，记录绩效也是为了支持自身的发展和成长。根据绩效评估的结果，可以制订个别员工的培训和发展计划，提供相关的资源和机会，帮助员工不断提升自己的能力和职业素养。

更有效的信息整理和回顾

"记录绩效法"通过强调记录这个关键动作，可以帮助企业整理和回顾员工的工作进展、挑战和成就。这有助于发现工作中的问题和机会，并为制订改进计划提供依据。记录还可以帮助管理层了解员工在特定项目或任务中的表现，为后续工作做出合理安排。

记录可以帮助企业跟踪和分析员工的工作进展，包括完成的任务、达成的目标、项目的进展等。这些记录可以帮助管理层了解员工的工作量、工作效率和工作质量，从而更好地评估员工的绩效和提供反馈。

记录也有助于发现工作中的问题和机会。通过记录工作过程中遇到的挑战和困难，企业可以及时识别问题并采取相应的措施进行改进。同时，记录员工的创新和成就也能为企业提供宝贵的机会，例如发现新的商机或改进工作流程。

此外，记录还可以帮助管理层了解员工在特定项目或任务中的表现，包括员工的贡献、团队合作能力、解决问题的能力等。这些信息可以帮助管理层做出合理的人员安排，确保适当的人员参与关键项目，并给那些在特定领域或任务中表现出色的员工提供发展机会。

记录在企业中起到了收集、整理和分析信息的作用。它为管理层提供了有价值的数据和见解，可用于评估员工绩效、改进工作流程，并做出相应的决策。同时，记录也促进了团队之间的交流和学习，帮助企业不断提高和发展。

促进沟通和交流

记录的信息可以作为沟通和交流的重要依据。通过记录员工的成就和表现，管理层可以与员工进行有意义的对话和反馈，提供肯定和指导。记录还可以帮助不同部门和团队之间进行信息共享，促进协作和合作。

通过记录员工的成就和表现，管理层可以与员工进行有意义的对话和反馈。记录提供了客观的数据和证据，使得反馈更加具体和准确。管理层可以利用记录中的信息来肯定员工的成就，表达赞赏和认可，激发员工的积极性和动力。同时，记录也有助于发现员工的发展领域和潜力，并提供相应的指导和支持。

记录的信息可以促进不同部门和团队之间的信息共享和合作。通过记录工作进展、挑战和成果，不同部门和团队可以更好地了解彼此的工作内容和进展情况，有助于消除信息壁垒，促进跨部门的协作和合作。

记录的信息可以作为交流的基础，启发讨论、分享经验和提供支持，从而促进整个组织的协同工作。

此外，记录还可以作为知识管理的工具，帮助组织保留和传承重要的经验和教训。通过记录工作过程、解决问题的方法和经验教训，组织可以建立起知识库，团队成员可以从中学习和借鉴。这有助于避免重复性错误，提高工作效率和质量。

试想一下，如果企业中的记录无效且混乱，会带来哪些危害呢？

- 误导决策。如果信息整理和回顾不准确或不完整，管理层可能基于错误的数据做出决策，进而导致错误的方向和策略，影响企业的绩效和发展。
- 漏掉问题和机会。无效的信息整理和回顾可能导致企业忽视工作中存在的问题和机会。如果员工的工作进展、挑战和成就没有被准确记录，管理层可能无法及时发现问题并采取适当的行动。
- 缺乏有效的反馈和指导。信息整理和回顾是为了提供有效的反馈和指导，帮助员工改进和成长。如果信息不准确或不全面，反馈可能会变得模糊或无效，无法真正帮助员工提升自己的工作表现。
- 交流和协作问题。无效的信息整理和回顾可能导致部门之间的交流和协作出现问题。如果信息不准确或没有及时共享，团队成员之间可能会存在误解或信息不对称，影响工作的顺利进行。
- 无法发现和利用经验教训。信息整理和回顾应该是一个学习和改进的过程，帮助企业发现和利用经验教训。如果信息不准确或不完整，企业可能无法从过去的工作中吸取经验教训，重复犯相同的错误，无法持续改进和发展。

无效或无用的记录会给企业带来诸多问题，而有效的记录则能在沟通和交流中起到重要作用。记录能够为管理层提供反馈和指导的依据，促进员工的发展和成长。同时，记录也能够促进部门和团队之间的信息共享和合作，提高组织的协同工作能力。

拓宽发展和培训通道的开始

笔者为什么一直致力于推广"记录绩效"呢？因为"记录绩效"确实能给企业和员工个人带来很多帮助。

> 陈晓波是笔者的学生，也是一家大型科技公司的一名年轻员工，他一直在同一个部门从事软件开发工作。有次陈晓波跟笔者聊天，提到他非常喜欢记笔记。

在这家企业工作两年后，陈晓波发现自己对编程有着浓厚的兴趣和一定的技术能力，但渐渐感到自己在当前的工作环境中发展受到了限制。

某天公司举办了一次内部培训活动，讲师是公司聘请的一位高级顾问，这位顾问分享了自己在不同企业和不同部门的工作经验和跨部门合作的重要性。这个培训活动激发了陈晓波的好奇心，他决定主动与讲师进行交流。

在培训结束后，陈晓波与顾问讲师约定了一次面谈。面谈中，他向这位顾问讲师展示了他的笔记本，并表达了自己对跨部门合作和拓宽发展的兴趣，也询问了如何在公司中开展类似的培训活动。

这位顾问讲师看了陈晓波的笔记本，很欣赏他的积极性和渴望成长的态度。他向陈晓波介绍了公司内部的一项跨部门项目，该项目旨在促进员工之间的合作和知识交流。在接下来的几个月里，陈晓波积极参与了跨部门项目，并与来自不同部门的同事们合作。通过与其他团队的合作，他拓宽了自己的技能和知识领域，了解了公司其他部门的运作方式和业务流程。

这个时候的陈晓波充满热情，不仅积极地参加各种培训课程，更积极学习并将学到的知识应用到工作中，不断提升自己的综合能力。

在这家企业工作三年后，陈晓波被提升为最年轻的项目总监。

聊到个人成长经历，笔者问陈晓波最大的感受是什么，他说，培养自己成为一个爱学习、爱记录、爱分享的"三爱好青年"，就是职场源源不断的动力。

记录员工的学习和发展需求，可以帮助企业识别培训和发展机会。记录可以指导制订个性化的培训计划，帮助员工提升技能和知识，从而增强绩效、促进职业发展。

通过记录员工的学习和发展需求，企业可以了解每个员工的具体需求和目标。这使得企业能够制订个性化的培训计划，根据员工的需求和兴趣提供有针对性的培训和发展机会，从而提高培训的效果和员工的学习动力。

笔者跟很多人力资源从业者经常谈的一个话题，就是要通过满足员工的学习和发展需求，提升员工相关的技能和知识，这有助于员工在工作中更加自信和熟练，提高绩效和工作质量。同时，投资于员工的培训和发展，也可以为企业带来长期的回报。

做好员工记录，才有可能制订一套完善的培训和发展计划，帮助企业吸引和留住人才。这将有助于营造一个有活力和高效的工作环境，促进员工和企业的共同发展。

传承组织学习和知识管理知识

记录员工的工作经验、最佳实践和教训，可以促进组织学习和知识管理。这些记录可以在组织内部进行分享和传承，帮助其他员工避免重复犯错，提高整体绩效和效率。

员工的工作经验、最佳实践和教训是宝贵的知识资产。通过记录和分享这些经验，组织可以确保这些知识不局限于个别员工，而是可以在整个组织范围内共享和传承。这有助于防止知识的流失和依赖个别人员的问题，促进知识的共享和团队的学习。

通过记录员工的教训和经验，组织可以帮助其他员工避免重复过去的错误。这些记录可以提供宝贵的指导和建议，帮助其他员工在类似情况下做出更好的决策和行动，从而减少重复工作和资源浪费。

记录员工的最佳实践可以作为参考，帮助其他员工学习并采用高效的工作方法。这可以提高团队整体的工作效率和绩效水平。通过共享成功的实践案例，组织可以促进员工之间相互学习和启发，推动组织的持续改进和进步。

记录员工的工作经验和最佳实践对于新员工的培训和融入是有帮助的。这些记录可以作为培训材料和指南，帮助新员工快速了解组织的工作流程、规范和成功经验，从而更快地适应新环境，并为组织做出贡献。

记录员工的工作经验、最佳实践和教训对于组织学习和知识管理有很好的促进作用。这种记录和分享的过程可以帮助组织建立学习型文化，促进团队之间的知识交流和协作，提高整体绩效和效率。

输出"记录绩效"

记录绩效不仅提供了对员工绩效的客观评估依据，还有助于促进沟通、发展和激励员工、促进组织学习和知识管理。通过有效的记录，企业可以更好地管理和发展人力资源，提高整体绩效和竞争力。

记录绩效是指将员工的工作表现、成就和进展进行记录和跟踪，以便评估和提高其绩效，可以参考以下七套记录输出的方式。

- 工作日志要求员工每天或每周记录他们完成的任务、遇到的挑战、取得的成果等。工作日志可以帮助员工回顾自己的工作，了解自己的进展和表现，并提供数据支持进行绩效评估。
- 成就清单要求员工记录他们在一段时间内实现的关键成就、里程碑和突出表现，包括项目完成情况、客户满意度提升、节省成本的措施等。成就清单可以作为评估和回顾绩效的参考。
- KPI记录，即根据设定的KPI，定期记录员工在关键领域的表现的相关数据，包括销售额、生产数量、客户投诉率等。通过记录KPI，可以直观地了解员工的绩效水平。
- 一对一会议记录，记录讨论的内容、员工提出的问题、达成的共识和制订的行动计划。这些记录可以跟踪并评估员工行动的进展，确保承诺的行动得到落实。
- 反馈记录，即记录员工接收到的正面反馈、建议和改进意见。这些记录可以帮助员工了解自己的优势和改进的领域，并在绩效评估中提供有力的证据。
- 记录员工参加的培训课程、学习计划和发展机会，包括专业培训、技能提升和领导力发展等。通过记录员工的学习和发展，可以评估其绩效提升和成长潜力。
- 定期综合以上记录，进行绩效评估总结。可以采用绩效报告的形式，概述员工的工作表现、成就、改进和发展需求。该总结可以作为基础，为员工提供反馈和制订绩效改进计划。

记录绩效是一个持续进行的过程，我们要将平常的记录上升到一种日常执行的策略工具，即"记录绩效"，让"记录绩效"成为一种共识，并要确保记录的客观、准确和有意义。

全面推广"记录绩效"的目标是什么？目标就是提供可靠的数据和信息，支持绩效评估和绩效增值的决策，而绩效有效增值又可以帮助员工实现更大的工作成果和贡献。

我们可以从记录绩效的维度，去观察如何制订一张绩效关键指标评价表（表7-2），让其对组织的整体绩效产生积极影响。

表7-2 绩效关键指标评价表（示例）

序号	指标维度	考核指标	考核数据
1	财务类	净资产回报率	考核期内净资产回报率在百分之几以上
2	财务类	主营业务收入	考核期内主营业务收入（含税）达到×××万元
3	财务类	净利润额	考核期内净利润额（税后）达到×××万元
4	财务类	总资产周转率	考核期内总资产周转率达到百分之几以上
5	内部运营类	年度发展战略目标完成率	考核期内年度企业发展战略目标完成率达到百分之几
6	内部运营类	投融资计划完成率	考核期内投融资计划完成率在百分之几
7	客户类	战略行业综合占有率	战略行业综合占有率达到百分之几

记录绩效具体流程如图7-2所示。

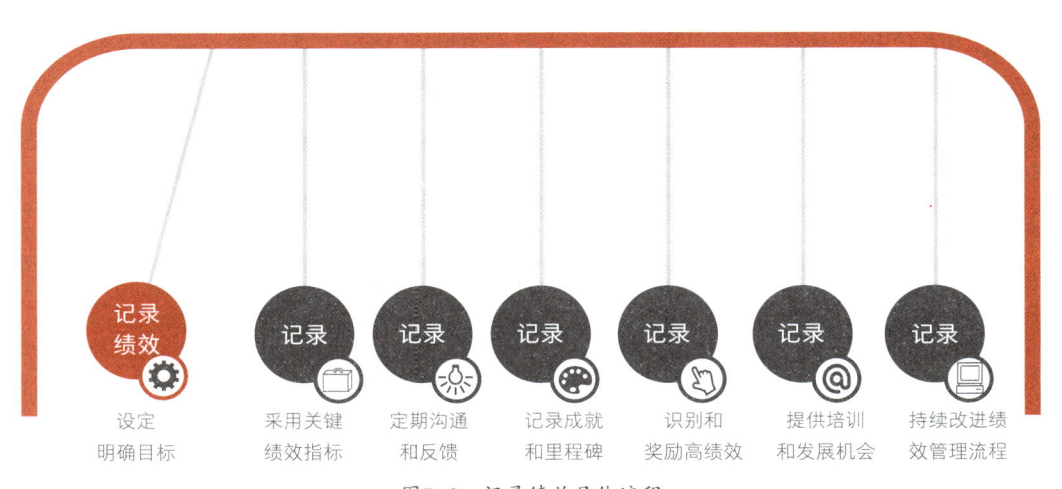

记录绩效 → 设定明确目标
记录 → 采用关键绩效指标
记录 → 定期沟通和反馈
记录 → 记录成就和里程碑
记录 → 识别和奖励高绩效
记录 → 提供培训和发展机会
记录 → 持续改进绩效管理流程

图7-2 记录绩效具体流程

- 设定明确目标：一起制订具体、可衡量的目标，并确保这些目标与组织的整体目标相一致。目标应该是具体、可衡量、可实现和与时间相关的。
- 采用关键绩效指标：确定KPI，用于衡量员工的工作表现。这些指标应该与员工的角色和职责密切相关，并能够反映出他们对组织的贡献。

- **定期沟通和反馈**：与员工进行定期的一对一会议，讨论他们的进展、挑战和成就。这些会议提供了许多机会，让员工能够了解自己的表现如何，以及如何改进。组织应及时提供正面反馈，并给予指导和支持。
- **记录成就和里程碑**：记录员工的成就和里程碑，包括完成的项目、取得的结果和实现的目标。这有助于回顾和评估员工的工作表现，并为绩效评估提供客观的数据。
- **识别和奖励高绩效**：及时识别和奖励高绩效的员工，可以通过表扬、奖金、晋升或其他激励措施来实现。奖励和认可能够激励员工继续提高自己的绩效。
- **提供培训和发展机会**：为员工提供培训和发展机会，帮助他们提升技能和知识，从而更好地完成工作任务。投资于员工的发展可以增加他们的绩效，并提升整个团队的能力水平。
- **持续改进绩效管理流程**：定期评估和改进绩效管理流程，确保其与组织的需求和目标保持一致。借助技术工具，如绩效管理软件，可以简化记录和评估过程，提高效率和准确性。

时间对于每个人来说都是最宝贵的财富。在不断前行的旅程中，我们经历了许多挑战、付出了许多努力，也取得了许多成就。记录绩效，实质上是给予自己一个真实的镜像。

无论个人生活还是职业发展，我们都需要回顾和反思，从中发现自己的优点、不足和成长的方向。记录绩效就像是一个"秘书"，忠实地记录下我们的成绩和努力，让我们能对自己的表现有一个清晰的认知。

记录绩效可以让我们发现自己的成就，认识到自己的不足，看到自己的发展轨迹和趋势，从而更好地规划未来的路。

反馈:"正向反馈"让组织积极发展

在职场的舞台上,有一种神奇的力量可以改变我们的成长轨迹、打造组织的文化,它就是反馈。反馈,是如此平凡却又弥足珍贵。

讲以笔者的切身经历来总结一下真实的自我体验。

笔者毕业后不久,曾经在一家生产3C设备的企业从事销售工作。

刚开始的几个月里,笔者感到非常兴奋和充满激情,积极地尝试与客户建立关系,并试图取得销售业绩。

但随着时间的推移,因为销售业绩并没有达到预期,笔者开始感到困惑和挫败。

团队的销售总监是一个经验丰富且关注团队绩效的领导者。他注意到笔者陷入困境后,有一天午后找笔者进行了一次真诚而具有建设性的反馈对话。

在这次对话中,销售总监首先肯定了笔者的努力和积极性,然后指出了一些需要改进的领域。他提到了笔者在销售策略、客户关系管理和销售技巧方面的一些不足之处,并分享了一些建议和最佳实践。笔者虽然有些受挫,但非常感激销售总监给予的反馈。

通过对话,笔者认识到自己还有很多销售技巧需要提高,于是决心接受总监提出的挑战。

那一次对话后,笔者开始主动寻求销售总监和其他团队成员的帮助和指导。笔者开始主动阅读相关的销售书籍，并主动与同事进行交流。

在持续不断的积累下，笔者开始调整销售策略和方法，并将反馈作为自我改进的动力。随着时间的推移，笔者的努力开始显现出成果。

那一年结束，笔者开心地用自己的奖金和提成，全款给自己购买了人生当中的第一辆汽车。

积极和有效的反馈，可以成就个人和团队。

团队管理者应该鼓励团队成员积极交流和分享反馈，这种积极的反馈环境可以促进团队的合作和绩效的提升。

如当有新人加入团队时，我们应该用鼓励的语言和耐心的指导迎接他们，让他们感受到被欢迎和支持。

在一堂有关沟通的课程中，笔者是这样描述反馈的：当我们以反馈的角色出现时，我们的眼睛和耳朵就会敏锐地去捕捉每个人的表现，我们的心灵也会敞开并积极地进行倾听和回应。

当我们面对挑战和困难时，反馈成为我们的指南和鼓励。在我们取得成绩和进步时，反馈是我们庆祝和分享的方式。

在职场，反馈是一种非常值得倡导的行为。反馈不仅是积极的赞美，也是对改进和成长的指引。当团队成员犯错时，反馈就是我们的镜子，让我们看到自己的不足和盲点。我们以开放的心态接受反馈，不断反思和改进自己，这样才能让失败成为成功的跳板。

反馈如同职场的阳光，给予我们能量和成长的机会，也让组织的文化变得更加积极和充满活力。

如何更好地进行反馈活动呢？我们可以运用结构化的反馈架构思维，鼓励整个组织建立积极的反馈文化，让反馈成为日常工作中的一部分。"结构化反馈——杆秤"示意图如图7-3所示。

15%	30%	45%	60%	75%	90%	100%
具体而明确	诚实而坦率	针对性	及时性	跨层级	被感知	循环反馈
提供具体的细节和案例	基于真实的观察和感受	与组织的目标和价值观相一致	不要等到特定时间再反馈	不应仅限于向上级或管理层提供反馈	被适当地接收和感知	反馈应持续进行

图7-3 "结构化反馈——杆秤"示意图

"结构化反馈——杆秤"让反馈成为一种组织文化，倡导反馈时不应偏离方向，而结构化反馈是一种必然的选择。下面这些结构化反馈的组成要素，我们可以运用在反馈给中，这样，反馈会更有效。

反馈要具体而明确

反馈应该具体而明确，指出组织在哪些方面取得了积极的成果或表现。避免模糊的赞美，而是提供具体的细节和案例，以便组织能够更好地理解和认可自己的优势。

下面的一些示例，希望能帮助你们学会如何提供具体而明确的反馈。

- 模糊赞美：你们在项目中做得很棒！
  具体反馈：你们在项目中的团队协作表现非常出色。每个人都充分发挥自己的专业知识，密切合作，及时分享信息和资源，这为项目的顺利进行打下了坚实的基础。
- 模糊赞美：你们的客户服务很好！
  具体反馈：我很欣赏你们团队在客户服务方面的专业态度。举例来说，最近有一位客户遇到了问题，你们的客户服务代表迅速回应并耐心解决了他的疑问，使客户感到非常满意。
- 模糊赞美：你们的创新能力令人惊叹！
  具体反馈：我对你们团队在产品研发方面的创新能力印象深刻。最近的产品改进项目中，你们团队提出了一个新的功能点子，经过精心设计和测试，这个新功能成功地为产品增加了更多的价值，并获得了客户的高度赞扬。
- 模糊赞美：你们的演讲很棒！

具体反馈：你们在演讲中的清晰结构和生动的语言，让观众更好地理解和记住了你们的主要观点。你们的演讲引用了多个实际案例，使得内容更加生动有趣，同时提供了有价值的见解。

- 模糊赞美：你们的团队很有创意！

    具体反馈：你们的团队在最近的创意会议上提出了一些非常独特和创新的想法。举例来说，你们提出的新营销策略结合了社交媒体和线下活动，吸引了更多的目标受众，并在短时间内提升了品牌知名度。

- 模糊赞美：你们的客户满意度很高！

    具体反馈：最近的客户满意度调查显示，你们的客户服务团队以专业和友善的态度对待每一位客户。他们及时回应了客户的问题和需求，并提供了详细的解决方案。许多客户表达了对你们团队的赞赏，称赞你们为他们提供了出色的支持和服务。

- 模糊赞美：你们的创新能力很突出！

    具体反馈：你们的研发团队在最近的产品创新项目中展现出了令人惊叹的创新能力。他们通过调研市场需求、与客户沟通和紧密合作，成功地开发出一款具有独特功能和用户友好界面的新产品，这为公司赢得了新的市场份额。

通过提供具体的细节和案例，我们可以让反馈更加具体和有说服力，让接受反馈的人能够更清楚地了解自己的优势和表现。这样的反馈不仅能够激励团队，也能够为改进和进一步提升提供有价值的指导。

反馈应提供具体的细节，在给予反馈时，不要仅仅停留在模糊的赞美或一般性的表扬上，而要说明组织在哪些方面取得了积极的成果。例如，可以指出某个项目的成功完成、销售额的增长、客户满意度的提升等。这样的具体细节可以让组织更好地了解自己取得的成就。

除了提供细节，还可以引用具体的案例来支持我们的反馈。举出实际的案例，说明组织在某个方面的积极表现。例如，你可以提到某个员工在客户服务方面的出色表现，或者团队在紧急情况下展现的高效合作。这样的案例可以让反馈更加具体和有说服力。

为了让反馈起到正向的引导作用，在给予反馈时，我们要着重关注组织的具体优势和特点。指出组织在哪些方面表现出色，具备哪些独特的竞争优势。这有助于组织认识到自身的价值和优势，进一步巩固和发展这些优势。

除了具体的成果和案例，还要明确指出这些积极的表现对组织的影响和益处，说明这些成果如何提高效率、声誉、客户忠诚度等。这样可以帮助组织更好地认识到自己的优势，并激励自己继续努力。

反馈更加具体和有说服力，能够帮助组织更好地了解和认可自己的优势和成果。这样的反馈不是空洞的赞美，而是有实质内容和改进方向的，可以促进组织的自我认知和进一步发展，也可以让个人认识到自己的价值和贡献，从而增强自信心，继续努力，以取得更好的成果。

某项目、活动、会议的结构化的反馈可以用统一的表格固化下来，具体内容如表7-3所示，我们可以根据实际需要和组织的要求进行定制和修改。要确保反馈表格清晰、简洁，同时提供足够的信息以体现反馈的准确性和实用性。

表7-3　项目/活动/会议反馈表

××××项目/活动/会议反馈表					
部门/团队	（填写部门/团队名称）	姓名	（填写姓名）	日期	（填写日期）
反馈主题	（在这里简要描述需要提供反馈的主题或项目）				
反馈目的	（在这里描述反馈的目的和意图，以确保双方对反馈的期望一致）				
反馈内容	（积极成果或表现：列出组织或个人在项目、工作方面取得的积极成果或表现。提供具体的细节、案例和成果数据，使反馈更具说服力和可信度）				
	（需要改进的领域：指出组织或个人可以改进的方面或存在的问题。描述具体的问题，提供具体的细节和案例，以便能够准确理解和识别需要改进的领域）				
建议和行动计划	（提供建议和行动计划，以帮助组织或个人改进和发展。建议应具体、可行。确定所需的行动步骤，并设定时间表和责任人）				
其他评论/意见	（在这里提供其他评论或意见，以补充反馈内容。这可能包括补充信息或其他方面的反馈）				
总结和感谢	（总结反馈内容，并表达对反馈者的感谢和赞赏。鼓励双方对反馈进行进一步的讨论和跟进）				

书面的反馈表格是一种结构化的工具，用于收集和记录反馈信息。

建议不要所有的反馈都要求进行书面提报，书面反馈适用于需要记录、归档或跟踪信息的情况。

书面反馈比较适用的场景有绩效评估、项目评估、培训和发展、职业发展规划、组织文化建设等。

书面反馈可以提供持久的记录，帮助组织和个人进行回顾、反思和改进。同时，书面反馈也可以促进沟通和理解，确保双方在时间和空间上都能够有效地交流。

反馈要诚实而坦率

反馈应该基于真实的观察和感受。我们要诚实而坦率地表达对组织的肯定之处，并提供建设性的意见和建议，以帮助组织改进和提升。避免过度夸奖或过度批评，保持平衡和客观。

我们在提供诚实而坦率的反馈时，可以参考以下几个案例。

案例一：对员工的工作表现

诚实而坦率的反馈：在过去的项目中，我注意到你一直非常积极和努力。你以高度的责任感完成任务，并展现出出色的组织能力。然而，我也观察到你在与团队沟通方面还有进一步提升的空间。建议你更加主动地分享项目进展和信息，与团队成员保持更频繁的沟通，以促进更好的协作和协调。

案例二：对团队的合作表现

诚实而坦率的反馈：我们的团队在合作方面取得了一些令人骄傲的成就。大家在共同的项目中紧密合作，相互支持和帮助。然而，在最近的团队会议中，我注意到我们在决策和问题解决方面可能存在一些困难。我认为我们可以更开放地分享意见和观点，鼓励更广泛的讨论和参与，以提高团队的决策能力和合作效果。

案例三：对组织的沟通方式

诚实而坦率的反馈：我认识到我们的组织在内部沟通方面取得了一些进展，但仍有改进的空间。有时候，重要信息在团队之间传达不畅，导致信息断层和误解。建议我们采用更有效的沟通渠道和工具，如定期的团队会议、共享平台等，以确保信息流动顺畅，并促进更好的协作和协调。

以上案例展示了如何在反馈中保持诚实和坦率。这种诚实而坦率的反馈有助于指出优点和有待改进的地方，并为个人和组织提供发展和成长的机会。另外，笔者特别要补充的一点就是，请注意在给予反馈时始终保持尊重和理解，以营造积极的反馈文化。

反馈要有针对性

反馈到底有没有价值，抑或能否"一鸣惊人"，这取决于反馈与组织的目标以及价值观的一致性。

<u>如果能根据组织的特定需求和重点，提供与之相关的积极反馈，那么这样的反馈将更有针对性和实际意义，能够更好地支持组织的发展。</u>要想提供有价值的反馈，首先要了解组织的目标和价值观。了解组织的使命、目标和价值观是提供一致反馈的前提。

深入了解组织的战略方向、核心价值观和优先事项，确保你的反馈与这些方面保持一致。再根据组织的特定需求和重点，定制反馈内容。关注组织目标的关键领域和关键点，提供与之相关的积极反馈。这样的反馈更具针对性和实际意义，能够更好地支持组织的发展。

将反馈与组织的价值观联系起来，说明反馈是如何符合组织的核心价值观和期望的，以便更好地被理解和接受。这样的反馈能够强调反馈的重要性，并促使行动与组织的价值观保持一致。

同时，在提供反馈时，将目光放在组织的长期发展上。提供有关如何推动组织进步的具体建议和意见。这种反馈注重组织的可持续发展，与组织的长远目标相契合。

反馈不是"打机关炮"，要与组织的领导和同事合作，共同讨论和共享反馈的内容，确保反馈与组织的目标和价值观一致，并寻求共识和协作的方式以便进行改进。

反馈与组织的目标和价值观相一致，将更具有影响力和实用性，能够更好地支持组织的发展和成功。这样的反馈有助于建立积极的反馈文化，提升个人和组织的绩效。

当反馈具有针对性时，它会更加具体和针对组织的需求和目标。我们来看以下几个案例是否展示了具有针对性的反馈。

案例一：组织需要改进销售技巧和客户关系

反馈：我观察到我们的销售团队在与潜在客户建立关系方面面临一些挑战。我建议我们提供更多的销售培训和支持，帮助销售团队发展更强的销售技巧和与客户建立良好的关系。此外，我们可以实施客户反馈收集机制，以更好地了解客户需求，并根据反馈进行改进和提供个性化的服务。

案例二：组织需要提升团队沟通和协作能力

反馈：我觉得我们的团队可以更加注重沟通和协作。我建议定期组织团队建设活动，以增强团队之间的沟通和协作能力。此外，我们可以促进知识分享和信息流动，使用协同工具和沟通平台，以便团队成员之间更便捷地进行交流和合作。

案例三：组织需要制订员工发展和培训计划

反馈：我觉得我们可以制订员工发展和培训计划，以提升团队的技能和知识水平。我建议我们制订个性化的发展计划，为每位员工提供适当的培训机会，并支持他们参加外部培训和学习活动。这样可以提升团队整体的专业能力和绩效水平。

通过提供针对性的反馈，我们能够将关注点集中在组织的具体需求和目标上，并提供具体的建议和改进方案。这样的反馈有助于组织识别并解决关键问题，促进组织发展和成长。同时，它还能够增强团队成员的能力和动力，以应对组织面临的挑战并实现更好的绩效。

反馈要及时

给予及时的反馈是非常重要的。不要等到年度评估或特定的反馈会议才提供反馈，而要尽可能及时地表达赞赏和意见。这样能够让组织尽早获得反馈的益处，并在必要时进行调整。

- 及时反馈的重要性。及时反馈能够让员工和团队意识到他们的成就和进展，增强他们的动力和自信心。及时反馈可以帮助纠正错误和改进表现，使员工能够在工作中尽早调整并取得更好的结果。提供及时反馈能够在问题出现时尽早发现和解决，防止问题进一步扩大。

- 及时进行反馈。需要把握时机，寻找合适的时机提供反馈，例如项目完成后立即表达赞赏，或在问题出现时及时提出建议。

采用口头反馈的方式，利用面对面或电话交流的机会，直接向员工表达赞赏或提出建议。这样可以确保及时沟通和及时反馈。使用电子邮件、即时消息或专门的反馈工具向员工提供书面反馈。这种方式能够在无法进行面对面交流时提供及时的反馈。

持续反馈文化的培养。鼓励员工相互给予反馈，建立一种持续的反馈文化。这样可以确保反馈不仅来自领导，而且是所有团队成员共同参与的。

领导者要积极地给予及时反馈并表现出对反馈的重视。这样可以激励员工主动给予反馈，并为组织创造一个开放和积极的环境。

通过及时反馈，组织能够快速获益，及时进行调整和改进。同时，员工也能够得到认可和及时的指导，改进工作表现，促进个人发展。

持续培养反馈文化，能够在组织中建立起积极的反馈循环，促进持续的改进和成长。

下面的案例展示了如何在合适的时间给予及时反馈。

案例一：员工在会议上有出色的表现

及时反馈：在昨天的会议上，你表现出色。你准备充分，并以清晰和有条理的方式表达了你的想法。你的观点得到了其他团队成员的认可和支持。你的表现体现了你在这个领域的专业能力和领导才能。请继续保持这种工作态度！

案例二：团队在紧急项目中的快速响应

及时反馈：我想对我们整个团队在上周的紧急项目中的表现表示赞赏。大家迅速行动，并充分发挥各自的专业知识和技能。大家团结协作，克服了许多困难，并按时交付了高质量的成果。你们的努力和奉献让我感到非常自豪，谢谢大家！

案例三：员工在销售中取得重要突破

及时反馈：我刚刚收到关于你在最近销售活动中的表现报告。我想亲自向你表示赞赏和感谢。你的努力和才能让你在这个季度实现了重要的销售突破。你与客户建立了良好的关系，并有效地推销了我们的产品。你的贡献对整个团队和组织都非常重要，感谢你的努力！

案例四：团队在项目中快速适应变化

及时反馈：在最近的项目中，我注意到我们的团队在面对变化时表现出色。你们快速适应了新的要求和挑战，并迅速采取行动。你们的团队协作和沟通非常出色，使我们能够在有限的时间内完成任务。你们的灵活性和决心是这个项目成功的关键因素，感谢你们的努力！

通过及时反馈，我们能够尽早认可和鼓励个人和团队的优秀表现，提供适时的赞赏和肯定。这种及时反馈能够增强员工的工作动力和自信心，并促进更高水平的工作表现和团队合作。同时，它也能强化组织文化对积极成果的重视和认可，鼓励员工继续努力以取得更好的成绩。

跨层级反馈

反馈不应仅限于向上级或管理层提供。

鼓励跨层级的反馈，让每个人都能够给予和接收反馈。这样的开放性和包容性能够促进组织内部的合作和创新。

跨层级反馈文化在科技创新型企业中已经司空见惯。因为这种开放性的反馈文化为公司带来了许多益处，包括更高效的协作、创新的想法和更好的绩效。

在一个新的产品开发项目中，一名初级工程师（员工A）参与了团队的设计和开发工作。这个项目对于公司来说非常重要，需要员工具有较高的技术水平和创新能力。

团队成员来自不同的部门和层级，包括高级工程师、产品经理和项目经理。在项目进行的早期阶段，公司组织了一场团队会议，让每个人分享自己的观点和意见。

在这个会议上，员工A感到有必要提供一些建设性的反馈。虽然他是一个初级工程师，但他对项目的技术细节和用户体验有一些独到的见解。

他提出了一些改进建议，包括在用户界面设计中增加一些功能，以提高用户的易用性和满意度。他还提到了一个潜在的技术难题，并分享了一些关于解决方案的想法。

如果这家企业是开放且允许跨层级反馈的，那么这些反馈在会议上自然会被接纳。团队成员不仅会倾听员工A的意见，还会与他进行讨论。

而对于员工A来说，这种跨层级的反馈文化使得员工A感到被重视和尊重，同时也促进了团队的合作和创新。通过接纳和采纳初级工程师的反馈，团队在产品设计和开发方面将会产生更多的想法。

如何才能更好地促进这样的跨层级文化落地和发展呢？

建立开放的沟通渠道

营造一个开放和包容的沟通环境，让每个员工都能够自由地提供反馈。提供多种沟通渠道，如匿名反馈箱、在线平台或定期团队会议，使员工可以选择最适合他们的反馈方式。

鼓励积极的反馈行为

鼓励员工积极地提供反馈，并将其视为一种有益的行为。强调反馈对组织发展的重要性，以及每个员工对改进和创新的贡献。对那些提供有价值反馈的员工表达认可和赞赏。

提供培训和指导

为员工提供关于如何有效地给予和接受反馈的培训和指导。帮助员工发展积极的沟通技巧，包括倾听、表达观点、提供建设性的反馈和接受反馈的技巧。

建立激励机制

建立激励机制，鼓励员工积极参与跨层级反馈。这可以包括奖励和认可制度，例如表彰提供有价值反馈的员工，或提供发展机会和晋升的可空间。

领导者的榜样作用

领导者应该成为跨层级反馈文化的榜样。积极寻求员工的意见和建议，展示对反馈的开放态度，并展示对反馈的重视。领导者的示范行为将对组织内部的合作和创新产生积极的影响。

通过打造跨层级的反馈文化，每个人都能够参与和贡献，从而促进组织内部的合作和创新。这样的文化鼓励开放的沟通和知识共享，使组织能够更好地应对挑战，发掘新的机会，并不断提升绩效和创造力。

反馈需要被感知

确保有价值的反馈被适当地接收和感知。

有时候，反馈可能会在组织中的层级和部门之间流失或被忽视。鼓励和培训员工选择适当的渠道和机会提供反馈，确保所有有价值的反馈得到关注并付诸实际行动。

有些企业可能只是将反馈挂在嘴边或写在报告里，但没有实际行动。如何更好地让反馈被感知呢？下面笔者提供一些关于如何确保有价值的反馈得到关注并付诸实际行动的建议。

- 提供多种反馈渠道

  为员工提供多种反馈途径，例如匿名反馈箱、在线平台、定期反馈会议或一对一会议。这样可以确保员工有机会选择最适合他们的方式来提供反馈。

- 培训员工如何提供有价值的反馈

  提供培训和指导，帮助员工学习如何提供有价值的反馈。培养员工的沟通技巧，教会他们如何表达观点、提供建设性的反馈以及使用合适的语言和语气。

- 领导者的角色

  领导者应该表现出对反馈的重视，并成为接收反馈的榜样。领导者应该积极倾听员工的意见和建议，并展示对反馈的开放态度。领导者应该及时回应和采取行动，以表现出对反馈的重视。

- 激励和认可

  激励员工提供有价值的反馈，并给予那些提供有益反馈的员工认可和奖励。这可以包括表彰他们的贡献、提供晋升机会或制订奖励计划，以鼓励员工积极参与反馈。

- 跨部门合作和沟通

  建立良好的跨部门合作和沟通机制，确保反馈在不同层级和部门之间流动顺畅，促进跨部门合作和交流，使有价值的反馈能够得到关注并付诸实际行动。

通过提供多种反馈渠道、培训员工如何提供有价值的反馈，以及领导者的示范和建立激励机制，组织可以确保有价值的反馈得到关注并付诸实际行动。这样可以促进组织内部的改进和发展，增强员工的参与感和满意度，并打造积极的反馈文化。

怎么做才能让反馈被积极地感知呢？以下是一些案例，展示了如何确保有价值的反馈得到关注并付诸实际行动。

案例一：员工提供关于工作流程改进的反馈

反馈：员工A提出了一个关于工作流程改进的建议，他注意到当前的流程存在一些"瓶颈"和冗余步骤。他建议简化流程并引入一些自动化工具，以提高效率和降低错误率。

感知和行动：该反馈被上级经理B认真考虑并转达给团队领导。他们组织了一个专门的工作组来评估和改进工作流程。员工A被邀请加入该工作组，共同研究并实施改进策略。

案例二：客户提供关于产品改进的反馈

反馈：一位重要客户向公司提供了一份详细的反馈报告，指出了产品的一些缺陷和改进的可能。他提到了一些功能需求、用户体验问题以及竞争产品的优势。

感知和行动：该反馈被客户服务团队的负责人及时感知，并分享给了产品开发团队。产品开发团队召开了一次专门的会议，讨论并制订了一个改进计划。他们与客户进行了进一步的讨论，以确保产品的改进符合客户的需求和期望。

案例三：团队成员提供关于团队协作的反馈

反馈：团队成员C提到团队协作方面存在一些挑战，包括沟通不畅、任务分配不均和信息共享不及时。他建议组织一个团队建设活动，以加强团队之间的合作和沟通。

感知和行动：该反馈被团队负责人及时感知，他组织了一次团队会议来讨论这些问题。在会议上，团队成员共同提出了改进建议，并制订了一个行动计划，包括定期举行团队会议、沟通工具的使用和任务分配的优化。

通过确保反馈被及时感知并付诸实际行动，组织能够表现出对员工和客户意见的重视，并采取相应的措施来解决问题。这种关注和行动将促进组织的发展和持续改进，并增强员工和客户的参与感和满意度。

反馈的循环性

反馈不应仅有一次，而应该是一个持续的过程，我们要持续地给予组织积极的反馈，帮助组织保持发展和改进的动力。同时，我们也要鼓励组织内部的反馈循环，使每个人都能够不断学习和成长。

笔者一直坚信反馈是一座桥梁，能将团队所有成员连接在一起。反馈不仅是一种沟通方式，更是一个持续学习和成长的机会。而推崇反馈循环可以让我们不断探索，不断改进，让组织和个人共同进步。

如果你负责一个团队，你是否思考过如何才能让成员们充满激情地投入工作中呢？

笔者的"一招鲜"是，告诉员工们反馈是实现卓越的关键。

如何才能建立一个有效的反馈循环机制呢？其实，这个循环始于团队成员之间的相互反馈。

我们要鼓励员工彼此分享意见、提供建议和表达赞赏。每次工作完成后，我们要组织团队成员坐下来，讨论并分享我们的观察和经验。在反馈和讨论的过程中，领导者要学会倾听，学会欣赏，学会从对方的视角看待问题。

反馈循环不应止于团队内部，还应该扩展到整个组织。每个人都被鼓励去给予和接受反馈，无论管理者还是员工。我们要让所有人明白，只有通过开放的反馈，才能不断改进。

如果想让反馈机制更有效，那么就让循环反馈不要束缚在特定的时间和地点。因为它是一个持续的过程，每时每刻都在发生。

无论是在正式的会议中，还是在日常交流中，我们都能找到机会去提供反馈和寻求反馈。

在这个循环中，每个人都在不断成长。笔者经常讲的就是，每个人都可以从他人的经验和见解中汲取智慧，找到自己的盲点并加以改进。任何人都不应将反馈视为批评，而应将其视为成长的礼物。每个人都应学会接受挑战，迎接变化，弥补自己的不足。

这么多年下来，笔者感觉"反馈循环"工作法不仅成为笔者曾担任负责人的企业组织文化的一部分，更成为笔考工作方法的一部分。反馈营造了一种开放和包容的氛围，使每个人都能够勇敢地分享。

评价:"五维评价"让全员目标正解

不会评价的企业经营靠"喊",不会评价的管理者工作思路都是"人情"。管理不是简单的"请客吃饭",管理要拿过程和结果说话。

"水至清则无鱼,人至察则无徒",这句话可能更匹配做人的道理。但从职场规则来看,如果企业管理层随意套用这句话的意思,那就有"懒惰"的嫌疑。企业为何不能追求"至清"和"至察"?

企业奖罚分明靠什么?士气激励依赖什么基础?制度设计得合规合理吗?规划的流程高效和具有实效吗?这些问题的大部分理论基础支撑是否与评价有关?"评价"一词自古就有多部典籍记载。

> "部吏卖阙之弊,自昔有之。皇祐中,赵及判流内铨,始置阙亭。凡有州郡申到阙,即时榜出,以防卖阙,立法非不善也。然部吏每遇申到,匿而不告。今州郡寄居,有丁忧事故数年不申到者,亦有申部数年,而部中不曾改正榜示者,吏人公然评价,长贰、郎官为小官时皆尝有之。"
> ——宋·王栐《燕翼诒谋录》

在生活中,我们经常评价某事某物。如我们评价食物的美味程度,评价电影的剧情是否引人入胜,评价朋友的善良和可靠性。

在工作中，我们也经常评价。对一个人或事物的优点给予赞扬和肯定时，我们会展现积极的评价；对一个人或事物的缺点和不足进行批评时，我们的评价往往是希望其能够改进和成长。

从经营的角度出发，如果没有框架结构及标准，那么评价的主观性是无可避免的。每个人都有自己的价值观和标准，因此对同一事物或人的评价可能截然不同。从乐观的一面来看，正是因为每个人的不同观点和评价，我们才能从多个角度看待问题，得到全面的认识和理解。

但是，管理是严肃的。管理评价需要谨慎和客观。在评价他人时，我们应该尽量避免主观偏见和片面看法，客观地观察和分析，并充分了解背景和情境。只有在充分了解的基础上，我们才能做出准确和公正的评价。

笔者初出茅庐时曾在一家跨国公司的市场部门任职，那时的笔者一直努力工作，不仅积极主动地参与各类市场的调研项目，而且经常跑一线市场。长期以来，笔者一直觉得自己在团队中的表现没有得到充分的评价和认可。

年底的时候，人力资源部开始进行年度绩效评估，要求公司的每个员工都提交一份自评报告和一份同事评价报告。笔者认真思考了自己的工作表现，并真实地反映了自己在项目中的贡献、自身的成长和学习经历。笔者希望通过这次评估展示自己的能力和价值，获得更多的机会和挑战。

在同事评价环节，笔者收到了一封来自直接上司汤姆（Tom）的评价信。因为经常没日没夜地跟着Tom跑市场，所以笔者当时期待着Tom的评价。然而，笔者读了Tom的评价后感到非常失望。他只是简单地描述了笔者的工作职责和完成的任务，没有提及笔者的优点、努力和突出表现。这让刚参加工作的笔者感到困惑和沮丧。笔者当时就在想，尽管付出了很多努力并在工作中表现出色，但没有得到应有的评价和认可，于是开始怀疑自己的价值和能力。

经过一番思考后，笔者决定不沉溺于挫折和失望，主动与经理进行交流，以了解他对笔者的工作的看法和评价的原因。

在与经理的对话中，笔者发现经理并没有对笔者的能力和贡献有任何负面看法，只是在评价时没有给予足够的重视。经理承认自己在评价过程中可能忽略了笔者的突出表现，并为自己的疏忽进行了说明。

通过这次交流，笔者意识到评价并不完全代表自己的价值，而是一个主观的观点。其实，重要的是要对自己有信心，相信自己的能力和努力，并持续提升自己的工作表现。

所以从那以后，笔者将评价视为成长的机会，而不是对自己价值的全面衡量。随着时间的推移，笔者也逐渐得到了更多的认可和机会，离开这家公司时笔者也已经成长为这家企业在中国区的经理。

这个经历告诉我们，评价并不总是完全准确或全面地反映个人的能力和价值，但有些人能够想明白，有些人却想不明白。知道这个道理的人，会相信自己的努力和能力，并不断提升自己，创造更多的机会和成就；悟不透的人，却很难通过积极的沟通和反馈来促进改进和增进理解。

评价不仅是对他人和事物的一种表达，还是我们对自己的反思和认知。通过自我评价，我们可以发现自身的优点和不足，并为个人成长和进步设定目标。然而，在自我评价时，我们需要保持客观和理性，避免过分苛刻或过于自满。

评价是一种重要的思维和交流方式。它可以激励和启发，也可以挫败和伤害。我们应该谨慎地对待评价，充分理解其主观性，并努力做到客观和公正。通过适当的评价，我们可以完善自我，推动他人的成长。

对于评价，拉尔夫·泰勒（Ralph Tyler）是一位值得我们学习的人，他是教育评估和课程设计领域的先驱和权威人物，其对管理评价的实践运用具有重要影响。

拉尔夫·泰勒的主要贡献是对教育评估的研究和理论构建。他强调以学生为中心的教育评估方法，并提出了一种被称为"Tyler模式"的评估模型（也称"目标导向评估模型"）。

"Tyler模式"包括以下四个基本要素。

- 教育目标。确定教育的长期目标和短期目标，明确教育的目的和期望结果。
- 课程设计。根据教育目标，制定合适的课程设计，明确学习内容和教学方法。
- 教学实施。根据课程设计，实施教学活动，并监督学生的学习进展。
- 评估和反馈。评估学生的学习成果，提供反馈，改进课程设计和教学方法。

拉尔夫·泰勒强调了评估在教育中的重要性，并提倡将评估作为课程开发和改进的基础。他认为，评估不仅是对学生知识和技能的量化测评，还应该关注学生的综合发展和教育目标的达成程度。

拉尔夫·泰勒的贡献对学术界和教育实践产生了重要影响，他的思想和方法促进了教育评估和课程设计的发展。

时至今日，在企业经营管理过程中，评价是一个非常重要的工具，可以帮助企业了解自身的绩效表现、发现问题和改进机问题，以及做出战略决策。在企业经营管理过程中，评价该如何运用呢？

五维评价内容如图7-4所示，既可以用于了解企业战略目标的落地现状，又可以将五维评价的结果与企业中个人目标挂钩进行经营管理。

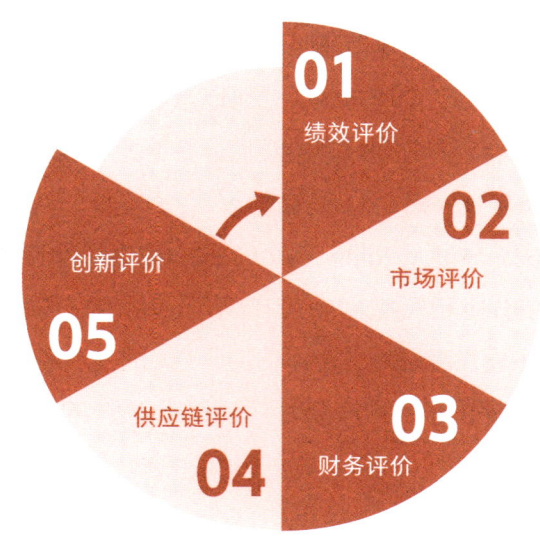

图7-4 五维评价图

- 绩效评价。通过定期的绩效评估，企业可以评估员工、团队和部门的工作表现，并根据评估结果提供反馈和采取激励措施。这有助于识别出业绩优秀的员工和团队，以及可能需要改进的领域，并制订相应的奖励和发展计划。
- 市场评价。企业需要评估市场环境和竞争对手的动态情况，以了解产品和服务在市场中的地位和竞争力。市场评价可以通过市场研究、竞争分析、顾客反馈等手段进行，帮助企业进行有效的市场定位和制定营销策略。
- 财务评价。财务评价是对企业财务状况和业务绩效的评估。通过财务报表分析、财务比率计算和预测等方法，企业可以评估自身的赢利能力、偿债能力和投资回报率等重要财务指标，以及发现潜在的风险和机会。
- 供应链评价。评估供应链的绩效和效率是确保企业运作顺畅的关键。供应链评价可以涉及供应商选择和绩效评估、库存管理和物流效率等方面，以优化供应链流程、降低成本、提高交付准时性和客户满意度。
- 创新评价。评价企业的创新能力和创新绩效对企业持续发展至关重要。企业可以通过评估创新过程、产品研发投入和市场反应等来评价创新绩效，并寻找提升创新能力的方法和机会。

在运用五维评价时，我们应该注意以下几点。

- 设定明确的评价指标和标准，以确保评价过程客观和可比较。
- 收集和分析数据时要真实和准确，以提高评价的可信度。
- 将评价结果与目标和策略进行比较和分析，以发现差距和找到改进时机。
- 及时提供反馈和采取激励措施，以鼓励积极的改进行为和优秀表现。
- 培育评价文化，鼓励员工和团队参与和提供反馈，促进学习和持续改进。

评价在企业管理中是一个动态的过程，应该与企业的目标和战略紧密结合，持续进行和不断优化，以实现持续改进和业务成功。

对话："对话课堂"让谈话变得有益

中国古典四大名著的《西游记》第五十三回有这样一句话："沙僧放下吊桶，取出降妖宝杖，不对话，着头便打。"

"不对话，着头便打。"从这里可以看出，不对话的后果就是矛盾升级。而无论面对多么复杂的问题，对话都是处理矛盾的最佳选择之一。

对话也是促进沟通和交流的重要实践，中央电视台财经频道有一档经济谈话节目，名叫《对话》。这档中央电视台播出时间最长的谈话类节目，就是通过主持人、嘉宾和现场观众之间进行充分对话和交流互动，直击热点新闻人物的真实思想和经历，给节目的观众带来思想的盛宴。

"对话"管理如果被企业当作一个重要工具，那么将非常有助于建立良好的工作关系、解决问题、促进团队合作和提高绩效。

每家企业都有各自优良的"对话基因"，我们要将其找出来并"发扬光大"。对某些非关键要素，我们就将其修正或补充。关于对话这个主题，笔者曾组织过不同团体进行过多次研讨，现将研讨的成果分享如下。

研讨总结一：营造一种开放和尊重的沟通氛围，鼓励自由表达意见、分享想法和提出问题

对于这些想法，企业该如何实现呢？企业管理层可以通过建立平等和互信的工作环境，倡导积极的反馈文化和倾听员工的声音来实现。

建立平等和互信的工作环境不能只"画饼"，我们要确保在组织中建立一种平等、开放和互信的文化，确保在组织内部建立多种沟通渠道，使员工可以自由地表

达他们的意见、想法和顾虑。这可以包括团队会议、电子邮件、即时消息工具、在线协作平台等。开放的沟通渠道可以帮助不同层级的员工更轻松地相互交流，并鼓励他们分享信息和合作。

管理者，更应以身作则，展示平等和尊重的行为，为团队中的员工树立榜样。企业管理层应该强调平等和尊重的价值观，并确保这些价值观贯穿于所有层级和部门。

企业管理者可以组织各种团队建设活动，以促进不同层级的员工之间的合作和互动。这可以包括团队项目、合作任务、跨部门合作等。通过共同工作和面对面交流，员工可以更好地了解彼此，建立信任并消除层级隔阂。

企业管理者可以鼓励不同部门之间进行合作和知识分享，帮助员工消除层级隔阂，增进理解和加强合作。组织可以建立跨部门工作组或项目组，让员工有机会与其他部门的同事合作，共同解决问题和实现目标。

将以上工作开展好就可以打造一种非常开放的文化了吗？其实不然，还有两个关键的基础，那就是建立公正的绩效评估和奖励机制以及领导者的角色建设。

建立公正的绩效评估和奖励机制，道理非常简单，那就是要确保绩效评估和奖励机制公平公正，不受层级和地位的影响。建立明确的评估标准，并根据员工的实际贡献和能力进行评估和奖励，可以消除层级隔阂，并激励团队成员之间进行合作和相互支持。

而领导者的角色建设主要是为了培养和发展具有开放心态和领导力的管理层。领导者应该鼓励员工参与和开展合作，并为员工提供支持和资源。领导者应该倾听员工的意见和建议，并对员工的贡献给予认可和赞赏。

笔者有一位朋友，是一家技术公司的联合创始人兼执行董事。一直以来，他都是一个非常敬业的管理者，他意识到团队在沟通和合作方面存在一些挑战：尽管员工们有很多好的想法和意见，但他们并不总是能够自由地表达或参与决策过程。

有一次，他和笔者电话沟通后，决定采取行动。他说希望能营造一种更开放的工作环境，并培养自己的开放心态和领导力。他列出了清单给并邀请笔者担任他这项计划的监督官。

他开始与员工进行一对一交谈，倾听他们的想法、顾虑和建议。他鼓励员工积极表达意见，并承诺认真对待每一个反馈。

为了更好地促进团队合作，他还组织了一次团队建设活动。他让团队成员参与一个有挑战性的项目，鼓励他们跨越部门和层级进行合作。在这个活动中，每个人的意见都被听取和重视，团队成员们意识到他们可以共同努力解决问题，而不是仅仅依赖管理层的指导。

为了培养开放心态，他也对自己进行了改进。他主动参加了一些领导力发展的培训课程，并与其他行业的领导者进行交流和合作。通过与其他领导者的互动，他表示学到了更多开放沟通和团队合作的方法，后来将这些方法应用到自己的团队建设中。

几个月后，作为监督官的笔者直接问他，这几个月改善如何？

他说，随着时间的推移，这些努力开始产生积极的影响。他的员工们感受到了他们的意见和建议被重视，更加愿意积极参与沟通和决策过程。团队内部的合作关系也得到了改善，大家更加乐于分享知识和资源，共同实现团队的目标。

在他的领导下，团队开始表现出更高的创造力和创新力。员工们感受到鼓励和支持，他们的工作积极性和参与度得到提升。这种开放的工作环境帮助团队解决了许多问题，并推动了公司的成功和发展。

从朋友的笑脸中，笔者看到了一位管理者通过培养开放心态和领导力来改善团队的沟通和合作的成功。他通过倾听员工的声音、组织团队建设活动以及持续的自我发展，成功地营造了一个开放、合作和创新的工作环境，并取得了积极的结果。

所以，企业通过以上措施，可以消除层级隔阂，促进团队合作，创造一个更开放、合作和有创造力的工作环境。

研讨总结二：鼓励伙伴在工作中给予积极、建设性的反馈

企业管理者及时认可员工的成就和努力，并提供指导和支持以帮助他们改进。

当伙伴表现出色或取得成就时，企业管理者及时给予肯定和认可。可以是公开表彰，例如在团队会议上表扬员工，或者是私下向员工表示赞赏。及时的认可可以调动员工的积极性和动力，同时也可以向其他员工展示优秀员工的工作标准。

企业管理者给予反馈时，要确保反馈具体、清晰和具有建设性。企业管理者既

要指出员工在哪些方面做得好,并提供改进的建议和指导,又要避免模糊的批评,而要侧重于具体的行为和结果,让员工能够明白如何改进和取得更好的成绩。

企业管理者鼓励同事之间相互给予反馈和支持。企业管理者可以通过组织小组讨论、团队反馈会议或合作项目来促进同事之间的反馈交流。这样的交流可以帮助员工从多个角度获得反馈,提供更全面的视角和改进的机会。

企业管理者为团队成员提供培训和发展的机会,帮助他们提高工作技能和表达能力。这可以是沟通技巧培训、领导力发展课程或其他专业技能培训。借助工具和资源,员工能够更好地理解如何给予积极和建设性的反馈,以及如何应对反馈。

企业管理者建立一个双向反馈机制,让成员可以给予管理层反馈,并接收来自管理层的反馈。这可以是定期的绩效评估、360度反馈或定期个人会议。这样的机制可以帮助员工了解自己的表现和发展需求,并让管理层提供指导和支持。

重要的是,鼓励员工在给予反馈时保持建设性和尊重。创建一种开放的反馈文化需要时间和持续的努力,但它可以帮助员工发展和取得更好的成果,同时加强团队合作和提高工作效率。

研讨总结三:建立渠道和机制,共同分享员工的想法、意见和顾虑

畅通的沟通渠道可以通过定期的团队会议、匿名反馈渠道、员工问卷调查或个人会议来实现。重要的是,对员工的反馈和意见做出积极回应,并采取相应的行动来解决问题和改善工作环境。

建立渠道和机制,共同分享员工的想法、意见和顾虑,并积极回应他们的反馈,是促进开放沟通和改善工作环境的关键。

以下列举一些实现这一目标的方法。

定期的团队会议

组织定期的团队会议,为员工提供一个平台,让他们表达自己的想法、意见和顾虑。这些会议可以是全体会议、小组讨论或项目会议,鼓励员工参与讨论并提出问题。确保会议氛围开放,并积极倾听每个人的意见。

匿名反馈渠道

为员工提供匿名反馈渠道,使他们可以自由表达意见和顾虑,而不必担

心后果。这可以通过在线反馈表格、匿名建议箱或专门的电子邮件发送渠道来实现。保证员工的匿名性和隐私性，同时确保反馈的收集和处理是透明和及时的。

员工问卷调查

定期进行员工问卷调查，以了解员工对工作环境、管理方式和团队合作的看法。问卷调查可以包括多个方面，例如沟通效果、领导风格、工作压力等。根据调查结果，采取相应的行动，并向员工反馈采取的措施。

个人会议

安排定期的个人会议，使员工与管理层或直接上级进行一对一的交流。这是员工向管理层表达想法、意见和顾虑的机会，也是管理层提供指导和支持的机会。企业管理者要确保会议的氛围友好和开放，并确保对员工的反馈做出适当的回应。

行动和改进计划

重要的是，对员工的反馈和意见采取积极的行动。这包括及时回应员工的反馈，明确采取的措施，并跟踪改进的进展。当员工看到他们的反馈发挥作用时，会更有信心和动力继续表达他们的想法和意见。

在一个充满活力和成长机遇的工作环境中，建立渠道和机制，让每个员工都能够表达他们的想法、意见和顾虑，是一种珍贵而强大的力量。这种机制不仅让每个员工感受到尊重和重视，还为组织带来了无限的可能。

每个人都有独特的视角和经验，而这些视角和经验的碰撞，可以激发出创新的火花。当我们为伙伴打开沟通的大门时，我们不仅是在鼓励他们分享他们的想法和观点，还在潜移默化中创建了一种开放和包容的文化。这种文化能够迅速传递新的观点，为团队提供新的思考路径，让我们在竞争激烈的市场中保持领先地位。

建立渠道和机制不仅是为了收集意见，更是为了共同创造和解决问题。通过员工的反馈和参与，我们能够更好地了解他们的需求和期望，进而调整和改进我们的策略和方法。

我们就是要让每个人都感受到被尊重、被听取和被重视。这种共同分享的精神能让我们超越个人利益，更重视团队的价值观和使命。

研讨总结四：提供全员培训和发展机会，赋能沟通技巧和表达能力

培训和发展机会可以包括沟通培训、领导力发展课程和团队建设活动，其可以帮助员工更好地理解和遵循开放和尊重的沟通原则。

提供全员培训和发展机会，赋能沟通技巧和表达能力，是帮助员工更好地理解和遵循开放和尊重的沟通原则的关键。

以下列举一些提供培训和发展机会的方式。

- 沟通培训

  组织沟通培训课程，帮助员工提升他们的沟通技巧和表达能力。这可以包括口头沟通、书面沟通、非语言沟通等方面的技巧。培训课程可以包括角色扮演、案例研究和讨论，让员工在实践中学习和应用沟通技巧。

- 领导力发展课程

  提供领导力发展课程，帮助员工养成开放和尊重的领导风格。这些课程可以涵盖沟通技巧、情商管理、冲突解决和团队建设等方面的内容。通过培养领导能力，员工能够更好地引导团队，进行有效的沟通和协作。

- 团队建设活动

  组织团队建设活动，可促进员工之间的互动和合作。团队建设活动可以包括户外团队挑战、问题解决游戏、合作项目等。通过参与团队建设活动，员工可以锻炼沟通和协作技巧，增进彼此之间的理解和信任。

- 角色扮演和模拟练习

  安排角色扮演和模拟练习，让员工有机会在模拟情境中练习和应用沟通技巧。这可以是特定的沟通挑战或场景，例如处理冲突、有效反馈或演讲技巧等。通过模拟练习，员工可以更好地理解和遵循开放和尊重的沟通原则。

- 导师计划和跨部门合作

  建立导师计划或促进跨部门合作，让员工能够从其他经验丰富的同事身上学习沟通和表达技巧。这种互帮互助的机制可以促进知识分享和跨团队的合作，开阔员工的视野和拓宽交流渠道。

在这个充满不确定性的时代，沟通无疑是推动个人和组织逐步完善的关键。每个员工都有独特的想法、观点和经验，而培养他们的沟通技巧和表达能力，将为他们开启一扇通向无限可能的大门。

提供培训和发展机会，就是让员工学习如何用准确、明确的语言表达自己的想法，以及如何倾听和理解他人的观点。他们可以参与角色扮演和案例研究，锻炼在各种情境下的沟通能力。

领导力发展课程可以帮助员工成为开放和尊重的领导者。这些课程主要涵盖基本的情商管理、冲突解决、团队建设等内容，旨在帮助员工建立良好的沟通和合作氛围。

团队建设活动可以是各种户外挑战、问题解决游戏和合作项目，以鼓励员工之间进行互动和合作。这些活动不仅可以帮助他们锻炼沟通技巧，还可以增进他们彼此之间的信任和理解。

角色扮演和模拟练习，则可以让员工在模拟的情境中实践应用沟通技巧。这些练习旨在帮助员工更好地理解和遵循开放和尊重的沟通原则。通过实际的演练，他们能够学会如何给予积极的反馈、如何处理冲突，并提高自己的演讲和表达能力。

我们提供全员培训和发展机会，实际上是为员工提供了一个强大的工具。这个工具将帮助他们更好地理解彼此，协调工作，共同追求目标。

研讨总结五：认可和奖励那些积极参与沟通和表达意见的员工

这可以是口头表扬、奖励计划、晋升机会或其他适当的激励。积极激励员工，鼓励他们分享更多想法和意见。

认可和奖励积极参与沟通和表达意见的员工是建立开放沟通文化的重要步骤。以下是一些适当的激励措施，可以鼓励员工表达更多想法和意见。

口头表扬和赞赏

在团队会议、工作场合或团队沟通平台上公开表扬和赞赏那些积极参与沟通和表达意见的员工。这种公开的认可不仅可以鼓励他们，还可以激发其他员工参与进来。

🔸 奖励计划

制订奖励计划，表彰那些积极参与沟通和表达意见的员工。奖励可以是奖金、礼品、奖状或其他形式，以体现对员工的重视和鼓励。

🔸 晋升机会

将积极参与沟通和表达意见作为晋升和发展的考量因素。将这一因素纳入绩效评估和晋升决策中，可以鼓励员工积极参与沟通，并认可他们对组织发展的贡献。

🔸 公开展示成果

在公司内部或外部的平台上展示那些积极参与沟通和表达意见的员工的成果。这可以通过公司网站、社交媒体或内部通信等方式，让更广泛的受众看到员工的成果。

🔸 发展机会和培训

提供发展机会和培训，帮助员工进一步提升他们的沟通技巧和表达能力。这可以是参加沟通技巧培训、演讲训练或其他相关培训课程。抓住这样的机会，员工可以进一步发展自己，并在沟通方面取得更大的成就。

每个员工都可能蕴藏着无限的潜力，只要得到充分的认可和足够的奖励，就能绽放光芒。

在团队组织里，我们理解并重视那些积极参与沟通和表达意见的员工。我们肯定他们的声音是推动进步和创新的动力。因此，可以将他们发出的声音视为一种荣耀，给予他们应有的认可和奖励。

奖励计划是激励那些积极参与沟通和表达意见的员工。这些奖励不仅是物质上的回报，更是对他们的认可和尊重。

让每个员工都有机会展示自己的能力和潜力，提供完整的晋升通道，鼓励全员进一步展示各自的才能和领导潜力，通过各种渠道和机制，展示那些积极参与沟通和表达意见的员工的成果。

在公司内部的平台上分享想法和贡献，向全员展示员工独到的见解。这不仅是对员工自身的肯定，也为其他员工提供了学习和获得启示的机会。持续的学习和成长是不断发展的动力。

我们认可和奖励那些积极参与沟通和表达意见的员工，实际上是在点亮一座灯塔。这座灯塔将指引我们前行，带领我们走向一个充满合作、创新和成就的未来。在这个充满肯定和支持声音的荣耀中，我们才能共同创造无限的可能。

总之，要营造开放和尊重的沟通氛围，企业需要从组织文化、沟通流程和员工发展等方面入手，营造平等和互信的工作环境，倡导积极的反馈文化并善于倾听员工的声音。如此，企业可以建立更通畅的沟通渠道和更好的合作模式，从而提升员工满意度和组织绩效。

认可："荣耀地图"开启成就的征程

你相信组织的力量，相信个体的无限可能吗？

我相信每个人都有无限的潜力和成就。为了引导我们的团队成员取得更多的成就，我们可以绘制一张属于团队所有成员的独特的荣耀地图，从而为团队每个成员开启一段个人成就之旅。

这张荣耀地图是一张图纸，标注着每个成员的目标和愿景。荣耀地图是团队中所有伙伴共同绘制的，旨在帮助他们发现自己的独特的天赋和激情。我们要相信，每个成员都有不同的梦想和目标，而荣耀地图将成为实现这些梦想的指南。

在荣耀地图上，我们要标注不同的里程碑和挑战。这些里程碑代表着员工个人成长的重要阶段，而挑战则是他们面临的机遇和障碍。我们要鼓励员工将自己的目标和愿景写在地图上，与我们分享他们的梦想。

为了帮助员工们实现目标，团队的领导者可以提供哪些支持呢？

比如组织培训课程和工作坊，这些课程可以涵盖个人发展、技能提升和领导力发展等内容。这些培训课程将赋予他们所需的工具和知识，让他们在成就之旅中更加自信并获得成功。

我们也可以认可和奖励员工在成就之旅中的努力和进步。在荣耀地图上记录每个员工的里程碑，并在达到里程碑时给予他们公开的表彰和奖励。这种认可不仅是对他们努力的肯定，也是对他们进一步追求更高目标的鼓励。

荣耀地图是一个共同的项目，每个员工都应该相互鼓励和支持，鼓励员工分享自己的经验和故事，以启发和激励其他人。我们相信，通过彼此的合作和分享，我们可以共同创造一个充满荣耀的团队。

荣耀地图不仅是一个目标设定的工具，更是一幅个人成长和发现潜力的蓝图。它提醒我们，每个人都有机会在自己的领域中取得杰出的成就。无论是小步快跑还是大步迈进，每一次进步都值得庆祝和认可。

在组织中，荣耀地图可以让每个人取得更多的成就。它激励着我们不断挑战自我，突破自我设限，追求卓越。无论是个人目标还是团队目标，我们相信每个人都可以在这张地图上找到属于自己的荣耀，展现出独特的光芒。

笔者毕业后不久，曾经入职一家创新科技公司。开始，笔者对自己的职业发展充满了梦想和抱负，但后来却逐渐感到迷茫和困惑。笔者当时非常渴望能在职场上有所突破，但不知道从何处开始。

就在这个时候，公司推出了一个名为"荣耀地图"的管理项目。这个项目旨在帮助员工制订个人目标和规划职业发展路径，以获得更大的成就和进步。笔者当时对这个项目产生了浓厚的兴趣，迫不及待地参与其中。

笔者开始绘制自己的荣耀地图，先从思考自己的兴趣和热情以及在公司内部想要发展的技能开始。笔者设定了一系列里程碑，包括学习新的技术、提升领导能力、参与项目管理等。每个里程碑都代表了笔者在职业道路上的关键阶段和目标。

随着荣耀地图的绘制，笔者感觉到了一种强烈的动力和方向感。笔者知道自己正在踏上一段激动人心的成就之旅，开始积极参加公司提供的培训课程和工作坊，以提升自己的技能和知识。笔者主动寻求导师的指导，与同事们分享自己的目标和愿景。

半年时间过去了，笔者明显感觉到自信心得到了很大的提升。也取得了一系列工作成果。笔者成功地完成了一个跨部门合作的IT项目，首次体会到如何运用团队协作和领导能力。

在荣耀地图上，每当实现一个里程碑，笔者都会和其他同事一样在公司内部得到公开的表彰和奖励。这些表彰不仅给予了笔者肯定，也激励其他员工追求自己的目标。每一个人都有一张荣耀地图。

荣耀地图帮助我们发现自己的激情和天赋，并为我们及团队展示了个人能够取得更大成就的可能性。

荣耀地图是团队成员制订个人目标的灵感和引导。当每个人都开始思考自己的荣耀地图，并朝着自己的目标迈进的时候，这个团队也就有了团队自驱力，开始奋勇前行。不同的团队有不同的荣耀墙。

荣耀墙展示内容示例如图7-5所示。荣耀地图展示内容示例如图7-6、图7-7所示。

图7-5 荣耀墙展示内容示例

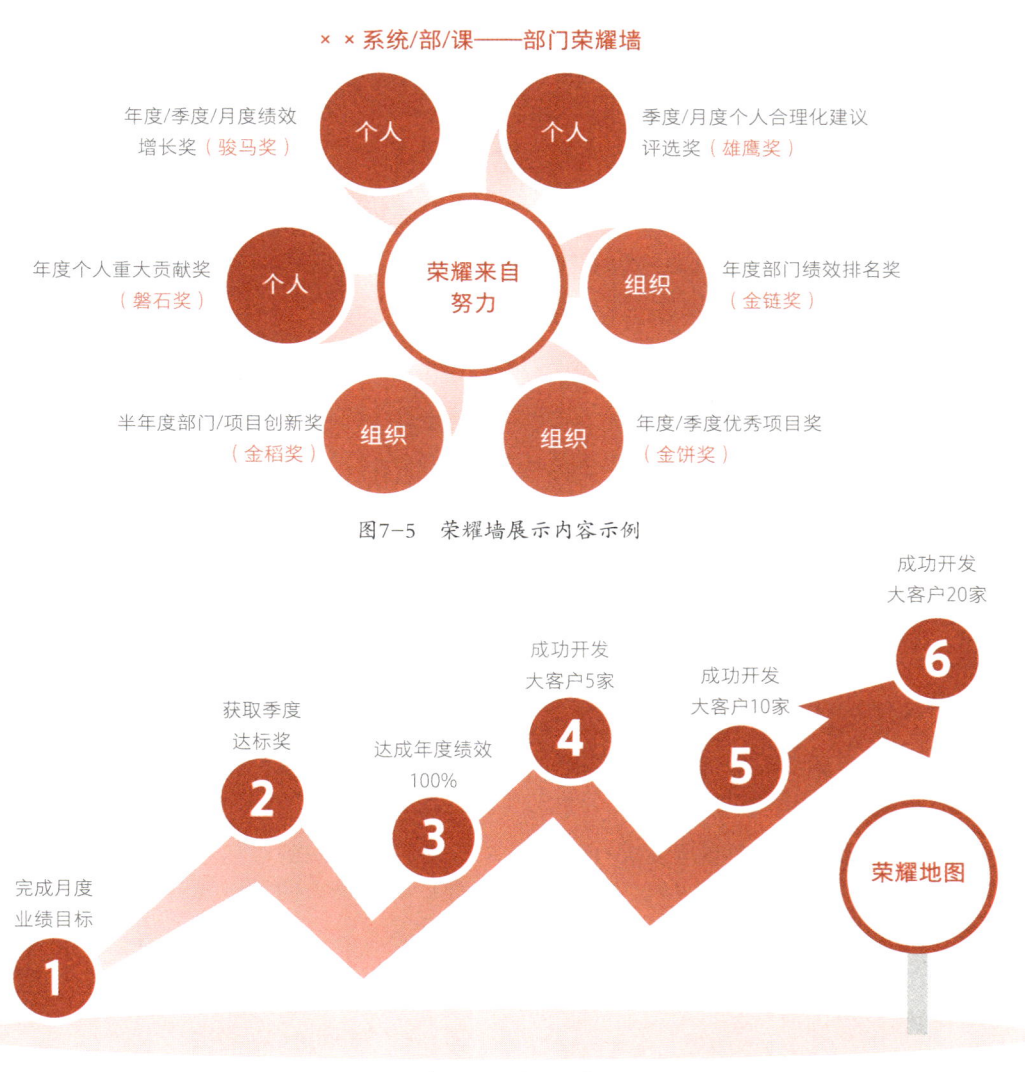

图7-6 荣耀地图展示内容示例A

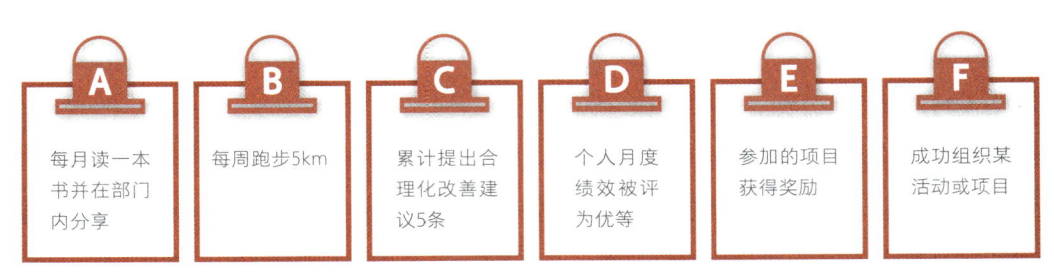

A	B	C	D	E	F
每月读一本书并在部门内分享	每周跑步5km	累计提出合理化改善建议5条	个人月度绩效被评为优等	参加的项目获得奖励	成功组织某活动或项目

图7-7 荣耀地图展示内容示例B

绘制部门荣耀墙和个人荣耀地图的整体逻辑基本相同，但在细节和数据上会有一些差异。无论荣耀墙还是荣耀地图，主要目标都是展示人员的成就和荣誉，激励员工更加努力地工作，增强团队凝聚力。在绘制过程中都需要收集成员的相关数据和信息，这可能包括项目成就、获奖纪录、优秀表现、培训认证等。

无论是荣耀墙还是荣耀地图，都是通过可视化手段将成员的成就展示出来，可以采用图表、图片、文字等形式，使得信息更加直观易懂。在绘制过程中，都需要对数据进行分类和排序，以便更好地展示各个成员的荣誉和成就。可以按时间、项目类别、成就级别等进行分类。

荣耀墙和荣耀地图都不是一次性的项目，随着时间的推移，成员的成就会不断增加，因此需要定期更新和维护，确保信息的准确性和完整性。

虽然整体逻辑相似，但由于荣耀墙和荣耀地图针对的对象和展示形式等不同（具体差异见表7-4），我们在进行推广和制作时，需要了解其中的差异并加以识别，以进行区别化激励。

表7-4 荣耀墙与荣耀地图的差异

内容	部门/团队荣耀墙	个人荣耀地图
针对对象	荣耀墙通常是针对整个部门或团队，展示团队的集体荣誉和成就	个人荣耀地图是针对单个员工，展示其个人成就和荣誉
数据来源	荣耀墙的数据主要来自整个团队共同的项目和成就，以及团队的荣誉证书、奖项等	个人荣耀地图的数据主要来自个人的绩效评价、个人的项目成就、个人的能力提升等
展示方式	可以在公司的公共区域或团队办公区域挂起，形式上可能更偏向于一幅大型海报或墙面展示	可以采用个人化的方式，例如个人档案页面、数字化的展示平台等

无论部门荣耀墙还是个人荣耀地图，都能在公司或团队中发挥重要作用，激励员工，树立榜样，促进团队成长。我们以个人荣耀地图为例，聊聊绘制的步骤。

确定目标：明确自己的长期目标和愿景，即自己的诗和远方长什么样

目标可以是职业方面的目标，也可以是个人成长方面的目标。确保目标具体、可衡量和实现的可能性高。

每个人的人生旅程都需要一个方向，一个明确的目标。目标是我们前进的动力，是激励我们不断努力的源泉。它是我们踏上旅途的指南针，引领我们迈向成功的道路。

确定目标是一项需要深思熟虑的任务。目标不应仅仅是外界期望或社会标准的产物，而应该与我们的内心愿望相契合。一个明确的目标可以激发我们的激情和动力，使我们更有动力克服困难和挑战。

确定目标并不是一蹴而就的过程。它需要我们投入时间和精力，对自己进行深入的思考和自我探索。我们需要问自己一系列问题：我希望在人生中实现什么？我对什么事情充满热情？我有哪些天赋和才能？这些问题的答案将有助于我们找到真正与我们内心契合的目标。

一旦确定了目标，我们就需要将其转化为可行的计划和具体的行动步骤。我们可以设定中期和短期目标，将长远的目标分解为更小的里程碑，以便更容易实现。我们还可以为自己设定时间限制，制订明确的时间表和行动计划，以确保我们朝着目标前进。

确定目标不仅是为了实现我们个人的梦想和追求，还可以使我们的生活有意义。目标驱使我们成长和进步，使我们感到满足和有成就感。

它们点亮我们前行的道路，引导我们向着理想的彼岸迈进。

树立里程碑：将长期目标分解为短期里程碑，一步一个脚印前进

里程碑是指实现长期目标过程中的重要阶段或关键事件。每个里程碑都应该有明确的目标和时间表，使我们能够跟踪进展并保持动力。

为什么要树立里程碑？因为在我们的人生旅程中，每个人都会有自己的目标和梦想，而这些目标和梦想往往需要通过一步一步的努力和一个一个决策来实现。就

像在建设一座壮观的桥梁时，我们需要树立里程碑来引领我们前进，让我们的目标更加清晰而坚定。

树立里程碑，就是在我们前行的道路上，用标志性的事件勾勒出阶段性的进程和成就。这些里程碑，如同点亮黑暗的明灯，指引着我们不断前进。

我们在很小的时候会许下心愿：有的时候，想成为一名勇敢的消防员，为人民的安全而战；有的时候，想成为一名富有创造力的艺术家，用画笔表达内心的情感。每个心愿都是我们成长路上的一座里程碑，激励我们勇往直前。随着时间的推移，我们在成长的过程中也不断树立新的里程碑。每当我们完成一个小目标，就如同在人生旅途上取得了一个小胜利，就有信心和勇气继续向前。

而在家庭中，树立里程碑也是一种美好的传统。每个家庭成员都有自己的成长和发展阶段。家长们用温暖的目光和鼓励的话语，给予孩子坚定的支持。孩子的许多第一次，第一次读出一首诗，第一次获得奖状……这些小小的里程碑都成为家庭幸福的标志，记录着家庭共同成长的点滴瞬间。

不仅个人和家庭需要树立里程碑，就连组织和企业也需要这样做。无论初创公司还是跨国企业，都需要设定阶段性目标，指引员工前进。这些目标，是企业成长和壮大的里程碑，是每一个员工共同努力的见证。

然而，树立里程碑并非一帆风顺的。有时，我们可能遇到意外和挫折，甚至有时候会迷失方向。但正是这些挑战，让我们更加坚定地去追求我们的目标。每一次的挫折都是人生的一次洗礼，让我们变得更加坚强，更加坚定。

当我们回顾人生的旅程时，会发现那些点点滴滴的里程碑串联在一起，构成了丰富多彩的画卷。每一个里程碑都是一个瞬间的停驻，也是一个新起点的开始。

所以，让我们在前行的路上，不断地为自己树立里程碑。这些里程碑无论大小，都是我们成长和进步的见证。通过树立里程碑，我们相信，我们的人生之旅会因为每一次努力和每一个成就而更加美丽和绚烂。愿我们都能勇敢地踏上这个充满希望和挑战的旅程，成就自己的梦想与荣耀。

树立里程碑时，我们可以用反问句让自己和组织进行思考。

- 为什么在人生的旅程中树立里程碑是重要的？
- 树立里程碑对实现个人目标和梦想有何作用？

- 在家庭中，树立里程碑如何促进家庭成员的成长和发展？
- 企业和组织为什么需要树立里程碑？它对员工和组织发展有什么影响？
- 树立里程碑时可能遇到的挑战是什么？如何应对和克服这些挑战？
- 里程碑应该具备哪些特点，才能更好地指导人们前进？
- 树立里程碑的过程中，如何平衡短期目标与长期愿景之间的关系？
- 如何正确地庆祝和回顾达成一个里程碑的重要性？
- 在人生的不同阶段，如何树立新的里程碑，以适应变化的需求和目标？

确定挑战和机遇：追逐梦想的路上，一定有坎坷

我们需要思考在实现每个里程碑时可能面临的挑战和机遇。这些挑战和机遇可能是技能的提升、新的项目或角色的承担，或者是与他人的合作等。了解挑战和机遇将帮助我们做好准备并采取适当的行动。

人生就像一条蜿蜒的河流，充满了曲折与未知。在这个不断前行的旅程中，我们会遇到许多挑战和机遇。而每当我们树立里程碑、设立目标、追求梦想时，这些挑战和机遇便会成为我们前进路上的伙伴。

技能的提升是其中一个重要的挑战，可能需要学习新的知识和技能。这个过程可能很艰辛，需要用耐心和毅力克服学习中的困惑和挫折。但正是这些挑战，让我们在不断成长中体会到了进步的喜悦。

另一个挑战是新的项目或角色的承担。在实现里程碑的过程中，我们可能面临新的工作任务、领导岗位或负责重要的项目，需要不断适应新的环境和角色。但同时，这也是机遇的体现。通过承担新的项目和角色，我们可以展现自己的能力，获得更多的经验和成长机会。

而在实现里程碑的过程中，与他人的合作也是一个重要的方面。合作需要团队协作和有效沟通，也可能面临意见的分歧和冲突。合作不仅能够帮助我们实现目标，还能培养我们的团队精神和领导能力。

而面对挑战的同时，也别忘了思考可能带来的机遇。技能的提升让我们在职场中更具竞争力，拓展了更广阔的发展空间。新的项目和角色的承担让我们得到展现

自我的机会，在实现个人价值的同时，也为未来的职业发展打下了坚实基础。与他人的合作则带来了团队合作的经验和人际关系的拓展。这些都是职业和个人成长中宝贵的财富。

　　了解挑战和机遇，并不是让我们退缩或畏惧，而是让我们做好准备并采取适当的行动。在面对挑战时，我们要保持积极的态度和乐观的心态。每一次挑战都是成长的机会，让我们变得更加坚强和智慧。在面对机遇时，我们要勇敢地迎接，不要害怕展示自己的才华和能力。机遇往往是短暂的，抓住它们，我们就能为自己创造更加美好的未来。

　　在实现每个里程碑的过程中，挑战和机遇是不可避免的。我们所能选择的唯一正确道路，就是学会正视挑战，拥抱机遇，不断超越自我。在确定挑战和机遇时，我们可以尝试问自己以下几个问题。

- 在树立里程碑或目标时，如何准确地识别可能面临的挑战和机遇？
- 挑战和机遇的区别是什么？在实际情况中，它们是如何交织在一起的？
- 你认为在人生或职业生涯中，哪些领域常常会出现最具挑战性的情况？反之，哪些领域提供了最多的机遇？
- 面对挑战时，什么方法可以帮助我们克服困难，达成目标？
- 你曾经面对的一次特别艰难的挑战是什么？它对你的成长和发展有什么影响？
- 什么样的机遇可能改变你的人生轨迹？你有过因为抓住机遇而获得重大突破的经历吗？
- 如何在团队合作中发现并利用每个成员的优势，应对团队面临的挑战并找到共同的机遇？
- 树立里程碑时，如何制定应对可能出现的风险和挑战的策略，以最大限度地利用机遇？
- 在追求自己的梦想和目标时，如何平衡勇敢面对挑战和灵活把握机遇二者之间的关系

绘制地图：绘画万里长城，实现永久荣耀

将目标、里程碑、挑战和机遇整合到一张图上，就形成了荣耀地图。可以使用纸和笔绘制，也可以使用电子工具如流程图软件或思维导图工具创建。

打造荣耀地图，将目标、里程碑、挑战和机遇融汇于一张图中。这张地图，不仅是一份计划，更是一幅绚丽多彩的人生画卷，记录着我们奋斗的足迹和成长的点滴。

在这个快节奏的时代，我们常常为了目标而忙碌，但有时会迷失方向。我们需要一个指南针来指引前进的方向，荣耀地图就是这个指南针。在纸和笔的交织中，或在电子工具的呈现下，我们把目标细化成明确的任务，分割成若干个里程碑，梳理出可能的挑战和机遇，为人生的旅途绘制一个完整的蓝图。

定下的目标，就是我们想要攀登的高峰。这些目标可能是事业上的成就，也可能是个人成长的突破。目标是荣耀地图的基石，能够激发我们前行的动力，为我们的努力赋予意义。

接着，我们将目标连接成一条条通往成功的路线，这就是里程碑。每个里程碑都是一段战胜自我的旅程，是人生中重要的标志性时刻。里程碑的设置，让我们更加清晰地了解自己应该在什么时间点完成哪些目的，也让自己为每一个阶段的成功付出更多的努力。

人生的路途并非一帆风顺，所以我们要做好面对挑战的准备。这些挑战可能是困难的工作任务、个人的不足或外界的阻力，像一道道险峰，等待我们勇敢攀登。挑战是人生的考验，也是成长的机会，接受它会让我们变得更加坚强、智慧和成熟。

挑战与机遇并存，我们的荣耀地图上不仅记录着挑战，也有着机遇的星点。机遇如同明亮的星辰，为我们指引前行的方向。它们可能是新的职位机会、意想不到的合作伙伴或突然出现的时机。我们要敏锐地发现机遇并抓住它们，为我们的成功助力。

荣耀地图的绘制不仅是一个制订计划的过程，更是一个获得启示的过程。在整合目标、里程碑、挑战和机遇的过程中，我们要审视自己的内心，及时发现自己的优势和不足，思考人生的意义和价值。这个过程让我们重新审视自己的人生轨迹，梳理出更清晰的方向。

每一次的胜利都是我们追逐荣耀的见证。每一次的挑战都是我们成长的脚印。

每一次的机遇都是我们实现梦想的助推器。无论是在纸上的地图，还是在电子屏幕上的呈现，荣耀地图都是我们人生航程中的宝贵财富。让我们用心去绘制，用行动去践行，让荣耀地图成为我们追求梦想的指南针。相信在荣耀地图的指引下，我们将一步步迈向成功的巅峰。

为了让我们的荣耀地图更具有实战性，还需要一些可视化的元素，如使用图表、符号、颜色和图片等来增强荣耀地图的效果。这样做可以使地图更具吸引力和激励性。

图表和数据展示

在地图上使用图表，可以更直观地呈现数据和进度。你可以绘制柱状图、折线图或饼状图，表示每个里程碑的实现情况、目标达成情况，甚至是预计挑战和机遇的分布。这样一目了然地展示数据，有助于更好地把握整体情况。

符号和标志

在地图上添加符号和标志，可以增强视觉效果，帮助标识不同的要素。例如，使用星星或火箭符号表示重要的里程碑，使用问号或锁符号表示可能遇到的挑战，使用闪电或大拇指符号表示机遇等。这样的符号标记能够使地图具有更强烈的视觉冲击力。

颜色搭配

色彩是一种强大的视觉元素，能够在地图上引起人们的注意。合理运用颜色，可以增加地图的视觉吸引力。我们可以选择鲜艳的颜色来标识目标的完成情况，使用暖色调或冷色调来表现挑战和机遇的性质，或者使用渐变色来表示不同阶段的进展。

图片和图形

在地图上添加图片和图形，能够让地图更加生动有趣。我们可以用图片代表目标的具体内容，用图形表示里程碑的难易程度，甚至可以添加一些鼓励的图片，激励自己不断前进。

流程图和连线

使用连线的形式，将不同的里程碑、挑战和机遇相互连接，形成一幅完整的流程图。这样的可视化效果能够让我们更直观地了解整个人生旅程中各个要素之间的关联。

通过以上可视化元素的运用，我们的荣耀地图将更加生动、清晰、吸引人。它不仅是一个实用的计划，更是一幅鼓舞人心的图景。每次看到这样的地图，我们都会被自己为梦想而奋斗的决心感动，更加坚定脚下迈向荣耀的步伐。让这张可视化的地图成为我们人生航程中的指引，助我们走向辉煌的未来吧！

地图绘制完成后：定期评估和更新，让镜子中的自己更加出彩

前进道路充满变化和不确定性，只有通过定期的回顾和调整，我们才能更好地适应环境，保持目标的清晰，并持续朝着荣耀迈进。

定期回顾荣耀地图，可以是每个季度、半年或一年一次，取决于我们的目标和计划周期。在回顾的过程中，仔细检视自己在每个里程碑上的进展，看看是否按照预期完成了任务，是否达成了设定的目标。如果有进展，就要为自己取得的成就庆祝；如果有拖延或未达到预期，就要认真分析原因，找出改进的方法。

我们根据回顾的结果，进行调整和更新。随着时间的推移，我们可能面临新的挑战和机遇，原先的计划可能需要调整。有些里程碑可能需要重新安排时间表或重新设定目标。在调整和更新时，我们要保持灵活性，根据实际情况做出合理的决策。

定期评估和更新还可以帮助我们保持对目标的关注和动力。常常会有一些诱惑或其他事物干扰我们的计划，如果没有定期的回顾和更新，我们可能渐渐偏离原来的轨道。而通过定期评估和更新，我们能够及时调整方向，保持目标的明确性，始终朝着正确的方向前进。

荣耀地图不仅是一个人的计划，也可以成为团队或家庭共同的规划。在团队或家庭中，定期评估和更新同样重要。我们要定期召开会议或家庭座谈会，讨论大家在实现目标方面的进展和遇到的挑战，共同制订新的计划和策略。通过共同的努力和合作，我们能够更好地实现共同的目标，共享成功的喜悦。

定期评估和更新是实现荣耀地图的关键步骤。它让我们始终有清晰的目标，持续不断地前进。

地图绘制完成后：与他人分享，让成果加倍

与他人分享你的荣耀地图是一种极具价值的行为。无论是导师、同事还是朋友，都可以为我们提供宝贵的建议和反馈，从不同的角度和经验出发，帮助我们进一步完善和实现目标。

导师通常拥有丰富的经验和专业知识，在人生和职业发展上具有指导作用。当我们向导师展示荣耀地图时，他们可以从更高的层面审视我们的计划，并提供有针对性的建议。导师可能会帮我们发现一些之前没有考虑到的细节，或者指出可能存在的风险和机遇。他们的建议会让我们的荣耀地图更加完善，更具实质性。

在团队中，每个人都有自己的目标和梦想。通过分享荣耀地图，我们不仅可以让同事更了解我们的计划和期望，还可以促进团队内部的积极互动和合作。同事们可能会为我们的目标提供支持和帮助，共同努力实现团队的成功。同时，他们的反馈也有助于我们更全面地认识自己，更好地与团队协作。

朋友是我们亲密的伙伴，他们了解我们的性格和兴趣爱好。通过分享荣耀地图，我们可以得到他们真诚的祝福和支持。朋友可能会在我们遇到挑战时给予我们精神上的鼓励，或者提供一些实际的帮助和支持。与朋友分享荣耀地图，也是增进友谊和彼此之间信任的过程。

在与他人分享荣耀地图时，我们也要保持开放心态。不同的人有不同的观点和经验，他们的反馈可能会与我们的期望有所不同。这时，我们要善于倾听，并从中吸取有益的建议。他人的建议和反馈会为我们的人生旅程提供更多的帮助和支持，让我们更加坚定地朝着荣耀迈进。通过分享和讨论，我们可以相互启发，共同成长，共创美好未来。

绘制荣耀地图是一个持续的过程，它能够帮助我们保持专注、激励自己并追求卓越。记住，这是我们的个人地图，我们可以根据自己的需求和情况进行调整和定制。最重要的是，我们要享受这个过程并坚持追求荣耀和成就！

部门荣耀墙：与正负激励挂钩，同时让员工和家属围成一个圈

部门荣耀墙是一种正负激励的体现。正确匹配正负激励与企业战略是指使激励机制与企业的战略目标和价值观相一致，以推动员工行为和绩效与企业目标保持一致。通过正确匹配正负激励与企业战略，就可以增强员工的工作动机，促进组织的成功和可持续发展。

企业战略通常会有明确的目标和指标，例如市场份额增长、利润增加、客户满意度提升等。激励机制应与这些目标和指标相对应，鼓励员工通过实现这些目标来获得奖励和认可。

企业战略强调以绩效为导向，那么激励机制应该与绩效挂钩。这可以通过设立绩效评估和奖励体系来实现，奖励那些为企业战略目标做出卓越贡献的员工，同时对低绩效和不符合战略的员工采取相应的纠正措施。

如果企业的战略侧重于创新和学习，那么激励机制就应该鼓励员工提出新的创意和建议，支持他们参与培训和寻求个人发展。这可以通过提供创新奖励、鼓励知识分享和设立发展计划来实现。

如果企业的战略注重团队合作和协作，那么激励机制就应该鼓励员工之间的合作和共享，而不仅是个人的竞争。这可以通过设立团队奖励和认可机制来实现，鼓励团队共同努力以实现共同目标。

如果企业战略强调员工的发展和福利，那么激励机制就应该关注员工的职业发展和福利保障。这可以通过提供培训和晋升机会、提高福利待遇和改善工作环境来实现。

将正负激励与企业战略正确匹配，可以激发员工的积极性和工作动力，进而推动组织朝着战略目标迈进。然而，需要注意的是，激励机制的设计和实施应该考虑到员工的多样性和个体差异，以确保公平性和可持续性。

部门荣耀墙是一个可以展示每个员工和家属的荣誉和成就的特殊场所。员工和家属围成一个圈，象征着团结一致，共同努力，为部门的荣誉和成就做出贡献。

每个员工在荣耀墙上都可以有一片自己的区域，用来展示个人的荣誉和成就。这包括获得的奖项、表彰、优秀员工证书、个人业绩等。家属是员工成功背后的支持和动力，他们的照片或文字祝福也可以展示在荣耀墙上。

荣耀墙的设计和装饰要体现部门的文化和特色。可以使用鲜艳的颜色和吸引人的图形，让整个墙面充满活力。在墙上设置专门的展示区，用来摆放员工获得的奖杯、奖状和证书，让整个墙面更加生动。

这样的部门荣耀墙不仅可以激励员工，使员工感受到自己的价值和成就，还可以增强员工之间的凝聚力和归属感。同时，家属们也能在荣耀墙上看到自己的支持和鼓励，感受到他们对员工的重要意义。

定期更新荣耀墙上的内容是非常重要的。员工的荣誉和成就是不断积累的，随着时间的推移，可能有新的表彰和成就产生。因此，定期更新墙面内容，保持墙面的新鲜和活力，也象征着团队的不断进步和成长。

荣耀墙不仅是一个展示个人和团队荣誉的地方，更是一个激励和感恩的场所。员工在荣耀墙上看到自己的成就和努力得到认可，会更加积极地投入工作。同时，家属们看到自己的祝福和支持被展示在墙上，也会感到自豪和幸福。

荣耀墙是部门的荣耀，也是每个员工和家属共同的骄傲。它将团队凝聚在一起，激励着每个人不断前进。

第 8 章

中小微企业持续赢利的风险规避八步骤

- 格式化基础文件，遵守劳动法规没那么复杂
- 模板化劳动合同，轻松做到合理合法用工
- 审慎招聘，最低的风险规避成本
- 培训和意识教育，用工风险规避基础版
- 有温度的解雇程序，让用工风险归零
- 财务稳健规划，经营的智慧
- 风险保险，用工风险中必不可少的工具
- 预防性法律咨询，提前建立用工风险"护城河"

格式化基础文件，遵守劳动法规没那么复杂

确保企业遵守国家和地区的劳动法规，包括严重违纪的构成要素、最低工资、工时限制、假期和加班规定等。合理合法规避"踩坑"，减少因违规而导致的法律风险和罚款。

公司简介：某LMN电子科技有限公司是一家位于深圳的电子产品制造企业，主要生产和销售智能手机和配件。

员工：张小明（化名）是LMN电子科技有限公司的一名生产线工人，已在公司工作超过三年。

案情概述：张小明因个人原因连续旷工了五天，公司自述因此导致公司的生产计划受到影响。公司对张小明的旷工行为进行了调查，并决定解雇他。然而，公司在解雇过程中未遵循合理的解雇程序，没有提前通知张小明，也未明确告知其解雇原因。张小明对公司的解雇决定感到不满，认为公司的解雇行为不合法，决定向法院提起诉讼。

诉讼过程：张小明委托律师提起了劳动争议诉讼，要求LMN电子科技有限公司支付违法解雇的经济赔偿。律师提供了相关的劳动法律法规，证明公司在解雇张小明时未遵循合理的解雇程序，并未提前通知员工。律师还提供了张小明旷工期间因个人原因无法到岗的证明材料。

公司在法庭上辩称，张小明的连续旷工行为严重影响了生产计划，公司不得不解雇他以维护正常生产秩序。然而，公司却未能提供充分的证据证明自身解雇的合理性，并未按规定程序进行解雇。

法院判决：经过审理，法院认为，公司解雇张小明时未遵循合理的解雇程序，违反了劳动合同法的相关规定。法院最终判决LMN电子科技有限公司支付张小明违法解雇的经济赔偿。

判决结果：LMN电子科技有限公司被判决支付张小明违法解雇的经济赔偿共计人民币20万元。赔偿金额包括解雇补偿金和张小明旷工期间未得到工资的补偿。

结论：这个案例表明，企业在解雇员工时应遵循劳动法律法规，按照规定程序进行，合理解释解雇原因。如果公司未能提供合理的解雇理由且未遵循解雇程序，员工有权向法院提起诉讼，获得相应的经济赔偿。对企业而言，违法解雇员工不仅可能支付赔偿金，还可能损害声誉和面临其他法律后果。因此，建议企业在解雇员工时务必严格依法操作，避免违法行为。

【用工风险点】用人单位以劳动者严重违反单位规章制度为由解除劳动合同需注意哪些风险？

合法性与合理性审查

法院会审查用人单位的规章制度是否合法和合理。如果规章制度本身存在问题或者违反相关法律法规，法院可判定解雇违法，要求用人单位支付赔偿金或恢复劳动关系。

证据不足

用人单位在解除劳动合同的同时必须提供充分的证据证明劳动者确实严重违反了规章制度。如果用人单位无法提供充分的证据，法院可能认为解雇是没有依据的，从而判定为违法解除。

解释和适用的一致性

用人单位在实施规章制度时必须与其实际解释和适用一致，不能因为劳动者个别行为而"曲解"规章制度以实现解雇目的。如果存在解释和适用的不一致，法院可能判定为违法解除。

违反正当程序

用人单位在解雇前必须履行法定的解雇程序，包括提前通知劳动者、听取劳动者申辩等。如果用人单位未按照规定程序执行解雇，法院可能判定为违法解除。

如果法院判定解雇为违法，用人单位可能需要承担支付赔偿金的责任，包括经济补偿、未支付工资和其他损失赔偿等。因此，用人单位在解除劳动合同时，应确保规章制度合法合理，并保留充分的证据以支持解雇决定。

【实践方法及建议】用人单位如何避免解雇员工而证据不足的风险呢？

建立规范的规章制度

用人单位应建立明确的规章制度，详细规定员工的权利和义务，以及违纪行为和相应的处罚措施。确保规章制度（如《员工手册》等）符合相关法律法规，并在员工入职时进行明确告知和培训。

定期进行员工培训

定期对员工进行相关培训，使其充分了解公司的规章制度和相应的处罚措施。培训可以帮助员工避免违纪行为，也可以作为员工违纪的证据。

记录员工行为

用人单位应建立员工行为档案，记录员工的日常工作表现和违纪行为。这样可以为解雇员工提供充分的证据，以避免因证据不足而被判定为违法解雇。

收集多种证据的方式

例如口头警告、书面警告、相关文件和监控录像等。这样可以增强证据的可信度和充分性。

遵循正当程序

用人单位在解雇员工时应遵循正当程序，提前通知员工并听取其申辩意见。遵循规定的程序可以保证解雇的合法性，避免因程序不当而导致证据不足。

综上所述，建立规范的规章制度、定期进行员工培训、记录员工行为、采用多种证据手段、遵循正当程序都是用人单位规避因严重违纪解雇员工而证据不足的有效措施。这些措施可以帮助用人单位确保解雇的合法性，同时保护员工的合法权益。

依据《中华人民共和国劳动合同法》第三十九条，劳动者有下列情形之一的，用人单位可以解除劳动合同：

- 在试用期间被证明不符合录用条件的；
- 严重违反用人单位的规章制度的；
- 严重失职，营私舞弊，给用人单位造成重大损害的；
- 劳动者同时与其他用人单位建立劳动关系，对完成本单位的工作任务造成严重影响，或者经用人单位提出，拒不改正的；
- 因本法第二十六条第一款第一项规定的情形致使劳动合同无效的；
- 被依法追究刑事责任的。

劳动法规既是保障劳动者权益，也是维护用人单位合法权益的重要法律基础。用人单位要让这些法规发挥实际的保护作用，就需要建立格式化的基础文件。格式化的基础文件是企业管理的重要保障。

在用人单位内，基础文件是指劳动合同、规章制度、工作岗位说明书等一系列文件。这些文件规定了劳动者的权利与义务，明确了用人单位的管理制度和工作要求。通过将这些文件规范化、标准化，可以使企业内部的管理更加规范，减少人为主观因素的干扰，提高管理效率。

劳动合同是最基础的基础文件，它是劳动者与用人单位之间约定权利和义务关系的法律依据。在签订劳动合同时，要明确规定双方的权利和义务，包括工作岗位、工作内容、工作时间、工资待遇、社会保险等内容，确保双方权益合法合理。

规章制度是用人单位内部管理的重要规范。用人单位可以根据自身实际情况制定一系列规章制度，如考勤制度、奖惩制度、安全生产制度等。这些制度的制定要符合劳动法规，明确规定劳动者的权益保障和义务履行。

工作岗位说明书是对工作岗位进行具体描述的文件。在这份文件中，应当详细列出岗位的工作内容、工作职责、所需技能等。这样不仅有利于员工明确自己的工作职责，也能帮助用人单位合理安排员工的工作，充分发挥员工的专长。

在实际工作中，用人单位应重视格式化基础文件的制定和执行，遵守劳动法规是用人单位应有的担当，也是企业健康发展的基石。

支付加班费的具体标准有哪些？岗位能否设计为岗位责任制？不支付额外的加班费用，以灵活工时和加班调休来弥补是否合规？部分企业的加班政策模糊可能导致存在这方面的用工风险。

公司简介：某ABC科技有限公司是一家位于广州市的科技企业，主要从事软件开发和信息技术服务。

员工：李华（化名）是ABC科技有限公司的一名软件开发工程师，已在公司工作超过两年。

案情概述：李华在ABC科技有限公司担任软件开发工程师期间，经常加班以完成项目任务，但未获得加班费。公司未向员工支付额外的加班费用，而是以灵活工时和加班调休来弥补。然而，由于项目工期紧张，李华无法进行调休。多次要求公司支付加班费遭到拒绝后，他决定向法院提起诉讼。

诉讼过程：李华委托律师提起了劳动争议诉讼，要求ABC科技有限公司支付其加班费。他提供了详细的加班记录和工作日志，证明自己在过去两年内经常加班，且未得到合理的补偿。律师还提供了相关的劳动法律法规和加班费支付标准作为证据。

公司在法庭上辩称，根据公司制定的灵活工时政策，员工可以通过调休来补偿加班，因此并不存在加班费问题。然而，公司未能提供明确的调休记录和员工同意加班的书面文件，导致其辩解并未被法庭采纳。

法院判决：经过审理，法院认为公司未能提供充分的证据证明李华获得了合理的调休，并且在工作日志和加班记录中显示，李华的确经常在非工作时间加班。法院最终判决ABC科技有限公司支付李华加班费。

判决结果：ABC科技有限公司被判决支付李华加班费共计人民币10万元。公司不得再以调休等方式抵消加班费，应当以现金形式向李华支付相应金额。

结论：这个案例表明，企业在管理员工加班费问题时应严格遵循劳动法律法规，合理支付加班费。如果公司未能合理支付员工加班费，并未提供充分的证据证明调休已经得到员工的同意和实际休假，那么员工在法庭上有可能胜诉，获得相应的加班费赔偿。

【用工风险点】用人单位采用灵活工时政策，员工可以通过调休来补偿加班而不支付加班费的问题，需注意哪些风险？

采用灵活工时政策，允许员工通过调休来补偿加班而不支付加班费，确实在一些情况下可以为员工提供更多自主权，并让其平衡工作与生活。然而，这种政策存在一些潜在的风险，需要用人单位注意以下几点。

法律合规性

要确保该政策符合当地劳动法规，特别是有关加班工资、工时限制和调休的规定（如法定节假日加班不能调休，必须向劳动者支付加班工资）。

员工自愿性

流程要规范，应是员工自愿选择调休来补偿加班，而不应该受到强制性要求。如果是用人单位施加压力或以其他方式限制员工选择加班补偿方式，可能引发法律纠纷。

加班累积和管理

灵活工时政策可能导致员工加班时间累积较多。用人单位需要确保加班时间的记录和管理，避免出现过度加班和员工疲劳导致的健康和生产力问题。

员工福利平衡

灵活工时政策可能导致员工为了获得更多休息时间，而倾向于选择调休而非加班费。这可能导致企业在特定时期或项目中缺乏足够的人力资源，因此，企业需要在员工福利和自身需求之间寻求平衡。

内部沟通

用人单位应该清晰地向员工解释这一灵活工时政策，包括调休补偿的具体细则、申请程序和限制条件等，确保员工了解并能够合理实施这一政策。

采用灵活工时政策并允许员工通过调休来补偿加班需要谨慎处理。用人单位应该确保这一政策合法、公平，并与员工进行充分沟通，以避免可能的法律风险。

【实践方法及建议】用人单位如何避免员工随意加班而导致企业可能存在赔偿的风险呢？

明确的加班政策对维护工作秩序以及遵守劳动法规至关重要。下面提供一些加班政策，具体内容可以根据企业的实际情况和地方性法规进行调整。

设定加班时机和条件

用人单位规定员工在何种情况下可以加班，如因业务或项目紧急情况需要完成工作；得到直接上级书面授权并且在可接受的工时范围内；在不违反地方性法律规定的情况下，由员工自愿书面申请加班；等等。

明确加班补偿规则

如规定员工加班时的工资倍率；明确加班工时的计算方式，例如按小时计算或按半小时计算；员工可以选择将加班工资转换为加班调休，但需提前得到上司批准；等等。

规范加班登记和记录制度

要求员工在加班前必须书面报告并得到批准，以确保加班的合理性和必要性。在公司内部建立健全加班登记和记录系统，准确记录员工的加班工时。

明确加班限制条件

确定每月或每周的加班上限，避免员工长期过度加班，保障员工健康和工作效率。除非紧急情况，否则不得强制员工加班。

确定加班调查和审查流程

定期进行加班情况的调查和审查，确保加班政策的执行情况和合规性。

如果发现加班政策存在问题或违规行为，应采取适当的纠正措施并防止再出现发生类似问题。

针对加班制度进行培训并做好培训记录

将加班政策写入员工手册，并确保所有员工都能够知晓和理解政策内容。通过内部培训、会议或其他途径，定期向员工和管理层传达加班政策和相关规定。

上述加班政策仅作为参考，具体的加班政策应该根据地方性法律法规、企业实际情况和员工需求进行制定和优化。同时，加班政策应该是透明和公平的，平衡企业需求和员工权益，从而营造一个健康、稳定和高效的工作环境。

依据《中华人民共和国劳动法》第四十四条，有下列情形之一的，用人单位应当按照下列标准支付高于劳动者正常工作时间工资的工资报酬：

- 安排劳动者延长工作时间的，支付不低于工资的百分之一百五十的工资报酬；
- 休息日安排劳动者工作又不能安排补休的，支付不低于工资的百分之二百的工资报酬；
- 法定休假日安排劳动者工作的，支付不低于工资的百分之三百的工资报酬。

避免员工随意加班，以降低企业可能存在的赔偿风险，是企业管理和人力资源部门需要认真考虑和解决的重要问题。明确加班政策，强调员工健康及工作与生活的平衡，设立时间记录系统等，这些措施将会引导员工树立正确的价值观。

同时，建立加班审批制度和流程，限制长时间加班并设置合理的加班上限，完善加班调查和审查机制等，这将从程序上防范可能存在的风险。

用人单位应鼓励员工假期休息，与员工建立良好的关系，提供有吸引力的员工福利和奖励计划，以激励员工积极工作，而不是通过过度加班来追求奖励。通过以上措施，企业可以有效降低员工随意加班的风险，维护员工健康并提高其工作效率，同时保障企业的可持续发展。

模板化劳动合同，轻松做到合理合法用工

确保与员工签订详细、清晰的劳动合同，明确双方的权利和义务。合同应涵盖工作职责、薪酬、福利、保密条款、解雇条件等，以降低解释和争议的可能性。用人单位根据员工的绩效考核结果，实施末位淘汰制，有哪些风险？

案情概述：某公司（A公司）在经济下滑、业绩不佳等情况下，为了削减成本和优化组织结构，决定实施末位淘汰制度。根据这一制度，公司决定裁减最近招聘入职的员工，认为这些员工对公司的贡献相对较小，且能够避免裁员过程中出现部分员工拒绝、抵抗等问题。然而，在裁员后，公司面临一系列劳动争议。

员工申诉：公司裁员后，一些受裁员决定影响的员工（小张、小王和小刘）对公司实施的末位淘汰制度提出了异议，并向当地劳动监察部门投诉，认为该制度违反了劳动法规，并对自己造成了不合理的裁员损失。

法律程序：劳动监察部门对员工的投诉展开调查，并与公司的管理层进行了沟通和询问，收集了相关证据和材料。劳动监察部门发现公司实施末位淘汰制度确实存在问题，可能违反了当地的劳动法规。

调解判决：经过调查和审理，劳动监察部门提出了企业整改的要求：

- A公司实施末位淘汰制度违反了当地的劳动法规，该制度不合法；
- A公司被要求重新评估裁员决定，并按照劳动法规合法进行裁员，确保员工权益得到合理保障；

- A公司被要求赔偿被裁员工（小张、小王和小刘）因裁员而产生的经济损失，包括解除劳动关系补偿、未支付的工资以及其他相关损失。

判决执行：A公司接受了劳动监察部门的整改要求，重新评估了裁员决定，并按照劳动法规合法进行裁员。同时，公司对被裁员工进行了经济赔偿，补偿了他们因裁员而产生的损失。

案件总结：此案件为企业作裁员决策提供了借鉴，提醒企业在裁员时要遵守劳动法规，确保裁员过程合法、公正、合理，并保障员工权益，避免因不合规裁员而导致的劳动争议和法律风险。

【用工风险点】用人单位以员工绩效考核结果达到淘汰等级为由解除劳动合同需规避哪些风险？

劳动者在用人单位绩效考核中居于末位等级或被评为淘汰等级，并不等同于不能胜任工作，因此用人单位不能单方面解除劳动合同。员工在绩效考核中排名末位或被评为淘汰等级，并不能作为用人单位单方面解除劳动合同的合法理由。

- 存在可能违法解雇的风险。用人单位要单方面解除劳动合同，必须符合一定的法定条件，比如严重违纪违法行为、严重失职或严重损害用人单位利益等。
- 存在证据不足的风险。绩效考核仅仅是评估员工在特定时期内的工作表现和绩效水平，不能成为解除劳动合同的合法依据。用人单位应该在解雇员工时遵守当地的劳动法规，确保解雇决定合法、合规，并且符合法定的解雇条件。
- 存在程序违法的风险。面对员工绩效不佳的情况，用人单位应该通过合理的反馈和培训机制，帮助员工改进和提高绩效，而不是单纯将绩效考核作为解雇依据。

用人单位以员工绩效考核结果达到淘汰等级为由解除劳动合同，存在诸多风险。同时，用人单位也应该考虑员工背后可能存在的原因，例如工作环境、培训支持等，以更合理和公正的方式来解决绩效不佳的问题。

【实践方法及建议】用人单位如何规避因处理员工绩效不佳问题而导致企业可能存在的风险呢？

在如此不确定的商业时代，企业的成长常常取决于员工的绩效表现。企业理应重视员工绩效的评估与管理，而面对员工绩效不佳的问题，企业需要审慎对待，以规避潜在的风险。用人单位更应该关注如何在规避风险的同时，促进员工成长，实现企业与员工共赢。

- 明确绩效考核标准。用人单位应明确员工的绩效考核标准和评估体系，确保绩效评估过程公平、透明、客观。绩效考核应基于客观的指标和具体的工作目标，避免主观评价和歧视行为。
- 及时反馈和指导。用人单位应该定期向员工提供绩效反馈，指出优点和改进之处，并提供必要的培训和指导，帮助员工提高工作能力和绩效水平。
- 制订改进计划。对于绩效不佳的员工，用人单位应该与其共同制订改进计划，明确改进目标和时间表，为员工提供必要的支持和资源。
- 优先考虑内部调动。对绩效不佳的员工，用人单位应优先考虑内部调动，将员工安排到更适合他们技能和能力的岗位上，避免不必要的解雇风险。
- 合法解雇程序。如果实施合理的改进计划后，员工绩效仍无法提升，用人单位在解雇前应按照当地劳动法规规定的程序进行，确保解雇决定符合法定条件。
- 提供福利和培训。用人单位可以提供更具吸引力的福利和培训，激励员工提高绩效和个人能力。
- 定期评估绩效评估制度。用人单位应定期评估和优化绩效评估制度，确保其是科学合理的，能适应企业的发展需求。

通过以上措施，用人单位可以有效规避因处理员工绩效不佳问题而导致的风险，同时促进员工的个人成长和企业的稳健发展。

依据《中华人民共和国劳动合同法》第四十条，有下列情形之一的，用人单位提前三十日以书面形式通知劳动者本人或者额外支付劳动者一个月工资后，可以解除劳动合同：

- 劳动者患病或者非因工负伤，在规定的医疗期满后不能从事原工作，也不能从事由用人单位另行安排的工作的；
- 劳动者不能胜任工作，经过培训或者调整工作岗位，仍不能胜任工作的；
- 劳动合同订立时所依据的客观情况发生重大变化，致使劳动合同无法履行，经用人单位与劳动者协商，未能就变更劳动合同内容达成协议的。

在企业中，员工是最重要的核心资产之一。员工的绩效直接关系到企业的发展和竞争力。因此，企业对员工绩效的管理必须慎之又慎，否则可能导致一系列潜在的风险。

当员工觉得自己的绩效被误判或自己被不公平对待时，他们可能对企业提起申诉，甚至诉诸劳动仲裁或法律诉讼。这不仅浪费时间和资源，还会损害企业的声誉和打消员工的积极性。

若员工感到自己的辛勤付出没有得到公正对待，他们可能感到失望和不满。这会导致员工对企业的忠诚度降低，增加员工流失率，进而影响企业的稳定性和持续发展。

过于依赖绩效考核可能导致员工之间竞争和不营造健康的工作氛围。员工为了在绩效考核中取得好成绩，可能采取不道德或不合法的手段，导致内部竞争激烈，团队合作能力降低，最终影响企业整体效率和团队凝聚力。

而且，仅依据绩效考核做出的解雇决定可能存在法律风险。在一些地区，用人单位解雇员工必须符合法定的解雇条件，而仅凭绩效考核来解雇员工可能违反当地的劳动法规。这可能导致用人单位面临不当解雇的指控，并承担相应的赔偿责任。为规避以上风险，企业可以采取以下措施。

首先，建立动态管理的绩效考核机制。用人单位要确保绩效考核过程透明、客观，基于客观的指标和实际工作表现，避免主观评价和歧视行为。

其次，及时提供反馈和指导。用人单位要为员工提供及时的绩效反馈，指出问题并提供改进方向和支持，帮助员工提高绩效。

最后，为员工提供培训和发展机会。用人单位要提供适当的培训和发展机会，帮助员工提升能力和技能，从而提高绩效。

最重要的是，绩效考核不应成为唯一的解雇依据。在解雇员工前，用人单位应综合考虑员工的整体表现和贡献，确保解雇决定合法合理。在员工绩效管理方面，企业必须谨慎行事，确保决策公平公正、科学合理，为员工提供公平的发展平台，营造良好的工作氛围，促进企业的稳定和持续发展。

用人单位与员工未签订正式书面劳动合同，但签有入职审批表且劳动者实际履行职责的，劳动者能否主张用人单位支付其双倍工资？

某企业名为"翔扬服装制造厂（化名）"，是一家专注于服装生产的企业。为应对订单高峰期的情况，该企业紧急招聘了一位名叫小张的车缝工人。然而，由于企业管理层在处理用工手续上存在疏忽，小张和企业并未签订正式的书面劳动合同。

几个月后，小张就申请离职了。小张离职后不久，企业就收到了来自仲裁庭的仲裁通知书。小张申请仲裁的理由是企业未与其签订劳动合同。根据劳动法规定，企业应当为员工提供正式的书面劳动合同，否则，员工有权主张用人单位支付其双倍工资。

小张向劳动部门提起仲裁后，人力资源和社会保障部门进行了受理并立案。相关部门展开了调查并组织企业方与小张进行调解，经过仲裁庭的协调，企业与员工未达成一致。

企业方称，与员工签订入职审批表且有书面约定双方的劳动关系和权利义务，未与员工签订劳动合同属于企业方人为工作疏忽，但这样的行为并没有侵害员工一方的实际权益。发现问题后，企业方主动向员工要求签署劳动合同，但被员工拒绝。

最终，仲裁庭裁决对劳动者提出因未订立书面劳动合同而要求双倍工资的诉讼请求不予支持。仲裁庭认为，双方签署的其他有效书面文件的内容已经具备了劳动合同的各项要件，明确了双方的劳动关系和权利义务，具有了书面劳动合同的性质，则该文件应视为双方的书面劳动合同。

这个案例告诉我们，未签订正式书面劳动合同可能导致劳动者主张用人单位支付其双倍工资。用人单位应该严格遵守相关的法律法规，建立健全用工制度，及时与员工签订正式的书面劳动合同。签订劳动合同不仅是用人单位的法定义务，也是员工合法权益的保障。

【用工风险点】用人单位与员工签订书面劳动合同需规避哪些风险？

用人单位与员工签订书面劳动合同是保障双方权益的重要步骤。签订书面劳动合同时需要规避一些风险，以防止未来发生纠纷或法律问题。

- 签约流程不严谨。很多中小微企业因为规模小、人手不足，或经办人员新入职对工作流程不熟悉，或对已签约的劳动合同缺乏管理等，导致部分员工在入职时没有签订劳动合同，抑或劳动合同遗失等，这些都可能导致企业面临支付双倍工资和经济补偿的法律风险。
- 合同条款不明确或不完整。合同应该包含明确的条款，涵盖雇佣期限、工资、工作职责、工作时间、假期等关键信息。如果合同条款模糊不清或遗漏重要内容，可能导致双方对权利和义务的理解产生分歧。
- 法律合规风险。合同必须符合当地劳动法规的要求。如果合同条款与相关法律法规相冲突，可能导致合同无效或违法。
- 不合理的限制条款。有些用人单位可能试图在合同中加入过于严苛的限制条款，如竞业限制、客户限制等。这些限制条款可能受到法律限制，如果不符合法律规定，可能导致合同无效或引发法律纠纷。
- 解雇和违约风险。合同应明确规定解雇条件和程序，以及双方在违约情况下的责任和后果。否则，解雇员工或解除合同可能面临法律诉讼和承担赔偿责任。
- 薪酬和福利争议。合同中的薪酬、奖金和福利等条款应清晰明确，以免在未来发生关于薪酬支付和福利享受的争议。
- 保密和知识产权问题。如果员工需要接触敏感信息或涉及知识产权创作，合同应明确规定保密义务和知识产权归属，以保护用人单位的利益。
- 强制性附加条款。有些用人单位可能试图在合同中添加不合理的强制性附加条款，如强制加班或违规要求。这些条款可能违反法律规定或侵犯员工权益。

企业与员工未签订劳动合同，存在诸多的法律风险。为了规避这些风险，建议用人单位在起草劳动合同时重视模板化劳动合同，确保劳动合同合规、公平，并保护双方的合法权益。

【实践方法及建议】用人单位如何规避企业可能因劳动合同条款不合规而面临的风险呢？

用人单位可以通过以下措施规避企业因劳动合同条款不合规而面临的风险。

- 模板化劳动合同。从当地的相关权威部门获取正式的劳动合同样板是最简单和有效的。如果企业有一定的规模，则可聘请相关的专业团队起草劳动合同模板。这样可以确保劳动合同的所有条款符合当地劳动法律法规的要求。
- 劳动合同审查。在签订和管理劳动合同时，要建立内外部审核机制。通过审核流程，确保相关操作合规合法合理。
- 明确条款表述。合同中的条款应该清晰明确，避免使用模糊或不确定的措辞。确保所有条款都可以被理解并得到正确执行。
- 不合规条款修正。如果发现劳动合同中存在不合规的条款，应立即修正并与员工进行沟通。在修正前，不要强制执行不合规的条款。
- 不当限制条款。避免在合同中添加不合理的限制条款，如过于严苛的竞业限制或客户限制。合同中的限制条款应合法合理，符合当地法律规定。
- 明确解雇程序。合同中应明确规定解雇的程序和条件，避免解雇时出现法律争议。
- 保密和知识产权。如果员工需要处理敏感信息或涉及知识产权创作，要确保合同明确规定了保密义务和知识产权归属。
- 定期审查劳动合同。劳动合同应随着时间和法律变化而进行定期审查。如果有必要，及时进行更新和调整，确保其始终合规。

通过遵守法律法规、与专业法律顾问合作、明确条款表述以及定期审查劳动合同等，用人单位可以最大限度地规避因劳动合同条款不合规而面临的风险。这样做不仅有助于保护企业的利益，还能维护良好的企业形象，提高员工的信任度与忠诚度。

审慎招聘，最低的风险规避成本

人招对了，企业的经营目标离成功就近了一大步。企业最大的消耗是人才成本。在招聘员工时，进行全面的背景调查，核实其学历、工作经历和推荐人等信息，确保雇用合适的人员，降低因员工能力不足或行为不端带来的用人成本损失风险，就是减少消耗。

某家中小微制造企业（生产注塑机）正在寻找一位高级机械工程师，以满足不断增长的项目需求。公司紧急招聘一名合适的候选人，以确保项目按时交付。在时间紧迫的情况下，HR经理决定不对候选人进行背景调查，而仅依靠面试表现和简历来做出招聘决定。

其中一名候选人，名为John，提交了一份非常出色的简历，并在面试中表现优秀。他声称拥有丰富的项目经验，并曾参与过多个大型项目的开发。由于项目需求紧迫，企业高管决定录用John，而没有通过背景调查来确认他的背景和经验。

然而，在John加入公司后不久，一些问题开始浮出水面。在项目开发的早期阶段，其他团队成员就注意到John的工作表现并不像他宣称的那样出色。他在实际工作中显得无经验，经常出现疏忽和错误。他之前声称参与的大型项目也无法得到验证。

随着时间的推移，企业的客户开始对项目的进展感到不满。John由于缺乏经验和技能，使项目进度被拖延，导致产生额外的成本和客户不满。最终，项目不得不推迟交付，并且企业不得不面对客户索赔的风险。

面对损失和信誉受损的困境，企业不得不重新评估John的背景。这才发现John在他的简历中夸大了项目经验和技能，然而为时已晚。由于未进行背景调查，公司未能及时揭示他的真实背景，从而造成了巨大的损失，不仅是在时间和金钱方面，还损害了与客户的关系。

通过此事，这家企业深刻认识到背景调查在招聘过程中的重要性。他们决定从此以后，在招聘新员工之前，对所有候选人进行认真的背景调查，以确保所雇用的员工真正拥有经验和技能，从而避免类似的损失和风险。

【用工风险点】用人单位对拟录用员工进行背景调查需规避哪些风险？

我们对拟录用员工进行的背景调查，要合理合规，这样可以避免从一个怪圈进入另一个怪圈。前者是因为没有进行背景调查导致用人不准，后者又因为背景调查不注意合规性导致产生其他风险。对拟录用员工进行背景调查是为了确保雇佣决策的准确性和可靠性。在进行调查时，用人单位需要规避以下风险。

- 隐私和数据保护。在进行背景调查时，用人单位可能会收集到员工的个人敏感信息，如身份证号码、出生日期、家庭地址等。必须确保在收集、存储和处理这些信息时遵守相关的隐私和数据保护法规，以防止泄露和滥用员工的个人信息。
- 歧视指控。背景调查需要按照统一的标准进行，不能基于种族、性别、宗教信仰、国籍等因素做出歧视性的决策。用人单位如果拒绝录用某位员工，并且他认为是因为受到歧视，就可能面临歧视指控和法律诉讼。
- 不准确的信息。背景调查可能会遇到不准确或过时的信息。如果因为不准确的调查结果而拒绝录用员工，可能会导致误解和争议。因此，用人单位应该尽量确认信息的准确性，并给员工提供申诉的机会。
- 侵犯员工权益。在进行背景调查时，用人单位应该避免侵犯员工的权益。例如，在未经员工允许的情况下，不应获取私人社交媒体账号的信息。
- 不合规的调查方法。背景调查的方法和范围应符合当地的法律法规。使用不合规的调查方法，如违法获取个人信息或采用未经授权的调查手段，都可能引发法律纠纷。

- 调查缺乏透明度和未经通知。在进行背景调查时，用人单位应该事先告知员工并取得他们的同意。调查缺乏透明度和未经通知可能引起员工的不满和带来法律问题。
- 不必要的调查。背景调查应该仅限于与工作相关的信息，不应过度调查员工的私人生活或其他不必要的信息。

为了规避这些风险，用人单位在进行背景调查时，应确保合规性、透明性和谨慎性，最好征得员工的同意，并仅限于在必要的范围内进行调查，以保护员工的权益并遵守相关法律法规。

【实践方法及建议】用人单位如何规避企业可能在背景调查方面不合规而存在的风险呢？

为了规避企业在背景调查方面不合规而存在的风险，用人单位可以采取以下措施。

- 制订表格。企业方最好使用统一且固定的背景调查表格或流程，在进行背景调查之前，确保明确调查的目的，并明确告知被调查者调查的范围和目的。背景调查应仅限于与雇佣决策相关的信息。
- 征得同意。在进行背景调查之前，应取得被调查者的明确同意。可以通过书面授权或口头确认等方式获得同意。
- 合规调查。确保背景调查过程符合适用的法律法规。不非法收集或收集超出授权范围的信息，避免侵犯被调查者的隐私权。
- 使用可靠来源。选择可靠的渠道和来源进行背景调查。尽量使用公共记录或官方数据库，避免依据未经证实的传言或从非官方渠道获取的信息做出决策。
- 信息保密。确保背景调查信息的保密性。只有与雇佣决策相关的人员才能访问和处理这些信息，以防止信息泄露。
- 不歧视原则。在背景调查过程中，不得以种族、性别、宗教信仰、国籍等因素为基础做出歧视性决策。

- 提供申诉机会。如果背景调查发现不利于被调查者的信息，应该给予被调查者机会加以解释和提出申诉。避免基于调查结果过早做出决定。
- 更新信息。确保背景调查的信息是最新的，尤其是涉及教育背景、工作经验等方面的信息。
- 与候选人沟通。在进行背景调查之前，应与候选人进行透明沟通，告知他们会进行背景调查，并征得他们的同意。

通过采取以上措施，用人单位可以最大限度地规避背景调查方面的不合规风险，确保招聘过程合法合规，同时保护被调查者的权益和隐私。

给某位候选人发放了Offer，但后面找到了比这位候选人更合适的人选，可以毁约吗？对Offer中约定的条款，因企业制度的修改而造成的不一致，企业需要承担不利后果吗？

在企业实践中，有关Offer的发放及管理通常会遇到以下两个问题。

第一个问题是撤回Offer需要承担什么样的责任。在大多数情况下，企业确实有权在任何时候撤回工作Offer，尤其是在员工未开始工作的情况下。然而，如果企业在Offer中向应聘者做出了某些承诺，而应聘者因此放弃了其他工作机会或者产生了其他损失，那么在某些司法管辖区，应聘者可能有权寻求法律赔偿。

第二个问题其实就是工作条款变更的问题。这个问题的答案取决于工作合同中的条款。在一般情况下，企业不能单方面更改已经与员工签订的工作合同。如果企业需要更改合同，通常需要征得员工的同意。如果企业未经员工同意就更改了合同条款，并导致员工受到不利影响，员工有权提起法律诉讼。当然，具体的法律条款可能因地区和合同条款而异。

以下是一个假设性的案例，旨在说明在录用过程中可能出现的法律问题。

某公司在一次面试后，对求职者小张表示了雇佣意向，并提供了一份正式的工作Offer。小张很高兴，立即接受了Offer，并向他所在的企业提交了辞职申请。然而，临近报到日期，该公司以"业务需要变更"为理由直接电话通知小张不用来报到了，并说已经撤回了给小张的Offer。

小张听后很生气，因为他为这个工作Offer放弃了自己现有的工作，并且工作都已经交接完成了。现在他失去了新的工作机会，于是，他直接找到了该企业所在地的劳动部门。

在向相关部门投诉过程中，小张列举了因为该公司的行为而遭受的实质性损失清单，包括现有工作的收入、可能的晋升机会，以及寻找新工作的时间和精力。小张表示，该公司在发出Offer后，没有给出充分的理由就撤回了Offer，这使他陷入了困境。

劳动部门的工作人员对企业和小张进行了调解，最终的结果是企业方承认了自己的错误，并补给了小张半个月的工资。这半个月的工资相当于企业对小张的经济赔偿责任，包括他在找工作期间的失业补偿。

这个案例告诉我们，虽然企业在一些情况下可以撤回工作Offer，但是如果这样做给求职者带来了实质性的损失，企业可能需要承担相应的违约责任。因此，企业在发出Offer时，需要考虑到所有的可能性，并尽量避免在不必要的情况下撤回Offer。

【用工风险点】用人单位发放Offer给岗位候选人时需规避哪些风险？

- 明确条款。工作Offer应包括明确的条款，如职位名称、工作职责、工作地点、薪酬、福利、试用期等。任何含糊不清的条款都可能导致将来的争议。
- 保密和竞业禁止协议。如果招聘的职位涉及公司的商业机密或竞争敏感信息，那么在Offer中应该包括保密或竞业禁止协议。
- 撤回Offer的风险。在某些情况下，用人单位可能需要撤回已经发出的工作Offer。然而，如果这样做导致候选人遭受损失，用人单位可能需要承担法律责任。
- 背景调查。如果在发放Offer后才进行背景调查，并且调查结果导致撤回Offer，那么用人单位可能会面临法律风险。为了避免出现这种情况，用人单位应在发放Offer之前完成背景调查。
- 歧视风险。用人单位在发放Offer时，不能基于种族、性别、宗教、年龄、残疾等因素歧视候选人。候选人如果认为他们被歧视，就可能寻求法律救济。
- 误导的风险。在Offer中提供不准确或误导性的信息也可能带来风险。

这可能包括对工作内容、工作环境或发展机会的误导描述。

为了规避这些风险，用人单位拟对求职候选人发放Offer时，应该对面试流程及结果进行最终确认，包括背景调查的完整性。

【实践方法及建议】用人单位如何规避在录用人员方面可能存在的不合规风险？

- 制定明确的招聘政策。用人单位应制定明确的招聘政策和程序，确保所有录用流程标准化，并遵循一致的准则。这样可以降低疏忽和偏见带来的风险。
- 面试培训。用人单位应制定为负责面试的员工提供相应的培训，使其了解合法的面试问题和评估标准，避免问及与工作无关的个人问题。
- 透明的招聘流程。用人单位确保招聘流程透明公正，使所有应聘者都能了解他们的录用机会和录用过程，并及时向应聘者提供相关信息和反馈。
- 合法背景调查。进行背景调查前，用人单位要确保合规性，并告知候选人且获得他们的同意。用人单位进行背调查时，只收集与招聘相关的信息。
- 平等对待所有候选人。用人单位要确保所有候选人在招聘和录用过程中得到平等对待，不因种族、性别、宗教信仰、国籍等因素做出歧视性的决策。
- 避免虚假招聘信息。用人单位要在招聘广告和招聘材料中提供准确、真实的信息，避免夸大或虚假宣传，以免引发误导或法律纠纷。
- 保留招聘记录。用人单位要妥善保留所有与招聘有关的记录和文件，包括面试记录、评估结果、拒绝录用原因等。这些记录在未来可能用于解决纠纷或证明合规性。
- 审查招聘政策。用人单位要定期审查招聘政策和程序，及时更新以符合最新的法律法规和最佳实践。

用人单位遵守法律法规、制定明确的招聘政策、培训面试人员、制定透明的招聘流程和合法进行背景调查等，可以降低在录用人员方面存在不合规风险的可能性。这不仅有助于保护企业的声誉和利益，还有助于营造公平、公正的雇佣环境，吸引和保留优秀人才。

培训和意识教育，用工风险规避基础版

　　培训和意识教育是两种旨在提高个人或组织能力的重要手段。为什么说培训和意识教育是用工风险规避基础版？因为培训的目的是提高员工的知识水平和技能，使他们能够更好地完成特定的任务或履行职责。这可能包括新的技术或设备的使用、新的业务流程或政策，或者是关于如何提高个人效率的教导。培训通常能在短期内看到明显的效果，因为员工能够直接将所学知识和技能应用到他们的日常工作中。

　　意识教育则更侧重于改变员工的态度、价值观或行为方式。这可能包括增强对某个问题（如性骚扰、数据保护或工作场所安全）的意识，或者营造更积极、更具包容性的工作环境。意识教育往往需要更长的时间才能看到效果，因为这涉及改变人们的心态和行为习惯。

　　培训和意识教育都是企业人力资源策略的重要部分。它们旨在提升员工的能力，改善他们的工作表现，提高整个组织的效率。而且，随着组织和员工需求的变化，这两种方法通常需要定期更新和改进。

　　为员工提供必要的岗位能力和业务知识培训，加深其对企业规章制度的认知和理解。增强员工的风险意识，让他们知晓可能的潜在风险并能够积极应对。

　　一家名为宏旺家具（化名）的公司中的一名员工，我们称他为Tom，不幸成为一场网络诈骗的受害者。

在一个普通的工作日，Tom收到了一封看似来自他的直接上级的电子邮件。邮件中，"上级"告诉Tom，由于他正在处理一个紧急项目，他需要Tom立即为公司购买一批价值数千美元的电子设备。由于Tom是一名新员工，他想要展现出自己对工作的热情和责任感，所以他没有过多质疑，就按照"上级"的指示操作了。

然而，当Tom将购买电子设备的账单提交给财务部门时，财务部门的人员对这笔交易提出疑虑。经过进一步的调查，他们发现那封看似来自Tom上级的邮件实际上是一个网络诈骗者发送的。这个诈骗者冒充Tom的上级，希望通过这种方式骗取公司的资金。不幸的是，由于Tom已经按照邮件中的指示完成了购买，所以这笔钱已经无法追回。

在当下境外电信诈骗防不胜防的年代，这个案例再次强调了网络安全培训和意识教育的重要性。如果Tom接受过相关培训，知道如何识别和处理这类诈骗邮件，那么这件不幸的事情可能就不会发生。因此，对于所有的公司和员工来说，进行网络安全培训和意识教育是非常必要的。

这家企业在经过这起电信诈骗案件后，开始积极通过培训和意识教育来提升员工的网络安全防护能力。

宏旺家具公司先开展了一次内部审计，结果发现他们的网络存在很大的漏洞，主要原因是员工缺乏关于网络安全的基本认知和操作技能。于是，公司决定采取一系列培训和意识教育措施来提高员工的网络安全素养。

首先，公司进行了一次全员的网络安全培训。这次培训涵盖了一系列技术和操作方面的知识，如如何设置复杂密码、如何识别和避免钓鱼邮件和恶意链接、如何使用安全的网络浏览和数据传输方式等。通过这次培训，员工们学到了具体的操作技能，可以立即用于纠正自己的网络使用行为。

然后，公司又启动了一次网络安全意识教育活动。这次活动不仅仅是传授知识，还试图改变员工对网络安全的认知和态度。活动中，公司组织人员分享了一些真实的网络攻击案例，让员工意识到网络安全问题的严重性。同时，公司也强调每个员工都是公司网络安全的一部分，他们的所有行为都可能影响到整个公司的安全状况。

这一系列培训和意识教育活动产生了显著的效果。员工们不仅学到了新的技能，提高了网络安全操作水平，也对网络安全有了更深刻的认识，他们的网络使用行为也得到了显著的改善。在之后的日常经营中，公司的网络安全状况得到了极大的改善。

培训和意识教育对提升员工能力和改变员工态度，有明显的促进作用。通过开展适当的培训和意识教育活动，企业可以有效解决一些内部问题，提高整个组织的运行效率。

【用工风险点】用人单位如何增强员工的风险意识，让他们知晓可能的潜在风险并能够积极应对？

风险管理的责任不应仅落在法务部门或人力资源部门的头上，而应该由全体关键人员共同承担。用工风险点规避和防控如果只落到法务部门或人力资源部门的头上，那么就会变成某一个部门或某一个人的责任。一个人的力量再强大，也不如团队的力量，强调全员参与的风险管理企业文化十分必要。

公司和人力资源部门有责任定期为所有员工提供风险管理的教育和培训，包括如何识别和处理风险，以及报告风险的正确方式。同时公司要鼓励不同部门之间加强沟通和合作，共同识别和处理风险。例如，技术部门可能会发现一些法务部门看不到的风险，反之亦然。

当然，设立激励机制必不可少。表扬和奖励那些识别和管理风险的员工能调动员工的积极性，使他们更愿意参与风险管理工作。公司要建立一个透明、简单的风险报告机制，便于员工报告他们发现的任何潜在风险。公司还要定期进行全员参与的风险评估，让每个员工都有机会表达他们对企业风险的看法。

这种全员参与的风险管理策略将使企业能够更有效地识别和处理风险，从而提高企业的稳定性。增强员工的风险意识，让他们知道可能的潜在风险并能够积极应对，是企业风险管理的重要组成部分。

如果你的企业规模不是很大，那么做好上述如持续开展风险管理培训、创建风险意识文化、鼓励员工报告风险、定期评估和更新风险管理策略，以及模拟演练并明确责任和激励机制就可以了。

上文提到减少用工风险需要通过培训和教育来增强员工的风险管控意识。但记住，这些风险可能包括不合理的劳动时间、职场骚扰、不公平的待遇、缺乏合规性等。

如果你的企业规模比较大，或者你希望提升企业效益，那么下面这些策略和措施，就需要更加深入地落实。

- 合规性培训。首先，企业应提供合规性培训，确保员工了解适用的法律、政策和规定。这包括但不限于劳动法规、反歧视和骚扰政策、数据保护和隐私规定等。
- 开展工作环境教育。企业要提供关于创建和维护一个健康、安全的工作环境的教育。这可能涉及预防和解决职场骚扰问题、维护工作场所安全以及培育包容和尊重的工作文化。
- 培训领导力。领导者需要明确自己的责任，这包括公平和透明的决策，以及如何处理和解决员工问题。领导力培训可以帮助管理者了解自己的角色，并提供工具来有效地管理自己的团队。
- 鼓励开放沟通。训练员工如何有效地沟通和解决冲突。一个开放和诚实的沟通环境可以避免误解，减少冲突，并促进团队协作。
- 建立报告和解决问题的机制。员工应知道如何报告问题，以及他们会得到什么样的响应。企业要创建明确的程序，并确保员工能够便捷地使用这些程序。
- 提供持续的学习和发展机会。企业要定期评估培训和教育计划的有效性，并根据需要进行调整。企业要提供持续的学习和发展机会，以确保员工的知识和技能与行业和组织的发展保持同步。

通过这些策略和措施，企业可以增强员工的风险意识，营造良好的工作环境，最终减少用工风险。

【实践方法及建议】用人单位通过培训和意识教育，可以规避哪些用工风险？

聊到企业培训，笔者经常会用一个词语，那就是"气泡企业培训"。

那是因为在投入培训和教育项目时，有些企业会将它们落地，而有些企业则只能让其飘在空中。世界如同一片广袤的田野，企业则是这片田野上挺拔的稻穗，有些稻穗沉甸甸的，这是因为它们扎根在肥沃的土壤中，砥砺风雨，茁壮成长；而有些稻穗却像飘在空中的云朵，轻飘飘的，始终与大地保持一段距离，这是因为它们忽视了人才培训和教育的重要性，没有理解培训为企业第一生产力。

有些企业重视并投资教育和培训，为员工提供学习和提升的机会。因为只有员工能力得到提升，才能推动企业的发展；只有员工的成长，才能帮助企业在竞争激烈的市场环境中立于不败之地。笔者所认识的很多企业的成功，无一不是源自对人才的尊重，源自对知识和技能的重视。

当然也有一些企业，对于培训和教育看似重视，实则敷衍。认为员工的发展无足轻重，对培训和教育的投入微乎其微。它们忽视了一个事实，那就是企业的发展离不开员工的力量，忽视员工的成长，就等于忽视企业的未来。

重视了培训和意识教育，是不是就可以规避一系列的用工风险呢？笔者的答案是：当然。

非合规风险

企业通过培训让员工理解和遵守相关的法律法规，可以避免违反劳动法、税法、安全规定等带来的非合规风险。

非合规风险是许多企业需要面临和应对的重大挑战。合规性培训对减少这种风险至关重要。首先，企业需要有明确的合规政策和程序，清晰地指出员工履行工作职责时应遵守的法规。这包括劳动法、税法、安全法规，还有企业行为准则等。

企业在为员工提供合规性培训时，要强调遵守法规的重要性，让员工了解违反规定可能带来的后果。这样的培训应该有很强的针对性，并直接涉及员工的日常工作。同时，企业要建立定期内部审计制度，确保所有部门和员工都遵守规定。如果发现任何可能的违规行为，就立即进行调查并采取纠正措施。

规模大一些的企业，还应建立安心报告机制，让员工能够安全地报告任何可能的违规行为，而不用担心遭到报复。而对违反规定的员工，企业需要采取明确的纪律行动。这将向所有员工传达一个清晰的信息，即企业不会容忍任何违规行为。

合规风险管理需要企业高层的支持，制定明确的政策和程序，提供有针对性的培训，以及采取明确的纪律措施。通过采取这些措施，企业可以大大降低非合规风险，从而保护自己的声誉和财务安全。

安全风险

企业通过提供工作场所安全培训，可以避免因为员工疏忽导致的工伤事故。

每一个看似简单的动作背后，都隐藏着无数的安全风险。一次粗心、一次疏忽，都可能引发重大的工伤事故。安全无小事，疏忽可能造成无法挽回的损失。正如古人云："磨刀不误砍柴工。"安全培训就像磨刀，可能需要花费一些时间和精力，但可以保证我们的工作效率和安全。

经常开展工作场所安全培训可以显著减少因员工疏忽导致的工伤事故，如对工作环境中可能出现的风险进行教育。除了安全培训，提供详细的安全程序和应急操作指南也是必要的，包括如何正确使用安全设备、如何处理突发状况等。

企业要让安全成为企业所有人的共识，要让员工理解和遵守安全规定，让他们了解不遵守规定可能带来的严重后果。

当然，企业也要同时采取其他措施，如定期进行工作场所检查、提供适当的安全设备、营造良好的工作环境等，以确保工作场所的安全。每个员工的安全意识和行为都会对整个工作场所的安全产生影响，因此在安全培训上的投入都是非常值得的。

劳动争议风险

企业通过教育活动让员工了解他们的权益以及企业的规章制度，可以减少因为误解或信息不对称导致的劳动争议。

员工教育和良好的沟通是预防劳动争议的关键策略。让员工了解自己的权益，对于企业而言利大于弊。这包括工作时间、工资支付、假期、福利、健康和安全等内容。

企业应制订清晰的规章制度，包括行为准则、绩效评估标准、纪律程序等。这可以帮助员工了解公司对他们的期望，以及他们如何在公司中获得成功。

企业要鼓励并倡导开放的沟通渠道，确保员工可以在遇到问题时，有机会向管理层反映问题或者表达他们的关注。这可能包括开放的政策、定期的反馈会议、匿名的建议箱等。

当企业内部出现争议时，我们该如何处理？这就需要有一个公正、透明的解决机制。员工应该知道他们可以向谁寻求帮助，以及问题将如何处理。通过这些措施，企业可以减少因误解或信息不对称导致的劳动争议，同时能提高员工的满意度和忠诚度。

数据安全风险

企业通过培训员工了解和遵守数据保护和隐私规定，可以避免因疏忽操作导致数据泄露的风险。

在这个信息爆炸的时代，数据已成为我们生活的一部分。无论是社交媒体、在线购物、网络银行，抑或是我们的工作，每一次点击，每一次输入，都产生了大量的数据。

这些数据仿佛现代世界的脉络，连接着每个人的生活。然而，随着数据量的不断增长，数据安全风险也日益凸显。在这样的背景下，企业只有通过培训员工了解和遵守数据保护和隐私规定，才可以最大限度地避免因疏忽导致的数据泄露风险。

个人信息泄露，可能引发诈骗；公司秘密泄露，可能导致商业失利。每一次数据泄露的背后，都是对个人权益、公司权益的严重侵害。

因此，我们必须采取行动，通过培训，让每一位员工了解数据的重要性，了解数据保护和隐私规定。这个过程，就像是赋予伙伴一把守护数字世界的钥匙，让他们知道如何正确、安全地操作数据，避免因疏忽而造成数据泄露。

企业要让企业全员了解数据保护法规。我们的企业员工需要了解有关数据保护的法律和行业规定，知道什么是能做的，什么是不能做的。

企业要让企业全员意识到数据的价值和风险。员工需要了解数据的重要性，知道数据泄露可能带来的后果，如客户信任的损失、法律责任，甚至企业的经济损失。企业也要让员工学习如何安全地处理数据，比如如何安全地存储和传输数据、如何防止病毒和恶意软件、如何避免网络钓鱼等。

让企业全员养成良好的数据保护习惯。比如定期更改密码、不在公共网络上访问敏感数据、不随意下载未知的软件等。

在这个数据越来越重要的时代，对数据的保护已经不再是可有可无的选项，而是每一个企业和每一个员工必须承担的责任。

道德风险

企业通过教育员工遵守职业道德和企业的道德规范，可以避免因道德问题导

致的损失。

道德像一只无形的手，引导我们走上正确的道路，避免偏离道义的轨道。在职场上，道德的力量尤为重要。所以，企业通过教育员工遵守职业道德和企业的道德规范，一定程度上可以避免因道德问题导致的损失。

在快速变化的职场中，我们每天都要做出各种各样的选择。有时，一些选择可能会让我们陷入困境：我们是否应该追求最大的利益？是否应该牺牲自己的价值观，以适应周围的环境？在这些困境中，道德就像一个罗盘，能帮助我们找到正确的方向。

在任何组织中，道德风险都是一个重要的因素。如果员工不遵守职业道德和企业的道德规范，就可能造成各种后果，包括对企业声誉的损害，破坏与客户的关系，甚至可能导致法律纠纷。

因此，对员工进行道德教育是非常必要的。企业可以尝试从以下四个维度进行道德风险的管控。

- 告诉你标准=明确道德规范。企业需要制定明确的道德规范，让员工知道什么行为是被接受的，什么行为是不被接受的。
- 教你怎么做=培训和教育。企业需要定期进行道德培训和教育，让员工了解和理解道德规范，并知道如何在实际工作中遵守这些规范。
- 其他人也会做=建立报告机制。如果员工发现有人违反道德规范，他们应该知道如何报告，并且相信他们的报告会得到处理。
- 每个人都躲不开=强调责任。企业需要强调每个员工都有责任遵守道德规范，如果他们违反道德规范，就可能面临困境。

企业可通过"告诉你标准""教你怎么做""其他人也会做""每个人都躲不开"四个维度反复地进行教育和培训，逐步建立企业文化中的道德分支体系，这样可以有效地减少道德风险，保护企业的声誉和利益。

有温度的解雇程序，让用工风险归零

人员离职处理好了，还可以换一种方式再合作。企业要确保有健全的且有温度的解雇程序，在解雇前，与员工进行沟通并提供必要的警示和改进机会，以降低解雇引发的争议和法律诉讼风险。

每一个员工都期望在一个安全、稳定的工作环境中发展，但在现实生活中，解雇是一种不可避免的现象。对于企业和员工而言，解雇可能带来无尽的忧虑和焦虑，因为它涉及经济和情感层面的损失。

解雇一个员工，首先要尊重这位员工并提供公平的待遇，同时减少用工风险，这或许能够在某种程度上降低解雇带来的负面影响。

在解雇决策中，企业必须遵循公正的标准和程序，而不应存在个人偏见。对员工的表现、能力和业绩进行客观评估，将有助于降低解雇的随意性，同时为员工提供一个公平竞争的环境。透明的解雇程序能够让员工了解解雇的原因和过程，减轻他们因不确定性而产生的心理压力。

企业可以为拟解雇员工提供帮助和资源，帮助他们重新就业。这包括职业指导、简历改进、面试技巧等培训，可帮助员工增强就业竞争力。这样，人力资源部门负责此事的员工就不再是冰冷的只执行解雇程序了。

解雇程序一旦启动，企业就要与员工进行开诚布公的谈判，听取员工的意见和建议，并尽量达成共识。在解雇过程中，管理层的沟通和尊重至关重要。领导者应该以积极、理性和关怀的态度面对解雇，尽量减少对员工的伤害。尽管解雇是艰难的，但是恰当的处理方式可以减少解雇带来的负面影响，维护企业的声誉。

下面提供两个有关解雇的案例，一个是中小型企业的，另一个是微型企业的。

或许可以给你带来一些启发和借鉴的价值。

> X公司是一家生产3C数码产品的企业，虽然最近几年市场竞争激烈，但X公司在行业中稳步发展。随着业务的扩大和变化，公司面临一些战略性调整的挑战。为了适应市场需求和提高效率，公司必须进行一些结构性的调整，这可能导致部分员工面临解雇。
>
> X公司意识到解雇是一个敏感和复杂的问题，不仅关系到员工的生计和情感，也影响着公司的声誉和业务运营。因此，公司决定采取一系列措施，以确保解雇程序健全、公平，并最大限度地减少用工风险。
>
> ① 事先沟通和透明性：在公司决定进行结构性调整之前，管理层积极与员工沟通。公司领导团队举行了多次员工大会，向员工解释调整的原因和背后的市场动态。他们解释说，这些调整是为了保持公司竞争力和可持续发展，而不是因为员工的个人能力或贡献不足。这种事先的沟通和决策的透明性有助于减少员工的不安和猜疑。
>
> ② 公平的评估标准：X公司建立了一个明确的评估标准，用于确定哪些员工将受到调整影响并可能面临解雇。这些标准主要基于员工的绩效、技能和业务需求等因素。在评估过程中，公司通过多方面的数据和面谈，确保对员工的评估是客观、公正的，避免主观偏见的影响。
>
> ③ 解雇辅导和支持：一旦确定了受影响的员工，公司就会提供解雇辅导和支持。公司与专业的职业指导机构合作，为员工提供简历撰写、面试技巧和职业规划等方面的培训。此外，公司还提供一定的过渡期工资和失业救济，以帮助员工渡过难关，并顺利开启新的职业生涯。
>
> ④ 解雇谈判机制：X公司与员工代表积极进行解雇谈判。员工代表有机会向公司提出建议和诉求，就解雇的具体细节和补偿方案进行协商。公司尊重员工代表的意见，并努力寻求共赢的解决方案。这种谈判机制有助于维护员工的权益，减少潜在的冲突和纠纷。

⑤ 社会安全网：X公司还与当地政府合作，共同建立社会安全网，为受到影响的员工提供更全面的支持。政府提供失业救济和培训津贴等资源，为员工提供更多的应对选择。

通过这些措施，X公司成功地实现了人才战略转型，且本轮解雇没有带来任何直接的用工风险。所以说尽管解雇是一项艰难的任务，但如果公司通过透明、公平和关怀的方式，让员工有尊严地离职，公司的声誉会得到保护，员工对公司的忠诚度和信任度也会得到提升。

如果你所在的企业是微型企业，又或许你是创业中的老板，可以参考以下这个案例。

某家创意设计公司中有一位名叫徐洁的年轻设计师，她是公司的骨干员工之一，为公司设计出了许多优秀的作品。然而，公司遇到了经济困难，不得不进行一次规模较大的重组，徐洁不幸成为被解雇的员工之一。

当她得知自己即将被解雇时，内心感到非常失落和无助。徐洁觉得自己为公司投入了大量的心血和精力，却因为经济原因而失去了工作，这很不公平。工作的最后一天，尽管她面对同事和老板尽力保持微笑，但内心仍然充满失落和悲伤。

然而，令徐洁感到意外的是，前老板张总在她离职后主动联系她，并邀请她一起吃饭。起初，徐洁有些疑惑，不明白张总为何要和她见面，但她还是接受了这个邀请，因为她觉得这是一个了解自己被解雇原因的机会，同时可以向张总表达自己的心声。

在某一个湘菜馆里，张总坦诚地跟徐洁说，解雇她是公司为了保护整个团队，而不得已做出的艰难决定。张总对徐洁的辛勤工作和贡献表示感谢，并解释公司在当前经济形势下所面临的困难。张总还给徐洁提出了一些建议，希望她能够继续发展自己的设计事业，并鼓励她相信自己的能力。

在听了张总的解释和鼓励后，徐洁的心情逐渐放松下来。她意识到，解雇并不是因为她个人的问题，而是因为公司面临挑战。她也感受到了张总的关怀和理解，这让她对张总的决定有了更深的理解。

从那以后，两人成了朋友，偶尔会相约一起吃饭或喝咖啡，聊聊工作和生活。张总给予徐洁一些建议，帮助她在职业道路上做出更明智的选择。而徐洁在工作中继续保持着优秀的表现。后来，她成立了自己的设计工作室，逐渐获得了一些小规模项目，并且开始创建自己的设计师品牌。

经过几年的发展，徐洁的设计工作室规模逐渐扩大，而张总的公司也渐渐走出经济低谷，取得了新的成就。在一次行业活动中，两人再次相遇，他们都为对方取得的成功感到非常高兴。

这个故事告诉我们，解雇并不意味着终结，而是一个新的开始。在职场中，不同的利益和困难会让人们做出各种决定，但如果双方能够以理解和宽容的态度对待，也许会发现更多意想不到的可能性。我们在面对职场挑战时，要保持开放的心态，勇于迎接新的机遇，并与他人建立真诚的友谊。

财务稳健规划，经营的智慧

试想一下，经营一家企业最害怕发生什么事情？或许很多人会回答害怕资金链断裂，企业没钱了！

"巧妇难为无米之炊"，确保企业财务稳健，充足的备用金和保险政策可以应对可能引发的财务风险，例如健康问题、事故或其他紧急情况。

为什么要谈财务稳健规划？在广袤且深邃的财务海洋中，存在各种未知的风浪和漩涡。唯有稳健的规划与决策，才能使企业的航船渡过每一个难关，稳健前行。

合理的预算也是经营智慧的重要组成部分。预算就如同航行的航图，既规划出每一步的路径，也规避潜在的风险。预算应该包含所有可能的收入与支出，同时考虑到市场的变化和意外的影响。良好的预算，就像一只"看不见的手"，引导企业稳步前行，避免财务风险。

企业发展必然离不开投资决策。在投资的世界中，"稳健"二字尤为关键。这并不是说我们要规避所有的风险，而是要懂得如何管理风险，如何平衡风险与收益。理性的投资决策，需要我们研究市场，理解行业，分析趋势。企业的成长并非一朝一夕之功，而是需要稳健的规划并长期执行。

2019年，一家名为"繁星"的电子商务公司陷入了财务危机。由于过度扩张和管理层的投资失误，公司的现金流严重不足，账上的资金已经无法支撑下一个财季的运营。为了解决这个问题，公司聘请了新的CEO张军。

张军首先与繁星的管理团队一起制订了清晰的财务目标：在一年内实现正现金

流，并在两年内恢复赢利。为了实现这个目标，张军开展了一项深入的财务审计，以了解繁星的财务状况。

经过审计，张军发现繁星的主要问题在于过度的扩张和不明智的投资。这些决策虽然在短期内带来了收入增长，但也带来了巨大的债务负担和运营成本。为了解决这个问题，张军制订了一个稳健的财务规划。

首先，他建议繁星停止新的投资，集中精力管理现有的业务。他还提议公司对所有业务进行全面的利润分析，以确定哪些业务是赚钱的，哪些业务正在造成损失。对那些亏损的业务，张军建议公司停止或者削减。

接下来，张军制定了一个详细的预算，旨在降低运营成本并改善现金流。这个预算包括所有的收入和支出，以及可能的风险和变数。

此外，张军还推荐了一系列投资策略，以提高公司的资金利用效率。他要求财务团队将闲置的现金投入低风险的金融产品中，以获得稳定的收益。同时，他还安排总裁办成员加强与银行的关系，以获得更低的贷款利率。

在张军的带领下，繁星开始执行这个财务稳健规划。虽然过程中遇到了很多困难，但公司的财务状况确实开始改善。一年后，繁星成功实现了正现金流；两年后，公司成功摆脱了财务危机。

这个案例表明，明确的财务目标、合理的预算和投资决策，以及持续的执行，可以帮助公司找到解决财务危机的出路，重新获得稳健发展。

那么有没有可供小微企业参考的财务稳健规划案例呢？一起来看看下面这个案例。

小陈和女朋友晓晓一起在广州开了一家小型花艺店。店铺虽然小巧，但因其独特的花艺设计和优质的服务，在开店的前几年吸引了大量的顾客。

近几年受市场环境等多方面影响，小陈和女朋友一起开的这家实体店的经营逐渐变得困难，财务也开始告急。

为了扭转局势，小陈决定进行财务稳健规划，以寻找新的经营策略。

第一步，小陈开始建立花艺店"细水长流"支出表（表8-1），为的是能在短期内维持公司的现金流，确保企业的正常运营。

表8-1 "细水长流"支出表

××××年××月"细水长流"支出表			
固定开销	店面租金	月均水电费	月均人工成本	其他支出
材料费	A类品种进货价	B类品种进货价	C类品种进货价	D类品种进货价
营销费用	临街赠品费	合作伙伴营销费	线上拓展预算	宣传资料印刷
合计			

为了实现收支平衡这个目标，小陈进行了全面的自我财务审计，根据店面的实际运营惯例，合理规划支出，确保在正常运转的前提下，减少某些不必要的支出。比如，他审计后发现宣传资料全部印刷的话过于浪费，所以就全部变为制作电子材料。

第二步，开拓线上销售渠道和打造个人自媒体账号"两步走"运营策略（图8-1）。

图8-1 "两步走"运营策略

经过各类成本分析，他决定"两步走"中的第一步是全力开拓B2C模式，即在美团、京东等渠道进行线上销售。

"两步走"中的另外"一步"是打造个人自媒体账号。他开始在多个平台（如抖音、快手、视频号、小红书等）注册个人社交账号，并开始在这些平台定期发布一些个人日常及养花、护花科普知识等。

为了做到这一点，他制订了一份详细的预算表，包括线上业务开发、广告推广、物流配送等各项开支。同时，他还做出了保守估计，预计线上业务在起步阶段可能不会带来大量的收入，因此他在预算中预留了一部分现金作为运营资金。

在店铺经营风险预防方面，他制定了一项"三不"风险防护墙制度（图8-2），即纯利润低于20%的团队花艺项目不接；付款周期超过30天的客户订单不接；总金额超过1万元的项目，若客户预付款低于50%则不接。

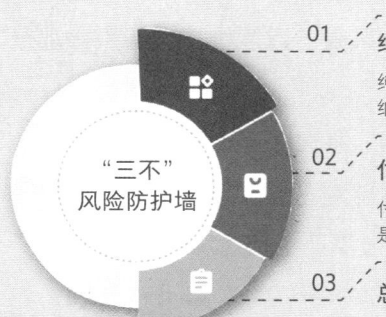

"三不"风险防护墙

01 纯利润低于20%的团队花艺项目不接。
纯利润在这里指该项目的收入总额，减去业务活动所产生的费用以及应缴纳的税款后，所剩余的利润。项目纯利润=项目收入总额-项目所有费用。

02 付款周期超过30天的客户订单不接。
付款周期（结算周期）即单个项目结束后付款的期限。小陈决定的期限就是月结，即项目结束后，客户必须最晚一个月内结清款项。

03 总金额超过1万元的项目，若客户预付款低于50%则不接。
预付款就是买方按照合同约定向卖方支付的一定金额的款项，这可以确保交易顺利进行，也可以减少资金压力，提高资金周转效率。

图8-2 "三不"风险防护墙制度

半年后，小陈店铺的经营状况开始改善。虽然实体店的生意仍旧艰难，但线上业务的增长弥补了线下业务的部分亏损，整体现金流得到了改善。

到了第二年，随着线上业务的成熟，小陈店铺的盈利状况得到了显著提升。除此以外还有一个额外收获——目前个人账号在全网有十几万粉丝，小陈正在考虑是否做直播带货。

小陈的案例告诉我们，对于小微企业来说，财务稳健规划并不是遥不可及的概念。通过明确的目标、合理的预算以及明确的多维度投资决策，小微企业同样可以在复杂的经济环境中筑起防护城墙并实现发展。

风险保险，用工风险中必不可少的工具

对于企业来说，尤其是中小微制造业，保险不应被视为一项额外的支出或负担，而应被认为是一种投资，一种风险管理的工具。任何岗位，尤其是涉及生产线、高风险设备，或者需要员工在危险环境中工作的岗位，都应该有相应的保险覆盖。这对保护员工的人身安全和人身权益，减少企业风险，以及维护企业声誉都是非常重要的。

如果一家企业因为节省成本而不为员工提供保险，那么一旦出现工伤或者其他事故，不仅可能导致企业需要承担大额的赔偿，还可能对企业的声誉造成长期的影响。长远来看，这样的做法可能对企业的稳定运营和发展产生负面影响。

因此，企业负责人在设计岗位的时候，应该充分考虑到风险和保险的问题。如果一个岗位的风险太大，以至于企业无法承受为其购买保险的成本，那么这个岗位可能就需要重新设计，或者寻找其他的风险控制方法。这不仅是对员工负责，也是对企业自身负责。

风险保险，不仅是一份保障，也是一种态度。企业应考虑购买员工责任险或雇主责任险，以降低因员工行为而引发的法律诉讼和赔偿风险。

M机械有限公司是一家位于江苏的制造业企业，主要生产精密机械设备。如今，这家企业的风险保险非常完备。但我们或许想不到，其实M机械有限公司如今的保险策略，源于它在2009年经历了一场重大的工伤事故。

一天，M机械有限公司的一名技术员在操作一台大型车床时，不慎受伤，严重的损伤使他无法再进行重体力劳动。这场意外给员工个人带来巨大痛苦，同时使得当时刚成立不久的M机械有限公司面临巨大的经济压力。因为在那个时候，M机械有限公司并没有为其员工购买足够的工伤保险。

M机械有限公司在此事件发生后立即改变了保险政策，为所有的员工都购买了工伤保险。因为这个事件给公司带来了沉重的财务负担，M机械有限公司深刻认识到了风险保险的重要性。

后来经过不断的尝试，M机械有限公司逐步在企业内全面实施风险保险规划。公司不仅为所有的员工购买了工伤保险，还为企业的核心资产，包括生产设备、原材料库存等购买了充足的财产保险。在后来的几年中，这些保险都为M机械有限公司抵御了多次风险，保障了企业的稳定运营。

M机械有限公司的案例告诉我们，风险保险不应该被视为一种可有可无的附加项，而是一种必要的风险管理工具。任何时候，任何企业，都有可能面临各种不可预测的风险。而通过购买风险保险，企业能够得到一份保障，有能力应对那些可能出现的突发事件。这对保护企业的利益，确保企业的持续发展，都是非常重要的。

风险保险之所以被称为用工风险中必不可少的工具，是因为它就如同船舶的锚，可以稳定摇摆的船体。它并不是华丽的装饰，但却是不可或缺的配件，是对于每一位员工生命与健康的庄重承诺。

规划风险保险，并非惧怕风险的表现，而是对生命尊严的最大保障，更是企业责任的最好体现。当然，风险保险并不是我们逃避责任的借口，而是我们承担责任的方式。我们不能因为有了保险，就忽视安全。反之，我们更应该严格把控每一个环节，减少事故的发生，保障每一个员工的生命安全。

对于小微企业来说，风险保险尤其重要。正因为企业规模小，所以更加难以承受大的风险冲击。

星河科技是一家位于杭州的初创科技公司，主要专注于移动互联网应用的研发。尽管公司规模不大，但在创始人李华的领导下，公司一直以创新和积极的精神，为用户提供优质的产品和服务。

然而，2019年，一场突如其来的数据泄露事件，让星河科技公司陷入了前所未有的危机。一名黑客攻击了公司的服务器，导致大量用户数据被泄露。这一事件不仅严重损害了星河科技的声誉，也使得公司面临巨大的经济赔偿压力。

那时的星河科技公司并没有购买任何风险保险，以为自己只是小微企业，而保险是大型公司才需要的东西。这次事件让该公司深深地意识到，任何企业无论大小，都无法避免遭遇风险。

李华意识到风险保险在企业运营中的重要性，决定购买专业的网络安全保险，以防止类似的事件再次发生。这种保险不仅可以为企业提供经济赔偿，还可以提供专业的技术支持，帮助企业恢复数据，解决安全问题。

购买保险后，星河科技公司的运营压力大大降低，员工能专注于产品的研发和服务的提供。而且，这次事件也提醒了星河科技公司，任何时候，都不能忽视风险管理和防控。

星河科技公司的案例告诉我们，小微企业同样面临各种风险，而风险保险就是它们应对风险时保障稳定运营的重要工具。无论企业的规模大小，都应该重视风险保险，让保险成为企业稳健发展的坚实保障。

预防性法律咨询，提前建立用工风险"护城河"

遥想古代战争的激烈场景，智者的一句预言或警告常常能够左右战局，决定生死。而在当今的商业世界中，预防性法律咨询就像位给予洞察和指引的智者，能提供法律意见和建议，犹如前方道路上的明灯，为企业排除困扰，破除障碍。

预防性法律咨询，不同于亡羊补牢式的救火策略，它的眼光瞄准的是未来，力求在问题出现之前，就为企业搭建安全的防护网。在它的关照下，企业在执掌商业决策的同时，也能够意识到潜藏的法律风险。

无论在商业策略制定、新产品开发、合作协议签署，或者招聘策略上，每个创业者、每个领导者都可能面临一系列法律问题。如果没有预防性法律咨询的辅助，企业就如同一艘没有指南针的船，迷失在风起云涌的海洋中，一旦风浪骤起，船大概率会陷入危机。

预防性法律咨询不仅是一种应对问题的策略，更是一种引导企业健康成长的智慧。预防性法律咨询是一把未雨绸缪的伞，为企业遮挡风雨，让企业可以安全、稳健地行走在成长的道路上。

建立与专业团队的合作关系对于任何企业都是至关重要的，这样的合作关系可以帮助企业及时和准确地了解到各种法规的变化，以确保企业的合规运营。如何进行预防性法律咨询呢？

● 寻找专业的法律和人力资源咨询公司

这些专门的团队的工作就是跟踪和理解各种法规的变化，以及这些变化对企业的影响。他们也可以提供有关用工风险的专业咨询和建议。

定期会议

定期与这些专业团队进行会议,以了解法规的最新变化,讨论可能的风险,以及制定相应的应对策略。这些会议可以是面对面的,也可以通过电话或网络进行。

培训和教育

专业团队可以提供有关法规和用工风险的培训和教育,以帮助企业的管理层和员工更好地理解和应对这些风险。

紧急响应

在发生重大风险事件时,专业团队可以提供紧急咨询和支持,帮助企业尽快解决问题,减少损失。

通过以上策略,企业可以及时了解到用工风险,得到专业的建议,从而确保企业的合规运营。同时,这样的合作关系也可以帮助企业建立一种积极的风险管理文化,从而在全公司范围内增强风险管理的意识和能力。

绿野公司(化名)是一家初创的环保科技企业,专注于开发清洁能源解决方案。作为一个新生的科技公司,绿野公司对自身的技术和创新充满自信,但在法律问题上,却显得缺乏经验和专业知识。

2020年,绿野公司研发出一款创新的太阳能产品,引来了市场的广泛关注。然而,产品推出不久,一家竞争对手就对绿野公司提出了侵权诉讼,称它的新产品侵犯了自家的专利权。

这个消息让绿野公司的管理层感到震惊,他们在产品研发过程中,一直十分重视避免侵权的问题,但由于缺乏专业的法律咨询,他们未能及时发现潜在的法律风险。

面对诉讼,绿野公司投入了大量的时间和资源来应对,同时,他们也开始寻求专业的法律咨询。他们请来了一位经验丰富的法律顾问,为他们提供预防性的法律咨询,帮助他们在未来的工作中更好地规避法律风险。

法律顾问帮助绿野公司分析了诉讼案件，同时对他们的产品和业务进行了全面的法律风险评估。顾问提醒他们，在新产品研发的初期，就应当进行全面的专利检索和分析，确保产品的合法性。在合同签署、合作洽谈、公司政策等各个环节，都应当谨慎处理，避免潜在的法律风险。

此后，绿野公司将预防性法律咨询纳入了他们的日常运营中，他们不再是等问题出现后再解决，而是尽可能在问题出现前就进行预防。这个改变让绿野公司的运营变得更加稳健，他们能更专注于产品的研发和市场的开拓。

绿野公司的案例告诉我们，预防性法律咨询的重要性不容忽视。无论是初创公司还是成熟企业，都需要认识到法律风险的存在，并积极采取措施进行预防。只有这样，企业才能在复杂的商业环境中安全、稳健地发展。

相比于常见的侵权风险，企业用工风险更是无处不在。

用工风险预防性法律咨询，可以帮助企业在用工的道路上走得更稳、走得更远。预防性法律咨询，不应是在问题发生后才寻求解决之道，而是在问题出现之前就要做好全面的排查和防范。

星云餐饮有限公司（化名）是一家连锁餐饮企业，在全国各地拥有多家分店，员工众多。2019年，星云餐饮有限公司面临一起因劳动合同争议引发的诉讼。一个被解雇的员工起诉星云餐饮有限公司，称其违反劳动合同规定，未支付其应得的加班费和解雇赔偿。星云餐饮有限公司的管理层对此感到震惊，因为他们并未意识到在劳动合同的执行过程中存在这样的问题。

面对诉讼，星云餐饮有限公司开始反思自身的用工管理可能存在的风险问题，并决定寻求专业的法律咨询，以了解相关法律风险，并进行相应的预防。他们聘请了一家专业的法律咨询公司，针对用工风险进行预防性法律咨询。

法律咨询公司的专家团队对星云餐饮有限公司的用工管理进行了全面的审查，包括劳动合同的规定、工时管理、员工福利等方面，并指出了其中存在的问题和风险。他们建议星云餐饮有限公司修订劳动合同，明确工时和薪酬的规定，同时加强员工权益保护，以减少用工风险。

在法律咨询公司的帮助下，星云餐饮有限公司进行了一系列改革，包括修订劳动合同、改善员工福利、增强管理团队的法律意识等，使得整个企业的用工管理得到了显著改善。

此后，星云餐饮有限公司继续保持与法律咨询公司的合作，定期进行用工风险的预防性法律咨询，以确保企业的合规运营。这个改变使得星云餐饮在处理用工问题时更有信心。

星云餐饮有限公司的案例清楚地展示了预防性法律咨询在用工风险管理中的重要作用。通过预防性法律咨询，企业可以提前发现和解决用工问题，从而避免争议的发生，确保企业稳健发展。

概括而言，企业在雇用和管理员工时，需要遵循合规、透明和公平原则，并建立健全制度来预防和应对潜在的用工风险。包括聘用、培训、评估、晋升、解雇等各个环节。这些政策和程序应该依据相关法律和规定制定，并且公平、透明、一致地执行。

企业还应该定期为员工提供培训机会，加深他们对用工法律和企业政策的理解，使他们能够有效地应对各种用工问题和冲突。同时，为所有员工提供一个安全、有效的渠道，让全员可以通过此渠道提出反馈和投诉，包括性骚扰、歧视、不公平待遇等问题。需要注意的是，此渠道一定要保密，防止投诉人被报复。

为了更好地规避风险，不要忘记定期进行用工风险评估，找出潜在的问题和风险，并制定应对策略。这可以包括对企业政策的审查、对员工满意度的调查、对工作环境的评估等。

或许企业已经做出了最大的努力，但仍然可能遇到用工风险。因此，企业应该有一个危机应对机制，包括危机沟通、问题解决、责任追究等内容。这一机制可以帮助企业有效地规避用工风险，保护企业和员工的利益。

企业应该记住，用工风险管理不仅是遵守法律和规定，更是对员工的尊重和关心，是企业社会责任的重要部分。

第 **9** 章

经营的尽头就是重生

- 商业的本质是什么
- 坚持长期价值主义
- 持续推进标准化
- 一事一心,翻盘亦是开盘

商业的本质是什么

"在商言商",商业的本质是什么?站在企业经营和管理的角度,这个问题如果不对这个问题进行详细分析和理解,商业之路就会变得比较坎坷。透过现象看本质,我们先讲一个青年在小镇开超市的故事。

曾经有一个小镇坐落在山脚下,环境宜人,资源丰富。小镇上的人们过着宁静而和谐的生活,但随着周边城市的发展,他们也感受到了时间带来的变化。小镇开始面临一些挑战,特别是在经济方面。

一天,一个年轻的商人来到了小镇,他看到了这里的潜力,决定在这里开一家超市。他带来了各种各样的商品,从食品到日用品,应有尽有。起初,小镇的人们对这个新的商业活动持怀疑态度。

然而,随着时间的推移,人们逐渐发现这个超市带来了许多好处。他们不再需要为了购买商品而长途跋涉到城市,现在在自己的家门口就能买到所需的物品。超市卖的东西繁多,人们能够根据个人需求做出选择。

随着超市的成功经营,其他类型的商家也开始在小镇上开设店铺,为人们提供各种服务和产品。这创造了更多的就业机会,改善了居民的生活质量,为小镇带来了繁荣。人们看到商业不仅是交换和交易,更是创造价值、满足需求,推动社会进步的力量。

尽管商业的引入可能会带来一些挑战,例如竞争和价格波动,但小镇的人们不

> 断适应和创新，逐渐克服了这些困难。他们学会了平衡自己的利益与整个小镇的需要，让商业成为小镇发展的重要引擎。

为什么要讲这个小镇的故事呢？因为想通过最简单的商业案例，来讲讲商业的本质。

通俗一些讲，商业就是通过交换和交易创造价值，满足潜在客户的需求和欲望，并从中获得经济收益。商业是一个复杂而多维的领域，涉及产品和服务的生产、销售、分配、市场营销、创新、竞争等多个方面，但商业的核心要素却可以进行概括理解。

商业的本质是创造价值。企业通过生产和提供产品或服务，满足消费者的需求，从而创造价值。这个价值可以体现在解决问题、提供便利、创造体验等方面。

创造价值是企业持续发展的基础，也是企业在市场竞争中脱颖而出的关键。创造价值的核心是满足顾客的需求和愿望。当企业能够提供有益的产品和服务时，顾客满意度会提升，从而提升忠诚度和口碑。

顾客满意度的提升，又能够帮助企业赢得更大的市场份额。顾客更倾向于选择能够满足他们需求的企业，从而帮助企业扩大市场份额。这也有助于企业建立品牌信任，提高品牌价值，吸引更多的消费者和获得业务机会。

创造价值不仅能带来即时的利益，还能为企业打下长期稳健发展的基础。

价值如何创造呢？首先要了解市场在哪里，即要了解顾客需求。了解顾客的需求和痛点是什么，从而开发出能够解决问题、提供价值的产品和服务。

那么，如何提供有价值的产品和服务？答案是：价值创新。创新是创造价值的关键，通过不断的研发和创新，企业能够推出更优质的产品和更卓越的服务，这是创造价值的基础。因为顾客对优质的产品和卓越的服务会产生持久的印象。

目前有些商业模式也在强调个性化定制，这也是创新价值的一部分。根据不同顾客的需求，提供个性化的解决方案，可以帮助企业创造更多的价值。企业应该不断地反思和改进自己的产品和服务，以适应市场变化和顾客需求变化。

所以不要怀疑，商业的本质确实是创造价值。通过为顾客提供优质的产品和卓越的服务，满足他们的需求和愿望，企业能够赢得市场、建立品牌，实现持续发展和稳健经营。

商业是基于交换与交易，即通过买卖、合作等方式将创造的价值交换给他人。 交易可以是货币交易，也可以是以其他资源、服务或权益为基础的交换。

前几年的商业故事中，比较流行的一个词语是"跨界并购"。

"跨界并购"就是一家公司购买不同产业或领域的另一家公司的行为。这种行为通常会将两个不同产业或领域的公司合并，从而实现资源、技术的共享和不同市场的涉足。跨界并购是企业扩张和发展的一种策略，旨在实现多元化、增加市场份额、获取新技术等目标。其实这个词语的本质是基于商业的交换与交易。比如，某家互联网企业进入某个行业，其实就是这家互联网企业用沉淀过的经营模式来占领此行业某些竞争力比较弱的企业所占的市场份额。

某家名为创新科技的公司在IT领域非常成功，以开发创新的软件和应用而闻名。然而，随着技术行业竞争的加剧，该公司开始考虑进一步扩大其市场份额和多元化业务。

与此同时，一家名为绿色能源的公司在可再生能源领域取得了巨大的成功。它致力于研发和生产太阳能和风能技术，为环保能源行业树立了榜样。

创新科技公司的高管们认识到，可再生能源领域逐渐崭露头角，具有巨大的潜力。为了进入这个新兴领域并实现多元化，他们决定进行跨界并购，收购绿色能源公司。

在谈判和尽职调查之后，创新科技公司成功地收购了绿色能源公司。两家公司开始合作，共享资源、技术和市场洞察力。创新科技公司不仅在IT领域继续保持领先地位，还进入了环保能源领域，推动可持续能源的发展。

通过这个跨界并购，创新科技公司实现了多元化，为自身带来了更广阔的发展前景。同时，绿色能源公司也受益于技术和市场的支持，加速了其在可再生能源领域的发展。

跨界并购是一种商业策略，通过收购在不同领域取得成功的公司，企业可以利用其资源和专业知识，实现多元化发展，提高市场地位，创造更多的价值。当然，成功的跨界并购需要谨慎的计划、尽职调查和合作，以确保合并能够实现预期的效果。

商业不仅存在于企业间的"跨界并购",在很多小微企业甚至是个体店,其实也有很多类似的案例。因为商业的交换与交易,代表着不同领域之间的合作、创新和融合。

> 某家名为创意之源的公司,专注于创意设计和创新解决方案。公司的创始人Kathy是一位富有创造力的设计师,她一直在探索如何将不同领域的思维和资源融合在一起,创造出独特而有趣的产品。
>
> 某一天,Kathy听说了一家连锁咖啡馆——"艺术咖啡屋",其以独特的艺术氛围和精心调制的咖啡而闻名。Kathy感到这家咖啡屋的经营理念与自己公司的理念十分契合。于是她决定尝试与"艺术咖啡屋"进行合作,将创意设计与咖啡文化跨界融合。
>
> Kathy和"艺术咖啡屋"的创始人进行了深入的交流,他们决定在咖啡屋内创造一个独特的艺术角落,展示Kathy公司的设计作品,并将其与咖啡馆的氛围相融合。这个角落不仅可以让顾客欣赏到创意设计,还为咖啡屋带来了更多的顾客。
>
> 此外,他们以每个设计为灵感将咖啡与艺术结合起来,还推出了一种限量版的艺术主题咖啡。这种独特的咖啡成为咖啡馆的一大特色,吸引了更多的顾客前来品尝。
>
> 这个跨界合作不仅为创意之源带来了更多的曝光和销售机会,也为"艺术咖啡屋"增加了新的元素,从而提高了吸引力。通过不同领域的结合,创造了更多的价值,两家公司展现了"跨界"的力量。

这个案例从另一个维度诠释了"跨界"在商业中的应用。通过将不同领域的资源、思维和创意融合在一起,可以创造出新的商业机会,吸引更多的顾客和客户。

商业,是一个充满活力的世界,源于人类对共同发展的渴望,更是人类智慧与创造力的结晶。

在商业的大舞台上,交换是奏响的第一曲调。人与人之间,人与物之间,不仅是简单的物体交换,更是一种价值的传递,是一种互惠的契约。你有我需要的、我有你渴望的，彼此交换、彼此受益。商业行为就是基于交换，因为在这个过程中，价值被创造，潜在的需求被满足。

而交易则是交换的载体。它可以是一纸合同、一次握手、一句承诺。通过交易，双方达成共识，确认了交换的内容和方式。在交易的背后，是双方对商业伦理和诚信的坚守，也可以理解为对商业信任的传承。

从古至今，商人的船只载着各种各样的商品漂洋过海，连接东西方的文明。今天的商业，依然是交换与交易的舞台。电子商务的崛起，让交换与交易不再受地域的限制，世界在数字化的纽带下更加紧密相连。我们可以在万千商品中自由选择，一键完成交易，实现消费愿望。商业的本质在于创造价值，而交换与交易则是将这种价值传递给他人的桥梁。

你的市场在哪里？你了解自己的市场吗？

什么是市场？市场就是供求关系的集中体现，是买家和卖家之间交流、交易的地方。在市场中，买家和卖家通过价格协商进行交易，决定产品和服务的价值。价格在市场中扮演着重要的角色，它是供求关系、商品价值和交易的核心指标。

市场的本质在于客户的需求和愿望，以及为了满足这些需求和愿望而进行的交换。买家在市场上表达了他们对产品或服务的需求，而卖家则通过提供这些产品或服务来满足买家的需求。价格是买卖双方协商的结果，既反映了买家愿意支付的价值，也反映了卖家对提供产品或服务所期望的回报。

从理论上讲，供求关系在市场中的平衡决定了价格的形成。当需求大于供应时，价格往往会上升，因为买家愿意为了获取产品或服务而支付更高的价格。反之，当供应大于需求时，价格可能会下降，因为卖家为了吸引买家可能会降低价格。这种供求关系和价格的动态变化形成了市场的波动和变化。

市场还是信息传递的重要渠道。买家和卖家通过市场了解到有关产品、服务、价格和竞争对手等信息。信息的透明度和流通性影响着市场的公平性和效率。现代科技的发展使信息更加容易获得，从而加快了市场信息的传递和反应速度。

关于市场与供求关系，一个典型的商业案例是iPhone的推出和销售。苹果公司在2007年推出了第一款iPhone，这个事件展示了供求关系如何在商业中产生重大影响。

在iPhone推出之前，智能手机市场已经存在一段时间，但大多数手机仍然是功能简单、键盘式的。当时，消费者对一款集合手机、音乐播放器和互联网浏览器功能的设备产生了浓厚的兴趣。这种需求促使苹果公司开始了iPhone的研发。

iPhone首次推出时，引起了巨大的轰动。消费者迫切地想要拥有一台集合多种功能的设备，而iPhone正好满足了这个需求。然而，刚开始时，iPhone的价格相对较高，这可能会限制一些人的购买能力。

随着时间的推移，苹果公司不断改进iPhone的设计、功能和性能，并逐渐推出多个型号。随着供应链的优化和技术的成熟，虽然目前iPhone的价格在整个手机市场上属于中高档，但相比以往iPhone的价格呈现逐年下降的趋势。

在这个案例中，市场供求关系的体现非常明显。消费者对集多种功能于一身的智能手机的需求不断增加，而苹果公司通过推出iPhone满足了这个需求。尽管一开始价格较高，但是消费者对这种新型产品非常感兴趣。随着市场的发展，苹果公司逐渐增加了供应量，同时通过不断创新和技术进步，降低了成本，使iPhone更加普及。

这个案例说明了供求关系如何影响市场中的产品开发、定价和销售策略。同样，通过了解和响应供求关系，企业可以更好地抓住市场机会，实现业务增长和成功。

目前"三农"领域带货非常火爆。头部网红带货农产品为什么异常火爆？难道是因为网红带货便宜吗？

某个小镇以盛产优质苹果而闻名，每年秋季都会举行盛大的苹果市集，吸引着许多游客前来品尝和购买。

> 有一年，由于气候适宜及大量农户种植苹果，苹果的产量大增。产量的上升导致该小镇市场上苹果价格一跌再跌。在市集上，农民们不断主动降价以吸引收购商，最终导致收购价越来越低，有些苹果种植户几乎快放弃采摘了。
>
> 这时一位聪明的网红意识到了市场供需关系的变化。他知道，由于供应增加，目前小镇上苹果的价格处于历史低位。于是，他在当地制定了一个比较合适的价格，开始对小镇上的苹果进行统一收购。
>
> 可想而知，小镇上的苹果收购顺风顺水。苹果集采后，这位网红开始集中在网络上售卖，三天的时间就卖光了收购回来的全部苹果。
>
> 或许有人会问，网红带货改变了市场上苹果的供需关系吗？从根本上看并未改变，因为这位网红只是将小镇上的苹果供需关系，从小镇集市上的需求群体转变为网络上的需求群体。也就是说，供应苹果的还是小镇上的苹果种植户，但需求端却从小镇消费者转变为全国广大的网民消费者。
>
> 通过转变市场供需关系场地，这位网红成功地实现了更好的销售。这个故事展示了供求关系在商业中的重要性，以及如何通过改变供需关系调整经营策略，来创造更好的市场收益。

市场是一个充满活力和无限可能的地方，是供求关系的集中体现。买家们带着需求，卖家们则带着产品或服务，供求关系像是一条无形的纽带，连接着买家和卖家。

价格是市场的晴雨表，也是供求关系的体现。价格的波动，就是市场气候的折射，反映了供求关系的变化。当需求旺盛时，价格可能上涨；当供应充足时，价格可能下降。

市场还是信息的交汇之地。市场并不是一个静态的存在，供求关系随着时间和环境的变化而不断演变，市场也在不断地适应和调整。新的需求催生着新的产品，创新的力量推动着市场前进。

在市场这个舞台上，不仅有商品的交换，更存在着选择的权利。在这里，每个人都有机会成为买家和卖家，参与到这场供求关系的交流中，通过交换与交易，实现商业价值。

什么是商业？商业竞争是好还是坏？

商业中的竞争是为了获取市场份额、客户信任和利润。竞争驱使企业不断创新，提高效率，提供更好的产品和服务。有竞争力的企业希望市场进行充分的竞争，反之亦然。

商业其实就是一种经济活动，涉及产品和服务的生产、销售和交换，以获取利润为目的。它是社会资源的有效配置方式，通过创造价值，为企业和个人带来经济回报。

在商业中，竞争是一种常见的现象。竞争是指企业之间为了获取市场份额、客户信任和利润而进行的一系列行动和竞争性活动。竞争推动企业不断改进自己的产品、服务和经营策略。

一方面，竞争迫使企业保持创新。为了在激烈的竞争中脱颖而出，企业需要不断地寻找创新的方式，开发新产品、提供新服务，甚至创造新市场。创新有助于企业适应变化的市场需求，保持竞争力，同时为消费者提供更多选择。

另一方面，竞争也推动企业提高效率。为了在竞争中获得优势，企业需要降低成本、提高生产效率，从而提供更有竞争力的产品和服务。这种效率的提高也有助于提升企业的盈利能力。

同时，竞争还激励企业提供更好的产品和服务。为了吸引顾客，企业需要不断提高产品质量、提升客户体验，建立良好的品牌声誉和客户信任。这使得消费者能够从竞争中获益，获得更高品质的产品和服务。

所以说，商业是一个复杂而多样化的领域，竞争作为其中的一部分，驱使着企业不断创新、提高效率，并为消费者提供更好的产品和服务。通过竞争，商业不仅促进了经济的繁荣，也推动了社会的进步和发展。

在全球范围内，汽车制造业一直是竞争较为激烈的行业，其中，丰田和福特是两家备受瞩目的汽车制造商。

丰田作为全球领先的汽车制造商，一直以来都以品质好、可靠和燃油效率高而著称。然而，丰田在2009年出现了严重的信任危机，因为一些车辆出现了制动失灵和油门卡住的问题，导致车辆出现安全隐患。这对丰田的品牌声誉造成了严重打击，同时影响了客户的信任。

福特则利用这个机会，积极推广自己的产品和创新。福特引入了一系列新的车型和技术，加强了与消费者之间的沟通，强调产品的安全性、可靠性和创新性。福特试图通过提供高质量的产品和服务来赢得客户的信任。

面对严重信任危机的挑战，丰田也采取了积极的应对措施。丰田迅速开始了大规模的召回行动，修复了受影响的车辆，同时加强了质量控制和监管。丰田通过这些举措试图重新获得客户的信任，重建品牌声誉。

这个案例凸显了商业竞争的复杂性。企业之间的竞争不仅是为了获取市场份额和利润，还涉及客户信任和品牌声誉。企业不仅需要保持创新，提供高质量的产品和服务，也需要在客户中建立信任和声誉。这个案例说明，客户信任和品牌声誉对企业的长期成功至关重要，可以影响企业的赢利能力和市场地位。

或许有人会认为商业竞争只发生在大企业中，其实小微企业之间的竞争更加激烈，只是大企业之间的竞争在商业领域常常受到广泛关注而为大家所熟知。之所以说小微企业之间的竞争同样是激烈且具有挑战性的，是因为它们通常面临资源有限、知名度低和规模相对较小的挑战。

小微企业通常没有大企业那样的资金和资源支持，因此在生产、营销和创新方面可能受到限制。这就需要经营者利用有限的资源，获得最大的竞争优势。

为了在激烈的竞争中脱颖而出，小微企业需要不断创新和实施差异化战略。只有通过提供独特的产品、独特的服务或创新经营模式，小微企业才能够吸引消费者的注意力并确立自己的市场地位。

在竞争激烈的市场中，小微企业不得不去努力提高顾客的忠诚度。这可以通过良好的顾客体验、优质的服务和关系建立来实现，以确保顾客会继续购买产品。同时，建议选择一个特定的细分市场，专注于满足这个细分市场的需求。通过专注和深耕，在这个细分市场中发挥起竞争优势。

另外，小微企业一定要重视社交媒体和口碑传播，因为这些渠道能以低成本来提升企业知名度和声誉。建议积极参与社交媒体、与顾客互动，以及建立正面的口碑。小微企业要在资源有限的情况下，在创新、差异化、顾客关系和市场细分等方面打造竞争优势。

> 小微企业是市场经济中不可或缺的一部分，它们的出现完善了市场的竞争格局。
>
> 在世界上某一个繁忙的商业区，有一条街道上聚集了许多销售咖啡和糕点的小微企业。其中有一家叫"阳光咖啡屋"的咖啡店，其以独特的风格和创意吸引了不少顾客。
>
> 随着时间的推移，更多的咖啡店在这条街上开业，导致竞争激烈。每家咖啡店都努力创新，推出新口味的咖啡和糕点，试图吸引更多的顾客。
>
> 另外一家叫"星辰咖啡馆"的咖啡店，在竞争中逐渐崭露头角。该店推出了一款名为"星空咖啡"的特色饮品，即在咖啡上制做出美丽的星空图案，吸引了许多年轻人的关注。此外，该店还提供免费的无线网络和舒适的休息区，为顾客带来了更好的体验。
>
> 为了应对竞争，阳光咖啡屋也进行了改进。该店重新设计了店铺的装饰，打造了一个充满活力和温馨的环境。同时，该店还推出了一系列季节性的特色产品，吸引了一些忠实的顾客。
>
> 在这场竞争中，阳光咖啡屋和星辰咖啡馆都在不断创新，提高产品质量和服务水平，以赢得顾客的喜爱。两家店之间的竞争不仅促使彼此不断进步，也使整个街区的咖啡行业更加繁荣。
>
> 这个案例凸显了小微企业在商业竞争中的作用。它们尽管规模较小，但通过创新和努力，仍然能够在竞争中脱颖而出。商业竞争促使小微企业不断提升自身的竞争力，提供更好的产品和服务，同时为消费者带来更多的选择。

在商业的世界里，竞争如同一场永不停歇的旋风，激励着企业创新，塑造着市场的格局和未来。商业中的竞争，就是一次智慧与勇气的碰撞。

市场份额，犹如一块宝贵的蛋糕，各个企业都在争相分食。无论大企业还是小微企业，都在不断地寻求创新和突破，以获得更大的市场份额。

客户信任，是一座稳固的桥梁，连接着企业和消费者的心。客户信任不是一次交易就能建立的，需要企业持之以恒的努力和诚意的表现。只有通过一次又一次的优质服务和品质保障，企业才能占据稳固的市场地位。

利润是企业生存和发展的动力。在竞争中，企业不仅需要提高产品的附加值，还需要在成本控制方面寻求突破。通过提高生产效率、优化供应链，企业能够更好地满足市场需求，同时获得更高的利润。然而，这并不仅仅是追求短期利润，更是为了在市场中保持竞争力，实现可持续发展。

在商业的世界里，竞争永远不会停歇。我们要拥抱竞争，欢迎竞争，因为它是一种推动力量，是一种前进的动力。

商业有风险吗？

当然，商业活动伴随风险和回报。任何一个项目都有风险，任何一家企业都有倒闭的可能，所以风险承担者在获得经济收益的同时，也有可能面临损失的风险。

商业活动的本质就在于风险与回报的平衡。无论大型企业还是小微企业，从事商业活动都需要在风险和回报之间做出权衡和决策。这种平衡是商业世界一直存在的基本原则。

风险是商业活动不可避免的一部分。每个商业决策都伴随一定程度的不确定性和风险。这些风险可以是市场变化、竞争压力、法规变化、供应链问题等。企业可能面临损失、失败甚至破产的风险。然而，风险不仅仅意味着威胁，也是机遇的来源。在面对风险时，企业需要制定适当的风险管理策略，寻找降低风险的方法，同时要有勇气通过智慧来应对风险。

与风险相对应的是回报。商业活动的目标之一就是获取回报，即通过投资和努力实现赢利。回报可以体现为经济利润、市场份额的增加、客户满意度的提升等。回报是企业努力的结果，也是企业继续运营和发展的动力。然而，回报的大小和稳定性往往与风险成正比，高风险通常伴随高回报，但也可能带来更大的损失。

在商业活动中，企业需要在风险和回报之间寻求平衡。决策者需要审慎评估风险，了解潜在的风险来源，并制定相应的应对策略。同时，也要看准机会，追求适度的回报，以保持企业健康发展。这种风险与回报之间的平衡，也需要根据企业的特点、行业环境和市场趋势进行不断调整和优化。

商业活动的风险与回报是不可分割的。企业需要在不断变化的市场环境中，谨慎权衡风险与回报，以制定明智的商业策略和做出决策。只有在风险与回报的平衡中，企业才能够持续创新、发展壮大。

在商业领域，有一个经典的案例展示了商业活动如何实现风险和回报的平衡，那就是亚马逊公司的发展历程。

亚马逊公司成立之初只是一个线上书店，创始人杰夫·贝佐斯以大胆的创新和决策，将其发展成如今的全球电子商务巨头。这个案例不仅展示了风险和回报之间的平衡，还凸显了在商业中勇于冒险的重要性。

亚马逊在创立初期面临着巨大的风险。因为在线购物在那个时候尚未成为主流，人们更倾向于在实体书店购买图书。然而，贝佐斯坚信互联网将会改变人们的购物方式，他把大部分资金投入公司的发展上，致力于建立一个庞大的在线市场。这种决策带来了巨大的风险，因为亚马逊的资金投入和亏损逐渐积累。

然而，亚马逊也因为创新和正确的决策，获得了丰厚的回报。公司逐步扩展产品范围，不仅售卖书籍，还涉足电子产品、家居用品、服装等各个领域。此外，亚马逊引入了Prime会员计划，提供快速和免费的配送服务，大大提升了顾客的购物体验。这些创新和决策，使得亚马逊成为全球最大的电子商务平台之一，其的市值飙升。

亚马逊的成功既展示了创新的重要性，也凸显了风险和回报的平衡。贝佐斯和他的团队在面临风险时，坚持自己的愿景，并通过不断创新，逐步实现了回报。他们愿意承担风险，为公司的未来发展付出努力，最终收获了丰厚的利润。

这个案例告诉我们，在商业中，风险和回报是紧密相连的。只有勇于面对风险，敢于创新，企业才能在竞争激烈的市场中脱颖而出，实现可持续的增长和成功。通过平衡风险和回报，企业能够找到发展的最佳路径，为未来的发展铺平道路。

或许亚马逊的成功案例离我们比较远,接下来看一个花店的创业故事。

> 某座繁华的城市中,有一家名为"花意绽放"的小花店。这家花店由一位年轻的创业者王小姐创立,她对花艺有着浓厚的兴趣和热情。王小姐在创业之初面临着许多风险,但她坚信自己的热情和努力能够带来回报。
>
> 王小姐的风险主要来自市场竞争和资源有限。她所在的城市已经有许多花店,市场竞争异常激烈。另外,她的资金有限,不足以在一开始就拥有大型店面或进行昂贵的广告宣传。然而,王小姐并没有被这些风险吓倒,而是决定从小规模起步,专注于提供高品质的花艺和个性化的服务。
>
> 王小姐通过创新,开创了一种独特的商业模式。她开始提供定制花束和花艺课程服务,吸引了一些喜欢DIY和个性化体验的顾客。通过社交媒体的宣传,她迅速积累了一些忠实的粉丝,逐渐建立起自己的品牌声誉。虽然一开始的收入并不高,但她坚信只要坚持,随着时间的推移,一定会获得回报。
>
> 诚然,随着时间的推移,王小姐的花店逐渐赢得了更多顾客的信任和支持。她逐步扩大了产品线,增加了鲜花、花盆等其他商品,为顾客提供更多选择。同时,她还积极参与社区活动,与当地居民建立了良好的关系。这些努力最终带来了回报,她的花店开始赚钱,顾客口碑逐渐扩散,业务也逐渐扩大。
>
> "花意绽放"花店的成功案例展示了小微企业在商业活动中如何平衡风险和回报。王小姐通过创新和坚持,成功应对市场竞争和资源有限的风险,同时获得了回报。这个案例告诉我们,小微企业尽管面临种种挑战,但只要勇于冒险,通过创新和努力,仍然能够实现商业成功并获得丰厚的回报。

商业如同一场华丽的舞蹈,既有令人心跳加速的风险,也有让人心生欢喜的回报。商业中没有绝对的胜负,只有风险与回报的不断交织。

在商业的舞台上,每个创业者都是一名舞者,每个企业都是一支舞蹈队。他们穿越市场的波涛,做着独特的动作。然而,这场舞蹈表演并非一帆风顺的,而是伴随风险的起伏。创业者需要面对市场的不确定性、资源的有限性、竞争的激烈性……这些风险如同一阵阵旋风，时而激烈地吹袭，时而静静地萦绕。

当然，正是在风险的挑战下，创业者才展现出无限的勇气和智慧，就像舞者一样灵活地躲避风险的袭击，用创新和创造力，在市场的舞台上展现出优美的舞姿。也正是在风险和回报的交织中，商业活动才展现出无限的魅力和动力。

什么样的商业具有可持续性？

没有哪家企业不想成为"百年名企"，但经营企业真有这么简单吗？这就要回归到商业的可持续性上面了。

商业的可持续性是一种综合性的理念，它强调企业在追求经济利益的同时，也要积极考虑社会和环境的影响，以确保企业的经营在长期内是健康和稳定的。这一概念强调不仅要关注当前的利益，还要注重未来的发展和生存。

不论企业大小，在追求可持续性时，都需要考虑社会责任。可持续性要求企业在经营过程中承担社会责任。这包括关注员工福利、公平的就业机会、社区支持以及消除歧视等。中大型企业更要思考通过积极参与社会活动和慈善活动，提高积极正面的社会影响力。

可持续性要求企业减少对环境的不良影响，包括资源的合理利用、减少废弃物排放、减少"碳足迹"等。企业通过使用可再生能源、改善生产流程，可以降低生态足迹，为环境保护做出贡献。

可持续性也与企业的经济稳定密切相关。企业需要保持良好的财务状况，避免过度追求短期利益，从而确保长期的健康经营。加大创新和研发投入，提升产品和服务的质量，也是实现经济可持续性的关键。

可持续性还需要企业与各利益相关者合作，包括供应商、顾客、政府和非政府组织。多方共同努力可以带来更好的社会和环境效益，同时维护企业的声誉和可持续发展。

一个典型的案例是可持续发展的倡导者宜家家居公司。宜家在经营过程中坚持环保、社会责任和经济可持续性的原则，推出了多项措施，如使用可持续材料、推动资源回收利用、支持社区项目等。这些举措不仅提高了宜家的品牌形象，还为公司带来了长期的商业价值。

所以说，商业的可持续性是一种综合性的经营理念，强调经济、社会和环境的平衡。通过合理利用资源、关注社会责任、减少环境影响，企业可以实现长期的健康经营，为未来的发展和社会进步做出贡献。

当然，小微企业也可以从商业可持续性的思考维度寻找商业经营模式，逐步扩大经营规模。

某个繁忙的城市里，有一家专门提供绿色清洁服务的小微企业，名为"绿洁家园"。李小姐是这家企业的创始人，她深知传统的清洁服务常常使用化学清洁剂，会对环境和人体健康造成负面影响。因此，她决定创办一家致力于环保的清洁公司，推广绿色清洁方式。

李小姐面临的风险包括市场认知不足和绿色清洁成本较高。然而，她坚信随着人们的环保意识逐渐增强，会有更多的人选择绿色清洁服务。公司成立后，她坚持使用环保的清洁产品和方法，以保护环境和顾客的健康。

绿洁家园通过积极的宣传和教育，逐渐赢得了顾客的信任。绿洁家园提供的环保清洁服务得到了市场的认可，顾客更倾向于选择这家公司，而不是传统的清洁公司。李小姐还积极与客户沟通，根据客户的需求和喜好提供个性化的清洁方案，进一步提升顾客满意度。

随着时间的推移，企业的回报逐渐显现。越来越多的顾客选择了绿洁家园的服务，公司的业务逐渐扩大。公司通过持续的品质服务，建立了口碑，不仅留住了老客户，还吸引了新客户。虽然绿色清洁的成本可能相对较高，但顾客愿意为环保支付额外的费用。

绿洁家园的成功案例表明，商业的可持续性不仅有利于环境保护，也可以成为企业的竞争优势。企业通过关注社会和环境的影响，能够树立良好的品牌形象，吸引越来越多的消费者。这个案例也告诉我们，小微企业可以通过坚持可持续性的价值观，实现商业成功和长期发展。

商业，是一场不息的征途，也是一片不断变化的海洋。在商业的浩瀚世界中，有一个重要的理念在引领着企业前行的步伐，那就是可持续性。

商业的可持续性，犹如一颗明亮的星星，为企业的航程指引方向。它意味着企业不仅要追逐短期的经济利益，更要考虑到长远的发展，以及对社会和环境的影响。可持续性不仅是一种商业智慧，更是对未来的承诺。

在商业的征程中，风险和回报时刻相伴而行。企业不再只盯着短期的赢利，而是审慎地考虑经济的长远健康发展，如关心员工的福祉，创造公平的就业机会，为社区做出贡献，为经济的可持续发展奠定基石。

更为重要的是，可持续性让企业关注环境的健康。在追求利润的同时，企业开始关注资源的合理利用，减少能源的浪费，降低碳排放的危害。

笔者所在的城市，有一家小型咖啡馆。这家咖啡馆不仅提供美味的咖啡和小吃，更致力于可持续发展。如使用有机咖啡豆，减少包装的使用，鼓励顾客自带容器。咖啡馆还积极参与社区环保活动，举办环保讲座，引导更多的人加入环保的行列。这家小型咖啡馆的成功，证明了可持续性在商业中的重要性，也启示更多企业走上可持续发展之路。因为可持续性不仅是商业的一种理念，更是未来人类社会发展的希望。

商业的本质其实就在于创造价值，将资源转化为有用的产品和服务，以满足人们的需求，实现经济交换并获取利益。当然，商业也需要遵循道德和法律规范，以确保建立公平、公正和可持续的经济体系。

坚持长期价值主义

"夫妻店"和"企业"的区别在哪里？

面对这个问题，不同的人可能会从不同的角度和经验出发，给出不同的回答。笔者总结了一下，大概有以下一些区别。

规模与组织结构

一般来说，"夫妻店"通常是小型的家庭经营，由夫妻二人或家庭成员经营，规模相对较小，组织结构简单。而"企业"则可以是大型的组织，拥有更复杂的管理层次和结构。

资源投入

"夫妻店"往往以个人或家庭的资金和努力为基础运营，资源相对有限。相比之下，"企业"通常涉及更多的投资、融资和资源调配，可能涉及更多的外部投资者、合作伙伴等。

专业化与分工

在"夫妻店"中，经营者可能需要具备多种技能，因为资源有限，需要进行更广泛的分工。而"企业"往往可以实现更专业化的分工，拥有各种专门的部门和岗位。

经营范围

"夫妻店"往往会局限于个人熟悉或擅长的领域，经营范围可能相对狭窄。而"企业"则可能在多个领域开展经营，涵盖更广泛的市场。

市场影响力

"企业"由于规模较大，可能在市场上有更大的影响力，能够拥有更多的客户并影响更多的人。相比之下，"夫妻店"的影响力通常相对有限。

风险和回报

由于规模不同，风险和回报也可能有所不同。"夫妻店"承担的风险可能更多地来自个人，回报相对有限。而"企业"在追求更大回报的同时，也可能承担更大的风险。

管理和发展

"夫妻店"通常由少数人直接管理，决策相对迅速。而"企业"则需要建立更完善的管理体系，需要更复杂的决策和规划程序。

通过以上总结，可以发现"夫妻店"和"企业"在规模、资源、组织结构、市场影响力等方面都存在明显的差异。那么"夫妻店"经营，就完全没有竞争力吗？笔者去长沙出差，有空就会去李军夫妻（化名）开的咖啡馆喝咖啡，因为笔者被他们的商业故事吸引。

多年前，李军和王丽夫妻二人跟我们很多人一样过着充实的职场生活。然而，他们心中一直埋藏着一个梦想：开一家属于自己的咖啡馆。

李军热爱咖啡的烘焙和调制，他曾在一家大型咖啡连锁店工作，积累了丰富的咖啡制作知识和技能。王丽则是一个爱好艺术的人，她喜欢绘画和手工艺，对美有着独到的见解。他们决定将自己的兴趣和技能结合起来，创办一家独特的咖啡馆。

于是，他们用积蓄租下了一间小屋，开始了他们的创业之路。创业初期并不容易，他们要兼顾店内的一切事务，从装修、选材到食材采购，每天的工作都是紧张而忙碌的。但他们的梦想和对未来的期许让他们坚持了下来。

李军负责咖啡的制作，他用心挑选咖啡豆，尝试不同的烘焙和调制方法，逐渐调制出独特的咖啡口味。而王丽则亲手制作店内的装饰物和艺术品，使咖啡馆充满了温馨和艺术氛围。两人还一起策划了一系列主题活动，如艺术展览、手工课程和诗歌夜，吸引了许多人前来体验。

尽管起初客流不大，但他们用心对待每一位顾客，逐渐与顾客建立起友好的关系。他们的热情和用心让顾客愿意成为他们的回头客，也带来了口碑传播。越来越多的人听说他们的咖啡馆后，来品尝咖啡、参加活动。

随着时间的推移，李军和王丽的咖啡馆越来越有名气，他们扩大了店铺的规模，雇用了一些员工，让店铺运营更加顺畅。然而，他们并没有停止创新和努力，不断引入新的咖啡品种、推出新的活动，让顾客保持新鲜感。

如今，李军和王丽的咖啡馆已经成为当地的一张名片。很多人去他们的店里留下足迹。有一次，笔者问李军想不想开连锁店。他表示，其实他想要传达的经营理念是慢生活的长期价值，而开连锁店会慢慢蚕食现在这个店的优势，所以他没有开连锁店的打算。听完他的话，笔者知道，其实他们的咖啡馆已经成为爱与创业的象征，成为他们共同奋斗的见证，长期价值在每一个角落都会有不一样的绽放和结果。

"企业"和"优秀的企业"的区别在哪里？

在总结完"夫妻店"和"企业"两者之间的差异后，笔者决定深入探讨另一个问题：究竟是哪些因素让一个普通的"企业"脱颖而出，成为"优秀的企业"呢？或许这个问题的答案并不仅仅在于财务数据的增长或市场份额的扩大，更是关于一种深刻的企业文化、价值观和经营哲学。

"企业"和"优秀的企业"之间存在许多区别，这些区别涵盖了多个方面，笔者总结了以下一些可能的区别。

● 愿景和战略

"优秀的企业"通常有明确的愿景和战略，能够为员工和利益相关者指引明确的方向。它们有能力预见未来趋势，制定合适的战略来应对市场变化。

创新和适应能力

优秀的企业注重创新，不断寻求新的解决方案和抓住发展机会。它们能够适应快速变化的市场环境，灵活调整经营策略和优化产品线。

客户导向

优秀的企业关注客户需求，提供高质量的产品和服务。它们建立了稳固的客户关系，能够了解客户的需求并满足他们。

团队合作

优秀的企业鼓励团队合作和协作，肯定员工的贡献。它们创造舒适的工作环境，能够吸引和留住优秀的人才。

领导力和管理

优秀的企业拥有强大的领导团队，能够激发员工的潜力并指导他们朝着共同的目标努力，领导团队优秀的管理能力有助于实现高效率和高质量的工作。

社会责任

优秀的企业积极承担社会责任，关心环境、社区和社会问题。他们参与慈善事业，推动可持续发展，积极为社会做出贡献。

持续发展

优秀的企业不仅关注短期利益，还应关注长期发展。它们有稳定的经营计划，能够持续发展和创造价值。

创造价值

优秀的企业不仅是利润的追求者，还致力于为各利益相关者创造价值，包括员工、客户、股东和社会。

所以说，优秀的企业不仅能创造利润，还在创新、客户导向、领导力、社会责任等方面表现出色。它们通过持续的努力，塑造了积极的企业形象，影响行业和社会，成为值得尊敬和学习的典范。

在昆山某个工业区，有一家名为蓝星科技（化名）的初创企业，它从一个小小的办公室起步，逐渐蜕变为一家备受瞩目的优秀企业，这家企业的故事吸引了无数人的关注，当然也吸引了我。

蓝星科技成立初期，面临着市场的激烈竞争和各种挑战。虽然蓝星科技起初只是一个微不足道的创业团队，但创始人罗坤和他的团队却有着极高的期望和追求。他们并没有一味追逐短期利益，而是将目光投向了未来，制定了一个明确的愿景：通过创新技术，改变人们的生活方式，为社会创造价值。

蓝星科技坚信创新是走向成功的关键，于是不断投入资源进行研发。蓝星科技积极探索各种前沿技术，紧跟科技潮流，推出了一系列颇具创意和实用性的产品。这些产品不仅在技术上具有突破性，还能够满足人们不断变化的需求，赢得了市场的赞誉。

然而，优秀的企业不仅需要创新，还需要团队的凝聚力和共同目标。蓝星科技不仅在技术上追求卓越，还注重营造积极的工作氛围。罗坤和他的团队始终坚持开放的交流和合作，鼓励员工提出自己的想法，并尊重每个人的贡献。这种积极的文化吸引了越来越多的人才加入，不断提升企业的创新能力和竞争力。

此外，蓝星科技从始至终保持着对客户的关注和承诺。他们始终站在用户的角度思考，不断优化产品和服务。每次产品发布后，他们都会积极收集用户反馈，并根据反馈进行改进。这种持续的改进和客户至上的态度，使他们赢得了用户的信任和忠诚，建立了强大的用户群体。

随着时间的推移，蓝星科技不仅在市场上获得了成功，还在承担起了更多的社会责任。他们关注环保，推出了一系列绿色产品，为可持续发展做出了贡献。同时，他们也积极参与慈善活动，回馈社会，承担企业的社会责任。

最终，蓝星科技通过持续的创新、团队的凝聚和客户的信任，逐渐走向了优秀的道路。蓝星科技的故事告诉我们，一个企业要想变得优秀，不仅需要在商业上取得成功，更要坚守初心，秉持价值观，为社会创造价值。这个小小的初创企业，如同一颗闪亮的星星，用自己的努力和担当，在商业的宇宙中绽放着独特的光芒。

看到这里的时候，或许会有朋友提出这样一个疑问：评价一个企业用"成功"好还是用"优秀"好？"成功"和"优秀"，似乎都与企业紧密相连，却有着不同的内涵。然而，当我们深入思考时，会发现这两者之间并非简单的对立关系，而是一种微妙的共生共存关系。

"成功"通常被用来形容企业在商业竞争中取得的显著成果。无论市场份额的扩张、利润的增长，还是在业界的影响力，都可以成为衡量企业成功的标准。成功意味着企业在一定程度上实现了经济和商业目标，获得了积极的反馈和认可。然而，成功往往更多地关注于表面的成绩，而未必能够反映出企业的深层价值和长远发展。

相较之下，"优秀"更加注重企业在内外部的全面表现。一个优秀的企业不仅在财务上表现出色，还在企业文化、员工发展、社会责任等方面取得了卓越成就。优秀企业的特点不仅是单一的成功指标，更是一种综合性的发展。它们强调可持续性，秉持着一种长远的经营理念，关注员工的幸福感和客户的满意度，追求社会价值的最大化。

当然，"成功"和"优秀"并不是相互排斥的概念。事实上，成功往往是优秀的结果之一。当一个企业在经济和商业层面取得成功时，往往意味着它在其他方面有着不俗的表现。成功可以是优秀的标准之一，但并不是唯一的标准。一个企业可以取得短期的成功，但如果缺乏长远的规划和价值观，就可能难以持续发展。

评价一个企业，用"成功"还是"优秀"并没有绝对的对错。这两个词都有自己独特的意义和价值。如果要从更全面的角度去看待一个企业，"优秀"可能更能体现出它的内在品质和长远价值。优秀的企业和成功的企业之间存在一些区别，尽管这两个概念在某种程度上可能交叉，但它们强调的重点和侧重点有所不同。笔者尝试着进行了以下总结，希望能更好地回答这个问题。

定义和范围

"优秀"强调的是企业在各个方面的卓越表现，包括经营管理、员工文化、社会责任等。而"成功"则更多地关注企业是否实现了预定的商业目标，如盈利、市场份额等。

- **长期性和短期性**

　　优秀的企业往往是长期取向的，强调持续的发展和价值创造。成功的企业可能更关注短期内的商业目标的实现。

- **综合性和经济性**

　　优秀的企业不仅在经济方面表现出色，还在社会责任、环境保护、员工福祉等多个领域都有卓越表现。成功的企业可能更多地强调经济指标的达成。

- **目标和意义**

　　优秀的企业追求更高的使命和意义，努力为社会创造价值。成功的企业可能更多地关注为股东创造财务回报。

- **持久性**

　　优秀的企业往往更具有持久性，能够在多个周期中保持卓越表现。成功的企业可能在某些时期实现了成功，但可能在其他时期面临挑战。

- **影响力**

　　优秀的企业通过其卓越表现在行业和社会中产生了积极影响。成功的企业可能在特定领域或市场中实现了成功，但影响力可能有限。

- **多元性**

　　优秀的企业可能在多个维度上表现出色，涵盖了不同方面的卓越。成功的企业可能更集中在实现商业目标方面。

不难看出，优秀的企业和成功的企业在其强调的重点、取向和影响力方面可能存在一些差异。然而，这两个概念也可以相互支持和促进。优秀的企业往往能够长期保持卓越的表现，从而实现更持久的成功。成功的企业可以通过不断追求卓越，走向更为优秀的道路。为了更好地理解，下面笔者分享一个商业案例。

　　XYZ科技公司成立于2005年，当初只是一个由几名年轻科学家组成的小团队。创始人李宇和他的团队，怀揣着改变世界的梦想，投入了大量的时间和精力进行研发。他们的第一款产品是一款基于人工智能的语音识别软件，具有极高的准确率和自适应能力。这个创新引起了市场的关注，获得了初步的商业成功。

有了第一桶金后，李宇和他的团队并没有满足于眼前的成功。他们深知在科技行业，创新是生存的关键。因此，他们不断投入资源进行研发，推出了一系列创新产品，涵盖了人工智能、物联网、生物技术等多个领域。这种持续的创新精神，让XYZ科技公司不仅在市场上保持竞争力，还在技术层面不断取得突破，被业界誉为技术领军企业。

有一次，笔者在一场活动中见到了李宇，李宇告诉笔者，他的企业研发费用已经占到企业经营费用的30%以上。

他说，优秀的企业不仅在技术上出色，还需要建立良好的企业文化和价值观。XYZ科技公司始终强调团队合作、创新思维和客户至上。公司建立了一个开放的工作环境，鼓励员工提出自己的想法，并且为员工提供持续的培训和成长机会。这种积极的企业文化，吸引了越来越多的人才加入，为公司的长远发展注入了新鲜血液。

与此同时，XYZ科技公司也积极履行社会责任。公司关注环保和社会公益，投入资源支持一些公益项目，用实际行动回馈社会。这种积极的社会参与，使得公司在社会中建立了良好的声誉，同时强化了员工的归属感和使命感。

时至今日，XYZ科技公司从一个小团队成长为一家在科技领域备受尊敬的企业。公司不仅在商业上取得了成功，更重要的是建立了一种优秀的企业文化，坚守着创新和责任的价值观。XYZ科技公司的故事告诉我们，优秀不仅仅在于商业成绩，更在于企业的品质和社会的影响。

聊了优秀的企业和成功的企业的特点，或许有人还会问：卓越的企业有哪些特点？有社会影响力的企业有哪些特点？极具发展潜力的企业有哪些共性？

这些问题其实都不难回答。概括起来，其实上就一个核心的总结，那就是不论优秀的企业，还是卓越的企业，抑或极具发展潜力的企业，基本都会坚守长期价值主义。长期价值主义在塑造优秀、卓越和有社会影响力的企业方面起到了关键作用。这种价值观超越了对短期利益的追求，注重长远发展和社会影响，从而塑造了企业的特质和成功模式。

也许会有人说，在创业初期生存至关重要，其他的随缘。笔者不否定创业初期生存的重要性，但如果企业只想"混口饭吃"，目前的社会选择还是很多的，但你为何偏偏要选择现有的赛道呢？这个问题想清楚了，或许就找到了创业初期的企业坚守长期价值主义的动机。

因为企业只有关注未来，并制订了明确的长远发展规划，才能不仅仅满足于眼前的成功，而是持续投入资源进行研发和创新，以适应不断变化的市场和技术环境。

企业只有秉持诚信、正直和透明的价值观，遵循道德规范，注重企业的社会责任，才能为社会创造价值。

企业只有积极吸引优秀的人才，才能更快建立高效的团队，只有注重员工的培训和发展，才能鼓励员工的创新思维和合作精神。

企业只有深知客户的重要性，才能不断努力满足客户的需求，只有积极听取客户反馈，不断改进产品和服务，才能保持与客户的紧密联系。

企业只有意识到自身的成功与社会的发展息息相关，才能积极参与社会公益活动，关注环保和社会问题，努力为社会创造价值。企业只有建立了积极向上的企业文化，强调合作、创新、学习和成长，员工才能在这样的文化氛围中充分发挥自己的潜力。

长期价值主义超越了眼前的成功，强调企业的长远发展和社会影响。它不仅塑造了企业的特质，还为企业带来了持续的竞争优势和可持续性的发展。这种价值观不仅适用于成功的企业，也为那些追求卓越和具备发展潜力的企业提供了指导和启示。

笔者一直觉得，在商业世界的喧嚣中，肯定会有一些企业管理者和领袖选择了一条与众不同的路。他们坚守着一种珍贵的理念，那就是坚持长期价值主义。这种理念如同一座坚固的灯塔，照亮着他们前行的道路，指引着企业和领袖们迈向光明的未来。

在这个变化迅速的时代，很多人追逐即时的成功和瞬时的成果。但是，那些真正有远见的企业管理者和领袖知道，只有坚持长远的眼光，才能在市场的浪潮中保持稳定。在坚持长期价值主义的企业中，创新成为前进的动力。

既然坚守长期价值主义有这么多好处，那为何有些企业不能坚守呢？原因非常简单，因为坚持长期价值主义并非易事。在利益和压力的交织下，企业管理者有时会感到困惑和挣扎。

但正是在这些挑战面前,那些坚守信念的企业管理者和领袖才变得更加坚强和勇敢。他们不会因为现实的困难而放弃长远的目标,而是不断寻求平衡,坚持前行。坚持长期价值主义,是一种智慧的选择,是一种责任的担当。

坚持长期价值主义,需要企业决策者在企业经营过程中,注重追求长期可持续的发展和价值创造,而不是只关注短期利润或即时回报,这包括环境、社会、员工、客户等方面的可持续性。至于如何坚持长期价值主义,笔者总结了一些实践方法。

- 长期目标设定。设定长期发展目标,不仅考虑短期利润,还要关注企业在几年甚至十几年后的状态。
- 战略规划。制订战略规划时,考虑未来的市场趋势、技术进步和客户需求,以确保企业在未来能够持续创造价值。
- 员工培训与发展。投资员工培训和职业发展,帮助员工成长并为企业创造更多长期价值。
- 环境和社会责任。采取可持续的经营实践,关注环境保护和社会责任,塑造可持续的企业形象。
- 创新投资。投资研发和创新项目,为未来产品和服务的创新奠定了基础。
- 长期客户关系。建立稳固的客户关系,提供优质的产品和服务,确保客户的长期满意度。

一言概之,坚持长期价值主义有助于企业建立稳定和可持续的经营模式,创造更多的社会和经济价值,但这需要企业领导层和管理团队具备远见和决策智慧,以及愿意在短期内可能看不到明显回报的情况下,为未来投入资源和付出努力。

持续推进标准化

无知的勤奋会搞垮一家企业，没有方向的领导者会让团队分崩离析。在多家企业担任过高管的笔者，会经常问身边的同事一个问题：同一件事情，换成A来做结果会怎样？

很多管理者面对这个问题，往往会回答某某人执行力如何，或者配合度及团队精神怎么样，甚至还有人调侃某某人的过往历史等。但很少有人回答，这件事情无论换成谁，执行结果都是一样的。

为何会出现这种情况呢？因为同样的事情，管理者没有将它形成标准化的工作指引（Work Instructions，WI）或标准操作规程（Standard Operating Procedures，SOP），而是过分依赖执行者个人的经验。在组织和管理中，WI或SOP程起着至关重要的作用，可以确保工作的一致性、高效性和可持续性。

过分依赖个人的经验和能力，可能导致不稳定的结果和依赖性问题。当一个团队缺乏标准流程时，即使个人能力再强，也难以确保工作的可控性和稳定性。因此，建立和推广标准化的工作流程是促进团队协作、提高效率和保证工作质量的重要一步。下面分享一家电子公司推进标准化之路的案例。

在商业竞争激烈的领域，M电子公司以持续推进标准化为基石，构筑了卓越的企业发展之路，成为行业内的佼佼者。

M电子公司成立于1990年，当初只是一个小规模的电子零部件制造厂。然而，创始人却深刻认识到标准化对企业的重要性。他意识到，只有通过建立明确的标准和规范，企业才能提高质量、降低成本、实现效率和协同。

在公司成立初期，创始人团队就投入了大量时间和精力，制订了一系列严格的生产标准和质量控制流程。每个生产环节都有详细的操作手册，员工必须按照标准执行工作。这种标准化的生产流程不仅提高了产品质量的稳定性，还降低了人为错误的发生率。

随着时间的推移，M电子公司不断深化标准化，将其应用范围扩展到各个领域。从供应链管理到人力资源，从销售流程到客户服务，每个环节都在标准化的指导下运作。这种标准化不仅提高了工作效率，还使得公司更具灵活性，能够迅速适应市场的变化。

但是，标准化并不仅仅是僵化的流程，还为创新和持续改进创造了空间。M电子公司鼓励员工积极提出改进建议，并定期进行内部审查，寻找改进的机会。这种持续的改进文化，使得公司在标准化的基础上保持了创新的活力。

随着时间的推移，M电子公司在行业内逐渐树立起口碑和声誉。其产品质量和稳定性成为客户信赖的保证，同时，标准化的流程也使得公司在市场竞争中具备了持续的优势。

但是，M电子公司并没有满足于此。公司将标准化的理念扩展到了社会责任领域，推出了一系列环保友好的产品，并积极参与慈善活动，为社会做贡献。

笔者经常在各种场合提到，M电子公司通过持续推进标准化，不仅在质量、效率和竞争力方面取得了成功，还在创新和社会责任上表现卓越。这个案例告诉我们，标准化不仅是一种流程，更是一种价值观和文化，能够引领企业走向卓越之路。

很多企业，尤其是一些中小微企业的管理者，经常去学习各种各样的培训课程，类似于总裁培训班、管理特训营之类的。这些课程有用吗？当然会有一定的用处，那落地执行的效果如何呢？恐怕只有当事人知道了。

我们在引入"高大上"的管理理念时，有没有想过目前的团队成员综合素质如何？我们在导入全球最先进的管理系统时，有没有评估过现有的流程和体系是否匹配？如果不敢肯定地回答这两个问题，那么你极有可能进入"自嗨"管理的怪圈。

笔者想说的就是，在引入各种高级管理理念、培训课程和管理系统时，确保与现有团队素质、流程和体系的匹配是至关重要的。过于盲目地跟风或照搬别人的做法，可能导致脱离实际、无法执行以及"自嗨"管理的问题。

回到现实世界的管理中来，将看似比较简单的企业标准化当作管理中核心的工作去落实，对于企业来说是非常重要的。因为持续推进标准化是企业取得优秀、卓越和可持续发展的关键策略之一。标准化不仅有助于提升产品和服务的质量，还能够提高组织的效率、竞争力和创新能力。

企业为什么要推进标准化？企业标准化对企业发展到底有哪些重要作用呢？概括起来讲，就是提升服务或产品质量并保持一致性、提高效率和促进企业流程优化、降低风险和提升安全、支持创新并促进持续改进、促进合作和协作、适应市场需求和国际化、增加透明度和建立信任七种作用。接下来拓展开来谈。

标准化将提升服务或产品质量，并保持一致性

通过制定明确的标准和规范，企业可以确保服务和产品的质量始终如一。这有助于赢得客户的信任和忠诚，提升品牌形象。

经营企业，都知道质量过硬和一致性是品质的两大支柱，而标准化则是将两者紧密联系在一起的有效工具。标准化，就如同一张坚实的地图，保障着服务和产品的质量，以及持续的一致性。

现在的商业存在着巨大的不确定性，而标准化为企业创造了一个稳定的参照点。标准化就是让它变成一系列明确的规则和流程，使得产品的制造或服务的提供变得可预测，从而提高质量的稳定性。一旦企业将标准化视为一项使命，就将以无限的耐心去打磨，去优化每一个细节，确保每一个步骤都如同精心编织的织布机，不漏一针一线。

标准化不仅是一种手段，更是一种文化，一种价值观的传承。标准化的实现，是一种迭代的过程，需要不断地学习、调整、改进。企业全员用专业的态度，坚强的意志，不断将标准化进行到底，确保每一次的服务或产品都是一次完美的交付。这样的标准化形成的力量，才会超越个体的力量，将众多个体凝聚在一起，形成一个强大的团队。而这个团队在标准化的引导下，行动一致、目标一致、前进一致。

笔者有一个学员是做餐饮的，她经营的餐厅位于一座繁华城市的中心。虽然餐厅出品的食物味道不错，但由于缺乏一致的标准和流程，服务质量时好时坏，顾客的反馈也不稳定。

这位学员在听了笔者有关中小微企业持续赢利的课程后，专门找到这位学员询问有关标准化的议题。笔者告诉她，经营餐馆更需要标准化，因为标准化可以提升服务和产品质量，保持一致性，从而赢得客户的信任和忠诚。她意识到，或许实施过程比较难，但这正是她的餐厅所需要的，于是她决定尝试引入标准化的流程。

首先，这位学员组织团队成员进行培训，解释了标准化的概念以及它对餐厅的重要性。她鼓励员工积极参与，提出改进意见，并根据员工的实际经验制订了一套详细的工作指引，包括服务流程、食物制作步骤、清洁规范等。

随后，这位学员引入了一套简单而有效的检查清单，用于确保每个步骤都能得到正确执行。这个清单不仅可以帮助员工遵循标准化工作流程，还有助于管理层追踪工作的执行情况。

过了一段时间，这位学员告诉我，她家的餐馆开始出现变化。老顾客也向她反馈，说他们开始注意到服务的一致性和品质的提升。点餐、上菜、结账等环节都按照标准化流程进行，使整个用餐体验更加顺畅和愉悦。她认为，客户的满意度得到了显著提升，不少客户成为回头客，并且开始向亲朋好友推荐。

更令这位学员振奋的是，员工之间的协作也变得更加紧密。标准化的流程让每个员工都明白自己的职责和作用，大家都能够按部就班地进行工作。这不仅减少了混乱和错误，还增强了团队的凝聚力和自豪感。

她自豪地说，她一定可以将现在的餐馆变成所在城市中一家备受赞誉的餐厅。她的自信得益于标准化流程的引入，这让服务和产品的质量得到了提升，并且保持了持续的一致性。这个故事告诉我们，标准化是实现服务和产品卓越的有效途径，在小企业中同样适用，只要有决心和行动，成功就在不远处。

标准化将提高效率和促进企业流程优化

管理就是要将复杂的事情简单化，而简单化最好的途径就是标准化。

标准化可以优化企业内部的运营流程，减少资源浪费和重复劳动。标准化的工作流程能够使员工更加高效地完成任务，从而提升生产力。

在如今这个快速发展的时代，企业面临着日益激烈的竞争和不断变化的市场环境。在这种情况下，提高效率和优化企业流程变得尤为重要。而其中一项关键的策略就是标准化。标准化不仅是一个概念，更是一种经营理念。

标准化，简言之，就是制定一系列统一的规范和方法，以确保企业在各个环节和领域的运作都能达到统一标准。这并不意味着企业失去了创新的空间，而是在保留创新的同时，对重复性的工作和流程进行规范，从而将更多的资源和精力用于核心业务的拓展。

当企业内部的流程和操作达到一定的标准化程度后，员工在工作中就能够更加熟练和高效地完成任务，不再需要花费大量的时间去适应和调整。同时，标准化还能减少错误和失误的发生，提高工作的质量和准确性，从而降低重复工作和修正的成本。

在标准化的基础上，企业能够更加清晰地了解整个流程，找出其中的"瓶颈"和问题所在，并进行相应的改进。这种持续的优化过程能够使企业的流程更加流畅和高效，使资源得到更合理的配置，从而实现资源的最大化利用。

当企业内部各个部门和团队都按照统一的标准进行工作时，沟通和合作就变得更加顺畅。信息传递更加准确，决策更加迅速，不同部门之间的协调也更加高效，从而推动企业的整体发展。

标准化过程可能需要一段时间，也需要不断地反思和调整。但是，标准化一旦得以落地并形成良好的运行机制，将为企业带来持久的益处，所以说标准化不仅是一种管理手段，更是一种战略思维。

多年前，大量的海外加工订单涌入沿海城市，东莞很快成为世界制造工厂。但是在前期，东莞很多大大小小的制造工厂是完全依靠人口红利才生存下来的，随着市场竞争的进一步加剧，原来的盈利模式已经不再有竞争力。

最近十年，变革最大的其实就是这些制造工厂：要么转型成功，要么退出市场。

笔者认识一位企业家，在2000年左右的时候成立了一个电子制造企业，位于东莞石排，主要生产手机配件。2000—2008年，随着市场的扩大，公司的订单量呈指数级增长。但随之而来的问题是，由于缺乏标准化，产品的质量和生产效率都受到了很大的影响。

当时的问题非常明显：
- 生产线上的每名工人都按照自己的方法来操作，导致产品质量参差不齐。
- 订单处理和物料管理都是手工操作，经常出现错误，导致生产延误。
- 各部门之间的沟通不畅，经常需要反复确认订单和需求。

于是，从2008年开始，这家企业开始大力进行改革，首先建立了总裁办标准化办公室，这个部门的核心工作就是推进生产流程标准化。为此，公司聘请了专业的流程顾问对生产流程进行标准化管理。制定了统一的操作规程，确保每一位工人按照相同的标准来操作，从而提升产品的质量。

接着，该企业通过引入企业资源规划（ERP）系统，实现订单处理、物料管理、库存管理等流程的自动化，大大提高了效率和准确性。要知道，在2008年的时候导入ERP系统的民营企业并不是很多，足见这位企业家的战略眼光和格局。

当然，企业后续随之而来的改变也顺理成章，企业由于生产流程的标准化，产品的不良率从15%降低到2%；通过引入ERP系统，订单处理时间从原来的5天缩短到1天，物料管理的错误率也从10%降低到1%；由于生产和交货时间缩短，以及产品质量的提升，客户满意度得到了很大的提升。

直到2023年，该企业通过对生产和管理流程持续标准化，一直在细分领域保持领先地位。这个案例清楚地说明，标准化可以有效地提高效率和促进企业流程优化。

标准化将降低风险和提升安全性

想象一下工业革命初期，蒸汽火车飞驰在铁路上，而那时的铁路并没有统一的规格，车轮的宽度、轨距各不相同。这导致事故频繁发生，旅客和货物面临巨大的风险。直到铁路标准化，轨道的宽度、车轮的尺寸都被统一，才使铁路交通变得更加安全、高效。

在我们的日常生活中，想一想那些横跨大海的飞机，如果没有统一的航空标准和操作规程，每一次起飞和降落都可能变得充满未知。我们每天所依赖的电器，如果没有严格的安全标准，每一次使用都可能成为潜在的风险。

标准化不仅仅是一套死板的规则和操作手册，更是对经验的总结，对错误的反思，对未来的预见，是我们在面对混沌和不确定时，为自己筑起的坚实的屏障。 当然，过于僵化的标准化也可能扼杀创意和灵活性，使得人们沉溺于既定的模式，失去变革和创新的动力。但这并不是标准化的本意。真正的标准化应该是生命力与创新力的融合，既保障安全又鼓励变革。

面对未知和风险，我们更需要一套为我们指明方向、筑起防线的标准。因为只有在安全的环境中，我们才能更好地前行，更好地创新，更好地生活。

在某些行业，标准化还有助于确保符合法规和安全标准，降低法律诉讼和事故风险。例如，食品和医疗领域的标准化对保障公众健康至关重要。

笔者有一个朋友，经营着一家电子元件制造工厂。初创时，这家工厂凭借其高效率和低成本迅速赢得了市场，并与多家大型企业建立了合作关系。但随着生产线的扩大，这家工厂面临一个严峻的问题：频繁的工伤事故。

每当雨季来临，由于地面湿滑，工人们经常滑倒。更糟糕的是，由于没有统一的操作标准，不同的员工在处理同一台机器时有各种各样的操作方法，导致机器经常出现故障，有时甚至会发生触电事故。

这一系列事故不仅给工人造成了伤害，也影响了企业的生产交付。有部分合作伙伴也因各种各样的原因，开始犹豫是否继续与这家电子元件制造工厂合作，因为他们担心供应链的稳定性和产品质量。

多重压力下，笔者的这位朋友终于决定进行一次彻底的改革。她邀请一家专业的标准化咨询公司，对整个工厂的生产流程进行了梳理和优化。首先，咨询公司为每一台机器制定了标准化的操作流程，并进行了图文并茂的说明。每位员工都需要经过专业的培训，确保他们都能按照标准操作。

除此以外，工厂还在地面铺设了防滑材料，并为员工提供了统一的安全鞋。在每个重要的工作区域，都设置了明显的安全警示标志，提醒员工注意安全。

经过半年的努力，工厂的工伤事故大幅减少，生产效率也得到了提高。更重要的是，由于实行标准化的操作流程，产品的质量也得到了保障。

笔者分享这个案例，只想告诉伙伴们，标准化不仅可以降低生产过程中的风险，确保员工的安全，还可以提高生产效率，保障产品质量。对于任何一个企业来说，标准化都是一个值得投资和努力的方向。

标准化将支持创新，并促进持续改进

标准化可以为创新提供基础。当基础流程标准化后，企业可以将更多资源投入创新和改进上，从而实现可持续发展。

既然标准化能带来这么多益处，为何有些企业仍不愿意大力推进呢？有一部分原因是标准化被部分人误解为僵化与刻板的存在。但事实上，标准化是创新的坚实后盾，创新虽然是人类不断进步的引擎，但这样的进步如果没有规范去引导，就如同没有路标的旅程，方向是模糊的。标准化为创新提供了一个清晰的舞台，使得每一个新颖的想法在这个舞台上都有展示的一席之地，甚至有顺利实践的机会。

不仅如此，标准化本身就是创新的温床。在制定每一个标准的过程中，都融入了对先前经验的反思，对现状的优化，以及对未来的展望。标准化使得每一次创新的步骤都有据可依，每一次失败都成为经验的宝藏，积累起来为下一次跳跃助力。

更为重要的是，标准化为创新提供了一种持续的动力。当一种创新想法诞生并得到实践，它并不是结束，而是一个新的开始。因为有了标准化，企业可以持续地对其进行优化，这样的持续改进不仅能够确保创新的活力，还能够使其在时代的浪潮中更具持久力。标准化不仅是支持创新的基石，也是促进持续改进的动力。我们一起来看看某家企业变革的案例。

智航科技（化名）是一家专注于无人机技术的初创公司，从事无人机设计、生产和销售。起初，公司推出的每一款无人机都具有独特的特点，从操作系统到飞行控制，每一款产品几乎都有不同的设计和实现方式。这种高度的个性化虽然为公司赢得了"创新型企业"的美誉，但随着产品线的扩展，客户反映的问题也越来越多。

① 初见难题：由于缺乏统一的操作标准，客户在使用智航科技的多款无人机时常常感到困惑。例如，一些操作对某一款无人机可能是安全的，但对另一款无人机可能会导致意外。此外，维护和修理也成为一个巨大的挑战，因为每一款无人机都需要独特的工具和技术。

② 标准化的实践：为了解决这些问题，智航科技决定对其产品进行标准化管理。公司成立了一个专门的团队，对所有无人机的操作系统、飞行控制、维护和修理流程进行了统一。这一过程，不仅简化了生产线，降低了成本，而且使客户的使用体验得到了极大的提升。

③ 创新与持续改进：在标准化的基础上，智航科技找到了更多的创新空间。例如，公司开发了一个统一的操作系统，允许第三方开发者为其创建应用。这种开放的态度吸引了大量的开发者加入，为智航科技的无人机带来了众多新的功能。此外，公司还通过持续的反馈机制，不断对其产品进行优化，确保其始终处于行业的前沿。

通过标准化的实践，智航科技不仅解决了其面临的问题，还为创新和持续改进创造了更多的机会。这一案例再次证明，标准化不是创新的敌人，而是其有力的支持者。

标准化将促进合作和协作

标准化使得企业中不同部门和团队之间更容易合作和交流。共同遵循相同的标准可以减少沟通障碍，促进跨部门协作。

蓝海制药（化名）是一家全球知名的制药公司，拥有数千名员工，涵盖研发、生产、市场和销售等多个部门。但随着公司的快速发展和全球化，各个部门之间的沟通开始出现障碍。

① 初始状况：研发团队开发的新药，在生产过程中经常因为部分技术细节不清晰而导致生产停滞。市场团队在推广时，经常因为信息不完整或误解产品信息而与客户发生纠纷。销售团队收到的客户反馈，往往不能及时、准确地传递给研发或生产部门，造成了大量的资源浪费和机会错失。

② 标准化的实践：公司领导层认识到问题的严重性，决定引入标准化的沟通流程。

- 文档标准化。所有部门在撰写内部文件、报告和说明时，都必须遵循统一的格式。这确保了文档在跨部门传递时的清晰度和准确性。
- 沟通协议。各部门之间定期召开会议，讨论跨部门事宜。会议流程、记录方式和后续行动的决策都有明确的规范。
- 数据共享平台。公司建立了一个统一的数据共享平台，确保各部门能够访问所需的数据，并且数据的格式和解释都是标准化的。

③ 结果：研发与生产部门的合作更加紧密，产品的研发周期缩短，生产效率大大提高。市场与销售团队能够更加准确地了解产品信息，提高了与客户的沟通效率，增强了公司的市场竞争力。

各部门之间的沟通障碍明显减少，员工的工作满意度和工作效率都得到了显著提升。

④ 结论：通过标准化的实践，蓝海制药成功地解决了跨部门沟通的难题，为公司的持续发展和全球化战略奠定了坚实的基础。标准化在促进不同部门和团队之间合作和交流方面的重要作用，是值得期待的。

想象一下，在一片混沌的海洋里，每个人如同孤岛，靠着自己的语言和习惯与外界沟通。但这种沟通往往是片面的，意图也容易被误解。在这样的背景下，标准化就像连接这些孤岛的桥梁，让人们可以顺畅地跨越障碍，实现真正的合作和协作。

谈到"标准"，人们首先想到的可能是制度、规则或规范。但其实标准化的真正意义远不止于此。它是一种信仰，一种对事物本质的追求，也是一种对和谐、有序的向往。它不仅存在于工厂的流水线、学术研究的方法论中，更存在于人与人之间的日常互动中。

设想若处在一个没有标准化的世界，每个人都按照自己的方式做事，没有共同的准则，没有固定的交流方式，即使处理简单的事务，如买卖、交换，也会因为缺乏统一的衡量标准而变得异常困难。而更复杂的合作，如建设、创新，更是无法实现。

而有了标准化，这一切都变得可能。它如同空气无处不在，却常常容易被忽视。正因为有了它，我们可以跨越国界、文化和语言的障碍，实现真正的全球化合作。在这个过程中，标准化不仅提供了一个共同的参考框架，更为人们建立了信任和理解的基础。

更为重要的是，标准化也是持续改进和发展的动力。正因为有了标准，我们才能对现状进行评估，找到不足，然后进行改进。每一次的改进，都是对标准的重新定义，也是对更好未来的追求。所以，标准化并不是目的，而是手段。

标准化有助于企业适应市场需求和国际化

标准化有助于企业更好地适应市场需求，为不同地区或不同国家提供标准的产品和服务，这对于扩大市场份额和实施国际化战略至关重要。

有一家叫绿意家居（化名）的企业，始创于20世纪90年代，是一家专门生产和销售环保家具的公司。绿意家居从小型家族企业起家，最初公司的产品仅仅在本地市场销售。随着时间的推移，绿意家居看到了国际市场巨大的机会和潜力，因此决定将其业务扩展到国际市场。

① 初始的挑战：在不同的国家和地区，由于文化、习惯和法律法规的差异，消费者对家具的要求和喜好也存在巨大的差异。不同的国家有不同的家具安全和环保标准，这为绿意家居的产品设计和生产带来了很大的挑战。绿意家居的供应链主要基于本地市场，难以满足国际市场的需求。

② 标准化的策略：

- 产品标准化。绿意家居对其产品线进行了重新设计，确保其产品不仅符合国际安全和环保标准，而且具有广泛的受众群。此外，通过模块化的设计，绿意家居的家具可以根据不同市场的具体需求进行微调。
- 供应链标准化。为了更好地服务国际市场，绿意家居对其供应链进行了重组，与国际供应商建立了合作关系，确保原材料的质量和供应稳定。
- 服务标准化。无论在哪个国家，绿意家居都提供统一的客户服务标准，确保消费者无论身在何处都能获得一致的购物体验。

③ 结果：绿意家居迅速在国际市场上得到认可，其产品不仅受到消费者的喜爱，而且得到了各大设计奖项的认可。通过标准化的策略，绿意家居大大减少了进入新市场的障碍，快速扩大其市场份额。更为重要的是，绿意家居塑造了其作为环保家居领导者的品牌形象，得到了全球消费者的信任。

④ 结论：通过标准化的策略，绿意家居成功地适应了不同的市场需求，为不同的地区和国家提供了一致的产品和服务。

散落在全球各个角落的市场相互独立却又相互联系，它们有着自己的语言、习惯和规则。而企业需要有一套统一的导航工具，才能确保不迷失方向，这套导航工具便是标准化。

在全球化时代，当一家企业决定跨越国界进入一个新的市场时，它需要有一个标准来确保其产品和服务能够被接受和理解。这不仅是为了满足市场的需求，更是为了建立那份跨越语言和文化的信任。

标准化能有效提高透明度和建立信任

标准化可以提高企业与客户、合作伙伴和投资者之间的透明度，从而建立信任关系。这对吸引投资和合作伙伴非常重要。

> 光明科技是一家始创于2015年主打清洁能源技术的创业公司。虽然公司的技术前景看起来很好，但在初创期，由于其产品和服务的标准化缺乏透明度，公司在寻找投资者和合作伙伴时遇到了很大的困难。
>
> ① 初始的困境：投资者对光明科技的业务模型和技术实力感到担忧，因为缺乏统一和明确的评估标准。潜在的合作伙伴担心与光明科技的合作风险，因为他们不清楚光明科技的操作流程和合作细节。市场对光明科技的技术持怀疑态度，因为其缺乏验证和公认的测试标准。
>
> ② 标准化的解决之道
>
> - 业务流程标准化。光明科技引入了业界公认的业务流程管理体系，确保其业务操作在每一个环节都是标准化、可预测的。
> - 技术验证标准化。为了消除市场的疑虑，光明科技采用了国际标准化组织制定的技术验证流程，确保其技术的效果和安全性都能够得到权威的验证。
> - 财务报告标准化。光明科技改进了其财务报告体系，采用了国际财务报告标准，确保投资者能够清晰、真实地了解公司的财务状况。
>
> ③ 结果：投资者对光明科技的信心大增，公司成功吸引到了大量的投资，为技术研发和市场推广提供了充足的资金支持。多家知名清洁能源公司与光明科技建立了合作关系，共同推动清洁能源技术的发展。由于技术的有效性得到了权威的验证，市场对光明科技的接受度大大提高，其产品在全球范围内获得了广泛的关注和认可。
>
> ④ 结论：通过标准化的实践，光明科技成功地提高了与外部利益相关者之间的透明度，建立了稳固的信任关系。

想象一下，当你走进一家咖啡店，发现它遵循的是一个国际标准化的制作流程，你是否会有一丝安心？这不仅是因为你知道这家咖啡店的咖啡是如何制作的，更重要的是，这一流程已被全球认可，其背后隐藏的是一个对品质、对消费者体验的庄严承诺。

标准化其实是一扇透明的窗子。它让我们透过表面，看到事物的本质，看到企业的真心。在这片透明的玻璃上，没有遮挡、没有伪装，只有真实。而真实，往往是建立信任的最好方式。

在现代社会，透明度与信任已经成为稀缺资源。我们每天都被各种信息、广告和观点包围，很难判断哪些是真实的，哪些是虚假的。然而，标准化是一种帮助我们筛选、判断的工具。

这并不意味着所有的标准都是完美的，或者所有遵循标准化的事物都是高质量的。但标准化至少给了我们一个起点，一个参考，一个能够让我们对比、评估的依据。而对于企业而言，标准化不仅是生产和服务的一种规范，更是一个向外界传达其价值观和责任感的信号。一个企业若遵循并弘扬标准化，其实就是在告诉世界："看，这就是我们的标准，这就是我们对你的承诺。"

这个承诺包含了对品质的追求、对消费者的尊重、对社会的责任。而当客户听懂这个承诺时，内心自然而然会建立起信任。

总之，持续推进标准化可以提高企业与客户、合作伙伴和投资者之间的透明度，从而建立信任关系。这对吸引投资和合作伙伴非常重要。持续推进标准化还有助于企业建立高效的运营体系，提升企业质量和效率，降低企业风险，助力企业创新，促进企业间合作以及让企业适应市场变化。无论优秀的企业还是具有发展潜力的企业，都应该将标准化作为一个重要的战略方向，不断优化和完善标准化体系，以实现持续增长。

一事一心，翻盘亦是开盘

在这繁忙的世界里，许多人都在追求高效处理多个任务的能力。然而，真正的智慧和卓越往往并非来自多而是来自"专"。这就是"一事一心"的魅力所在。

有一位知名书法家常说："写字，要一事一心，不能有丝毫分心。"即便身边发生了大事，也难以使他从笔墨纸砚中抽身。这样的专注，使他最终成为一代书法大师，留下了许多传世之作。

"一事一心"并非单指对一个任务的专注，更是一种生活态度和哲学。做任何事时，将所有注意力、情感和思绪全都投入其中，与外界隔绝，沉浸在当下的任务中。这样，不仅能够提高效率，还能够提升完成任务的质量。

在当今这个信息爆炸的时代，人们常常被各种信息、任务和干扰分心。手机的消息提醒、社交软件的通知、工作中的突发事件……都会成为人们专注做事的障碍。但只有真正实践"一事一心"的人，才能在这样的环境中保持冷静，持续创作出高质量的作品。

实践"一事一心"也是对自己的一种尊重。它意味着，你认为自己正在做的这件事非常重要，值得你全心投入。而当你这样做时，你会发现，生活中的每一件小事，都有其深厚的内涵和价值。

我们要在生活中实践"一事一心"，只为那一瞬间的专注与完美。因为，真正的卓越，往往来自这样的瞬间。

笔者每次回东莞，都会感慨万分。东莞虽然是制造业重镇，但它的繁华街道、喧嚣的市场和各色餐饮为城市注入了浓厚的生活气息。笔者每当空闲时，都会去一家被当地人称为"甜蜜秘密"的糖水店，它的背后藏着一个简单但有趣的灵魂。

这家糖水店已经传承到第三代了，现在的老板玲玲刚毕业就直接进入这家糖水店"作业"直到现在。混熟之后，有一天，老板玲玲跟笔者说，她毕业后根本就没有考虑去找其他工作，而是回到家里开的这家小店，她不是为了所谓传承，而是因为热爱。她从小爱吃妈妈为她熬制的各种糖水，从桂圆红枣汤到杏仁糊，每一碗都是妈妈对她的爱的传递。长大后，玲玲发现虽然东莞的糖水店很多，但很少有能够让她回味无穷的。所以她就接手了家里开的这家糖水店，延续妈妈和外婆的味道，并传递给更多的人。

这家传承了三代的糖水店很小，但玲玲对糖水的制作有着独特的坚持——"一事一心"。每一种材料，从选购到清洗，再到炖煮，她都亲力亲为，确保每一步都尽善尽美。她深知，一碗糖水虽小，但它蕴含的温暖和关心是无法用言语表达的。多年后，玲玲以这家店为母版在东莞、深圳及广州开了多家连锁店。

虽然玲玲的糖水店并不是非常出名，但是，笔者被她那一碗又一碗熬制得恰到好处的糖水吸引。笔者不仅为了糖水而来，更为了那份来自玲玲的"一事一心"而来。

每当有人提起东莞，提起它的制造业，笔者便会聊到玲玲的糖水店。正如周边的人称其为"甜蜜秘密"一样，在那里，每一碗糖水都蕴藏着玲玲的秘密——那份对工作的执着，对客户的关心和对糖水的热爱。

笔者更欣赏的是，在这个物质化、快节奏的社会，玲玲用她的"一事一心"经营着自己心中的品牌。这个品牌，对她和周边的人而言有无限的价值和意义。

有人说，大事可以改变人生，小事可以照亮人生。其实，无论大事还是小事，只要用心去做，都会成为生命中难忘的风景。就像那片用心生长的稻田里，每一根稻穗都有它的光彩和故事。

所以，不要轻视任何一件事情，不论它是多么微不足道。因为，每一件事情都有它的价值和意义，只要你用心去发掘。当你真心对待每一件事情，你会发现，生活中的每一个细节都充满了美好和惊喜。

在商业的世界里，也要学会静下心来。比如，听听风儿吹过田野的声音，仿佛在述说它们每一个细微的故事。这些故事，有的关于阳光，有的关于雨露，有的关于农民的汗水，但它们都有一个共同点，那就是，每一根稻穗都在用心生长。

用心做事，不仅仅是投入时间和精力，更重要的是投入情感和关心。这就像农民对待每一颗稻谷的态度，他们不只是为了收获，更是为了感受生命的美好和成长的过程。当你静下心来，真心对待每一件事情，每一件事情都会回应你的真心。

因为在自然法则中，一切都在不断地循环。日出而落，季节更替，一切都如同一个完美的转轮。而在这些看似封闭的循环中，新的生命与机遇也在默默孕育，为世界带来新的活力。

翻盘并不是彻底结束，而是新的开始。

商业中常谈创新和翻盘，却很少谈革命，那是因为商业大多数是涉及产品或服务从策划、开发、上市、反馈到再创新的完整过程，这个过程可以很享受，而革命的过程却很痛苦。翻盘不是推倒重来，而是重新出发。每一次的反馈与学习都成为下一轮创新的原动力。

以技术产品为例，每一代手机或计算机都是基于上一代问题的反馈与技术进步来创新的。一个产品的更新，实际上就是一个产品历史创造流程的结束与崭新创造流程的开始。

这种翻盘并不仅限于物质产品。在我们的生活中，每一段经历，无论成功还是失败，都可以视为某个节点的翻盘。当一个阶段结束时，收获的经验和教训能为我们打开新的大门，帮助我们开启新的旅程。这就好比画家创作不单是为了完成一幅画作，更是为了从创作中汲取灵感，为下一幅作品做准备。每一次翻盘都让他掌握了更多的技巧获得了丰富的感受和灵感，促使他的艺术之路走得更加宽广。

翻盘既是新的起点，也是新的开始，每一次翻盘，都是为了更好的开始。

法律通识
企业法解析：自查扫盲，远离陷阱。

逆境翻盘
共绘存量时代新篇章

扫码解锁

中小微企业翻盘智囊团

前瞻资讯
深度报告：
把握趋势，洞察商机。

精英课程
经营管理课：
洞察未来，引领变革。

战略智库
企业案例库：
解码成功，规避风险。

6 客户服务与支持
- 提供售后服务
- 建立客户反馈机制，投诉、建议和评价

5 销售与分发
- 建立销售团队或渠道
- 提供培训和支持，确保销售目标的实现
- 确保产品/服务的有效分发

7 收集反馈与分析
- 使用工具和技术收集客户、销售和市场的反馈
- 对数据进行深入分析，找出优势和劣势

9 扩展与创新
- 拓展新市场或新产品线
- 探索新的营销渠道和方法
- 研究新技术或趋势，引入创新

8 优化与改进
- 优化市场营销策略
- 提高客户服务水平
- 根据反馈改进产品/服务特性

10 新循环
- 重新评估业务目标和战略
- 保持与市场和客户的紧密关系
- 持续监测内外部环境，确保经营策略的实时更新

中小微企业持续赢利导航地图

中小微企业持续赢利导航地图是一个系统化、整合性工具，旨在帮助企业从创新到实施、从反馈到优化，确保业务流程的持续、高效运行。中小微企业持续赢利导航地图为企业提供了一张从开始到结束的全面视图，确保在整个业务循环中都能持续改进和创新。

1 识别和定义目标
- 明确业务愿景与使命
- 设定长短期的经营目标

2 市场研究与分析
- 客户需求分析
- 市场走势预测
- 竞争对手分析

3 产品或服务的设计与开发
- 根据市场研究定义产品/服务特性
- 与相关团队合作开发产品服务
- 制订产品上市计划

4 市场营销与推广
- 确定目标市场与受众
- 设计营销策略和计划
- 执行营销活动，如广告公关和活动推广